慢养

给孩子一个好性格

【纪念版】

黑幼龙全家／合著

中信出版集团 · CHINACITICPRESS · 北京

图书在版编目（CIP）数据

慢养：给孩子一个好性格（纪念版）/ 黑幼龙等著. —3版. —北京：中信出版社, 2015.5 （2025.4重印）
ISBN 978-7-5086-5104-0
I. 慢… II. 黑… III. 家庭教育 IV. G78
中国版本图书馆CIP数据核字（2015）第067798号

原书名：黑幼龙慢养教育、黑+的幸福秘密
原出版者：台湾日月文化集团（大好书屋）

慢养：给孩子一个好性格（纪念版）

著　　者：黑幼龙　李百龄　黑立言　黑立国　黑立琍　黑立行
策划推广：中信出版社（China CITIC Press）
出版发行：中信出版集团股份有限公司
（北京市朝阳区东三环北路27号嘉铭中心　邮编　100020）
（CITIC Publishing Group）
承 印 者：嘉业印刷（天津）有限公司

开　　本：787mm×1092mm　1/16　　印　　张：19.5　　字　　数：162千字
版　　次：2015年5月第3版　　印　　次：2025年4月第35次印刷
书　　号：ISBN978-7-5086-5104-0
定　　价：39.00元

慢养

目录

一、打开家的时空胶囊

孩子传承父母的不只是血浓于水的血脉关系，更重要的是一个家庭的价值观，随着岁月流转保留了下来。现在，黑家的成员分别扮演着孩子及父母的角色，在黑家的时空胶囊中，有着一代代生命传承后，亲子间不变的核心价值与满满的回忆……

二、家是同心圆

个人、夫妻、四个孩子，就像黑家的同心圆，由小而大，一层一层将彼此紧密联系起来，既有相同的生命印记，又能保有每个人独特的本质，也造就了精彩有趣的家庭……

三、孩子给父母的礼物

亲子关系不只是父母教育孩子，孩子也是最好的老师，是上帝给父母们最好的礼物，让我们接触到不同的世界，从孩子身上我们可以学到真正的无私和爱……

四、当我们『卡』在一起：黑家的卡内基

卡内基对黑家一家人都有深远影响：爸爸找到自己喜欢的工作，当孩子人生面临选择时，往往在关键时刻发挥作用，连妈妈也因此变得自信，也能跟人分享自己的情绪和想法。

五、父母给孩子的礼物：迎向人生的传家宝

在瞬息万变的世界，年轻人面对的不确定的未来，却也充满机会和未知的挑战，不管孩子开心或难过，家永远都在……

六、黑立言篇

黑家老大，最像老爸的他，属于最不让父母操心的那一型。原本预期当会计师，自从接触了卡内基，人生开始大转变，呈现了更多可能……在名人老爸的阴影下，他该如何展现自己？企业家的第二代，如何顺利接班，却又不失去自我？

七、黑立国篇

黑家的『黑羊』，一路坚持本色，尽情做自己。当年考零分、调皮捣蛋的火暴小子，因为父母的耐心、包容，与摔跤教练的赏识、鼓励，人生有了转变，开始积极主动地承担责任，甚至二十九岁就当上了社区医院的院长。

八、黑立琍篇

女生一旦野起来，民航机变成战斗机。百分之八十的时间都很平稳，但是，另外的百分之二十就很惊险刺激。小五就曾是『视觉系』辣妹，相较于一般人，她情窦初开得早，收山为人妻更早，放弃名校，只为尽早享受人生。

九、黑立行篇

兴趣独特，追求完美，最有追根究底的精神，只为找寻设计的原始密码。差点儿成为书呆子的他，幸好有父母、兄姐的包容与支持，发现分数之外的天地何其宽广！不断尝试，人生就是要精彩！

十、信笺传情

读者分享

慢养——尊重、自由、爱与包容

欧儿（豆瓣网友）

如果你的女儿小学五六年级就浓妆艳抹，你会怎么做？如果你的儿子在超市"顺手牵羊"，你会怎么做？如果你的儿子选择比自己大四岁又曾有过婚史的女人做老婆，你会怎么做？当孩子上大学选择哪所学校时，你会不会把自己的喜好强加给孩子？当女儿放弃研究生课程去做全职妈妈时，你还会不会支持她的决定并以她为荣？当孩子们成绩悬殊时你又能不能做到一视同仁……

或许是由于东西方教育理念的差异，或许是因为个人成长中已经潜移默化的某些观念，看《慢养》总是给我一些意想不到的体验。原来还有这样的父母，原来还有这样的家庭教育方式。尊重、自由、平等、包容、爱与支持，这是黑家父母的慢养教育给我的最深切的感受。

中国的父母总是包办了太多子女的事情，从该发展什么样的业余兴趣到该上什么样的大学、选择什么样的专业，再到工作以及另一半的选择。与其说是关心，不如说是一种干涉。有几个父母能彻底放手让孩子发展自己的兴趣？像跳霹雳舞、潜水、高空跳伞，估计通通会以妨碍学习为由扼杀在摇篮里。又有几个父母会在做家庭重大决策时认真征询五岁孩子的意见？或许孩子发表不出什么意见，但受到重视和可以自由发表意见的习惯却会伴随他们成长。尊重与自由可以帮助孩子树立自信心和慎重思考后做出选择的习惯，并让孩子学会对自己的选择负责，父母要做的最好是给出意见而不是强加干涉，毕竟人生是孩子自己的人生。就像一粒种子，我们只需要呵护孩子长成他们应有的样子，而不是事先画出一个样子让他们依样生长。

父母会带给孩子的影响实在太多。遥想小时候，曾因父母责备我时说过的一句话而很长时间不敢在别人面前说话，总觉得这样说不对，那样说也不对，我现在不太自信的性格或许可以从那时看到端倪。而周围很多小朋友经常因为做错事受到父母的冷落甚至白眼，学习不好加调皮捣蛋就被贴上“坏孩子”的标签，父母在心里认为孩子是坏孩子，孩子也会认为自己就是坏孩子。因此，父母对孩子的爱与包容尤为重要。爱孩子，告诉他，家是爱的港湾，无论他成绩好不好，无论他怎样调皮捣蛋，他始终是爸爸妈妈最爱的宝贝。请包容孩子的过失，错的是孩子的行为，而不是孩子的人。父母相信孩子，孩子才能相信自己，父母不放弃孩子，孩子才能不放弃自己。

总的来说，《慢养》是本很好读的书，说它好读是因为没有什么特别深奥的内容在里面，只需要像看故事一样一篇一篇读下去，时而为黑家人浓浓的亲情所感动，时而被书中提到的育儿理念所触动。虽然书中推荐卡内基培训的痕迹过重，但仍是值得父母们阅读的好书。孩子是慢慢养大的，也许很多好的教育方法和教育经验我们一时难以复制或难以坚持实行，但至少我们可以和孩子一起努力，一起分享他们的，同时也是我们的精彩人生。

作者序

慢养，找回家庭的生命力

黑幼龙

今天早上接受“中广”吴瑞文访问的时候，他在节目中问我要选播的两首歌曲，为什么是选《感恩的心》与《夺标》（*My Way*）？

我当时回答说，回想这一生，我真的好感恩。

想想，我从什么都不是，什么都没有，一直到今天这个样子，真的是奇异恩典。

我连高中都没有毕业，我也没有比别人埋头苦干，却能对十多万人有所帮助，不是很神奇吗？

然而我最心存感恩的，还是能有这样的家人，能有这样的四个孩子。

过去这几十年中，我很少帮助读者了解我的另一半，还有我的四个孩子。时间过得真快，就像电影《屋顶上的提琴手》的主题曲所唱的：“日出、日落……”歌词的大意是：日子就在一个季节跟着一个季节之间过去，他们怎么都长得那么高了，我为什么一点都不觉得自己老了呢？

现在我早已经过了耳顺之年了。孩子们都已离家（还好没有出走），都已结婚、生子。我发现自己只是觉得没有老还不够，我还要能记取他们四人成长的精彩片段，并且与很多父母及年轻朋友们分享。

感谢日月文化集团旗下的大好书屋促成这个构想：分别从父母和孩子的角度来写《慢养》，一本书中既讲述父母教养孩子的经历，又分享孩子自己的感想，这在中国台湾地区可能还是第一次，我们都觉得很兴奋。

更有趣的创举是，让四个孩子也在同一时间谈谈他们的感受，与年轻朋友分享他们成长的心路历程。

我要在这里特别感谢撰稿者陈廷宇小姐与谢其浚先生，他们的文笔与构思常将一些平凡的事件变成了精彩的故事，其浚还特别飞到美国与黑立国、黑立行晤谈，令人敬佩。

身为父母的读者看了这本书后，会静下心来，想想如何与孩子一起创造双赢。我相信会。因为大好书屋总编辑胡芳芳告诉我，她在编这本书的过程中，自己已经开始运用到女儿身上了。好比说她对女儿比以前更有耐心了，也不担心女儿踢足球了。

年轻人看了黑家四个孩子的故事后，也会有突破性的领悟。那就是：上进、有企图心，原来也可以是充满乐趣的；小时候爱玩、顽皮捣蛋的人，长大后可以是满怀爱心、帮助他人的医生；小时候是辣妹，长大后可以是幸福的太太与妈妈。

黑立言，我的大孩子，很多人说他最像我。坦白说，我觉得他比我帅，他的个性比我好，至少比我会读书，我们全家只有他一人是常春藤学府（耶鲁）的硕士。他是卡内基的资深讲师，有几种训练课程，像“优势销售”和“宏效演讲班”，就是他引进并推广的，卡内基的很多讲师与他之间有一种特殊的情谊。

黑立国，现在是华盛顿大学医学院副教授，也是附设诊所的院长。他的故事我真的不想说，因为实在太精彩了，应该由他以第一人称告诉你才好，此刻我只想说，他是我们家的“黑羊”。连他都可以有这么大的改变，你期望的改变必定是小儿科。他能成功，你一定也能成功。

黑立琍是老三，是我唯一的女儿，也可能是最精灵的一个。她有机会工作，但她选择了在家教养三个孩子，她现在三十五岁，你很难想象她十五岁时的样子。我弟弟那时还小声问我，立琍是不是已经变成太妹了？所以，天下的爸妈都不要太紧张，一切都会安然无恙。

最小的黑立行，从幼儿园开始就是老师的宝。我常觉得在这么多肯定、宠爱中长大的孩子，一定比较有自信。他演过《国王与我》中的国王，想当演员没有当成，从斯坦福大学研究所毕业后，就做他最喜欢的产品设计工作。现在自己创业，做汽车里的儿童安全座椅，从展览会受欢迎的程度来看，他设计的产品前途光明。

孩子是慢慢养大的。“慢养”，并不代表放任孩子，而是能够给孩子学习的机会，让他们在学习中成长，找到最好的自己。如此一来，家，就是孩子生命力的来源，家也才能为孩子的人生加分。经过前二十年培养孩子们自由决定、自我负责的过程后，近来这二十年，他们每一个人在工作及家庭上都有不错的收获，感觉很像是前二十年的“慢养”终于有了丰硕的收获！

他们四个人也有一些共同之处：

他们都是好人（品格方面），

他们都有爱心，

他们家庭幸福，

他们很快乐。

你现在知道我为什么常怀感恩的心了。

相信你也很想做一位感恩惜福的人。你的孩子与你之间的互动就是恩典的源泉。

祝福你！

一、打开家的时空胶囊

孩子传承父母的不只是血浓于水的血脉关系，更重要的是一个家庭的价值观，随着岁月流转保留了下来。现在，黑家的成员分别扮演着孩子及父母的角色，在黑家的时空胶囊中，有着一代代生命传承后，亲子间不变的核心价值与满满的回忆……

孩子，一生最美的祝福

"你今天的成就、名望，我一点儿都不羡慕，我最羡慕的是你有这四个好孩子！"

听到有人说我有四个好孩子，内心其实非常安慰，我母亲也说过："你生这四个孩子真好！"我也觉得很开心。（全家摄于立琍婚礼）。

多年来，我写过很多本书，而且其中有好几本都是跟大家分享我的想法和理念的，但从来没有像这一次，提及我的家人时，有一种特殊、奇妙且难以解释的复杂心情。

不久前，一位四十多年的医师老友邀约几位朋友一起吃饭。席间大伙儿聊天，谈到我的四个孩子都已结婚生子，而且我有九个孙子了。同桌的朋友都好惊讶，因为我们是年龄差不多的多年好友，但有的人的孩子还没生孙子，甚至有的人的孩子才刚结婚，但我却已经是九个孙子的爷爷了！我开玩笑地说："我是1940年出生，刚好是一甲子一次的金龙年，而且从怀孕到出生都在龙年，是标准的龙头龙尾，再加上我出生在被称为'龙岩'的广西桂林七星岩，这么好的质量当然要多传宗接代！姓黑的人口实在太少了，只好努力增产报国！"想想看，从我一个人姓黑，到四个孩子、九个孙子，他们成长过程中会接触许多朋友及同学、同事，这样的人际网络开枝散叶下来，应该可以让很多人知道有人姓黑啰！

虽然是半开玩笑，但心里感触良多。我回想起父亲年老时，常常会自言自语地说：“想当年，我十几岁就离开老家，一个人白手起家打天下，没想到后来生了六个孩子，现在则有了十三个孙子，想不到，真想不到啊……”每次听到父亲这样嘟囔着，我都会想，父亲这么说，到底是引以为傲，还是觉得他的人生和家庭一路走来，实在有些不可思议呢？

小儿子黑立行在美国结婚的时候，有一个亲戚从墨西哥州来参加婚礼，他告诉我：“你今天的成就、名望，我一点儿都不羡慕，我最羡慕的是你有这四个好孩子！”当时我连声说不敢当，但我必须承认，我内心其实是非常安慰满足的。我的母亲也说过同样的话，她都会跟我说：“龙龙啊（我的小名），你生的这四个孩子真好！”我也觉得很开心。还有一次在机场，一群空中小姐认出我，说要跟我拍照，拍照的时候一位很漂亮的空姐问我说：“黑先生，你的孩子都结婚了吗？”我说：“是啊，都结婚了。”结果她说：“好啦，那我们没希望了！”然后就很失望地离开，让我不禁失笑，但觉得很高兴。

出版《慢养》这本书不是为了炫耀自己的孩子有多棒，有多与众不同。家家有本难念的经，二十年前，我们和四个孩子都还住在美国，孩子们正是青少年时期，非常叛逆。有一天，我们的几位邻居还一起到我们家抗议，说我们对四个孩子管教不当，让孩子满口粗话、行为不检，会带坏他们的小孩。我那时心情真的好低落，甚至很气，还想跟邻居吵架，真的觉得非常没面子。

现在回想起来，真的觉得很不可思议。我们也曾走过孩子叛逆、最不听话、行为最恶劣的岁月，经历过最糟糕的黑暗期。其实，我并不喜欢教别人怎么教养孩子，因为每个家庭的状况都不一样，如果父母天天跟小孩在一起都不知道怎么教导小孩的话，我们外人哪有资格插嘴？而且大家对所谓“好孩子”的定义不同，很会念书的孩子就是好孩子吗？

像我的四个孩子，个性完全不同，成长的背景也不一样。老大老二出生的时候，我还在空军，太太百龄在内政管理部门的卫生司药政科上班。每天早上我们就把两三大包尿布准备好，把他们送到托儿所，晚上才去接他们。回到家后，我和百龄一个人煮菜，另一个洗尿布。遇到下雨天，尿布晒不干，又怕电费太贵，只好用木炭来烤干尿布，现在回想我们老是用木炭烤尿布，竟然没有一氧化碳中毒，也算幸运的了。

就这样，夫妻两人分头忙到小孩睡觉后，才有时间可以坐在床边聊聊天。日子真的很苦，不晓得当初是怎么熬过来的，但也是一段很有意思的回忆。我也相信在这种环境下成长的老大和老二，他们的许多价值观就会跟老三及老四不一样，如果父母能够注意到这一点，考虑到孩子成长的过程和环境的不同，自己就会少掉很多烦恼。

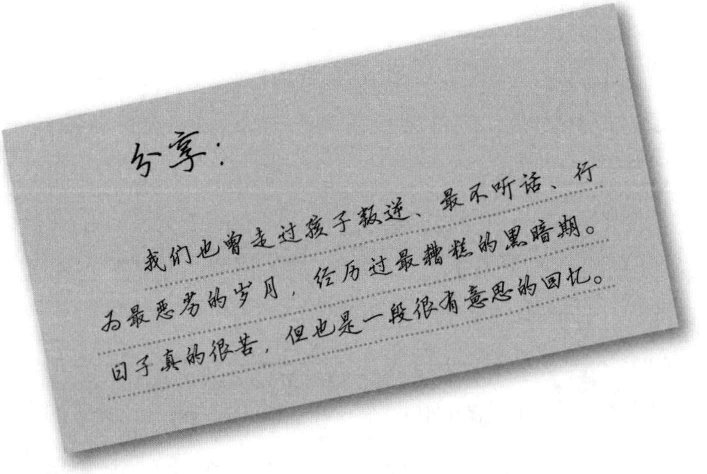

不同时代的成长密码

有一回，冬天的早上，我棉袄的袖子竟然碰到小炭炉，全身都着火烧了起来，当时我全身多处烧伤住院，大腿上有一个烧饼那么大的伤口，医师在我大腿烧伤的地方涂上药膏，那种刺鼻难闻的味道我到现在都还记得……

与父母、大哥黑幼虞、弟弟黑幼明合影，父亲右手扶的就是五岁的我。

我相信自己的成长背景会影响到我后来和孩子们的相处互动。1940年，我出生的时候正逢抗战，父亲是空军，一出生就过上了全家四处逃难的漂泊日子。逃难期间我们坐过火车、坐过船，也曾一家大小挤在小小的摆渡扁舟上。在那个战乱的年代，父亲是空军还有军方保护，虽然四处奔波，却不至于露宿街头、挨饿受冻，已经算是幸运的了。

抗战胜利后我们住在贵州，那时已有四个兄弟。父亲在空军基地当电台台长，父母都很好客，最喜欢晚上和亲朋好友一起打麻将、聊天、喝酒，大伙儿开心过头，隔天常爬不起来，也没时间打理四个小孩的生活，所以对我们是完全放任。当年的贵州全是原始林区，放眼满山田野，罕无人烟，我在田野间自己嬉戏玩耍，尽情在大自然间探索未知，在这期间的点点滴滴，也对我日后的人生产生了不少影响。

记得有一次，我看到一只大白鹅，不知天高地厚的我好奇地跑过去推那只鹅。没想到这是一只正在孵蛋的母鹅，当我发现母鹅身子下的那颗蛋时，手已经被母鹅狠狠地咬住，痛得我至今怕鹅！怕鹅怕到什么程度呢？有一回我在桃园空军基地看到一群鹅走过，竟然怕得不敢靠近。很难想象一个大男人竟然怕鹅怕成这样，但这种在幼年因为被鹅咬留下的恐惧，恐怕是很难消除了。

父母没时间管我们，所以我从小就非常独立自主，每天早上自己起床整理好书包去上学。有一回冬天的早上，我穿着小棉袄，提着一个可以保暖的小炭炉子走在去小学的路上，结果一不小心，棉袄的袖子竟然碰到小炭炉，全身都着火烧了起来，幸好当时有一个大人看到了，赶快跑过来把我整个衣服脱掉，那时他问我住哪里，要带我回家，我还跟他说："不要，不要回家！我爸妈会骂我……"当时我全身多处烧伤住院，大腿上有一个烧饼那么大的伤口，但医疗院所的设备非常落伍，连电都没有，更别说医疗设施有多简陋了。医师在我大腿烧伤的地方涂上药膏，那种刺鼻难闻的味道我到现在都还记得……现在想起来，实在是我命大福大，医疗设备那么糟糕，我竟然没有受到严重感染，后来也幸运出院了。

还有一年，我们住在广西，我当时三四岁，坐在一辆停在斜坡上的中型吉普车驾驶座上，这时吉普车突然一路往下滑，撞进一户人家，房子前的大梁因为冲撞的力量掉下来砸到车上，那时候的吉普车可没有安全带、安全气囊，但我竟然毫发无伤。虽然我不是一个迷信的人，但我真的觉得好感恩，在这么危险的情况下逃过一劫。

在大时代环境下，我有幸逃过的危机却也让我喜欢冒险、凡事大胆尝试的个性慢慢塑造起来。不同的时代似乎有不同的成长密码，只有亲身经历后才能体会生命的奥妙。

分享：

在大时代环境下，我有幸逃过的危机却也让我喜欢冒险、凡事大胆尝试的个性慢慢塑造起来。不同的时代似乎有不同的成长密码，只有亲身经历后才能体会生命的奥妙。

战乱儿女vs草莓族 ①

刚出生的小婴儿就只用一块布包着放在水沟旁边，都没有人管，当时我心中觉得这弃婴好可怜，社会的贫富差距怎么会这么大！

我们兄弟姐妹一共六个人，现在大家都六十多岁，但身体都健朗，小时候颠沛流离的生活经历让我们能够很快适应环境。（小时与大哥黑幼虞。）

在战乱的年代，大时代儿女的经历，恐怕是现在的年轻人很难想象的。我在南京上小学的时候，常会把零用钱小心地存起来。有一天，我在文具行看到一盒水彩，售价是一块钱金圆券，我虽然好喜欢，但舍不得买。几天后再回文具行看，这盒水彩已经变成三块钱了！这让我立刻了解了通货膨胀的压力和可怕，想想看，现在六岁的小朋友会知道通货膨胀是什么吗？但当时六岁的我却已经有了切身感受。

八岁时，我们借住在上海的亲戚家，亲戚住在两层楼的独栋别墅，从大门开车进去还要花一段时间，可见那房子有多大，亲戚有多富有！在上海，父母同样

① 草莓族，出自于中国台湾地区，用于形容1981年后出生的年青一代，以草莓光鲜亮丽、甜中带酸的生涩和在温室中长大、一捏就破的特点指称台湾年青一代的性格弱点。——编者注

放任我四处玩耍，那时我在外头常常看到弃婴，刚出生的小婴儿就只用一块布包着放在水沟旁边，都没有人管，当时我心中觉得这弃婴好可怜，社会的贫富差距怎么会这么大！有人很富有，有人却连孩子都养不起！现在的年轻人恐怕很难体会在战乱的时代，花钱、节约都是大事，而这些经验也让我早熟、懂事。

小时候我们也常做玩具机械轮船，玩具轮船后有个马达会嘟嘟嘟嘟地发出声响，然后慢慢地把船从河这一头推到另一头。这些童年的回忆让我想到，现在的年轻人生活在都市水泥丛林中，整天面对的是水泥墙壁，已经不像我小时候可以在田野中尽情尝试、探索及体验。童年的经验虽然有好有坏，但父母对我放任的教育方式，让我也同样给四个孩子开放自由的成长空间，许多小时候探索和冒险的经验，也影响着我和四个孩子的互动，后来四个孩子各自有属于自己的冒险经历，我想或多或少也遗传了些许来自老爸的基因吧！

从上海来到台湾，我们坐了三天三夜的船到基隆上岸。后来一家人住在又矮又破的眷村平房，地点就在现在的大安森林公园附近。我们房子的屋顶、墙壁、门全是竹子做的，当下雨或台风来时，家里就得用水桶四处接水，平常也没自来水，得去打水储备在家中的水缸里。眷村里没什么隐私，大人互相串门，小孩则是一天到晚腻在一起玩耍。现在的父母都非常保护孩子，一感冒或牙痛就赶紧带去看医生，在我们那个年代，感冒、牙痛根本没人会管，或许也因为如此，我们那代人身体的免疫力和抵抗力也强很多。我们兄弟姐妹一共六个人，现在大家都六十多岁，但身体都健朗，小时候颠沛流离的生活经历让我们能够很快适应环境、甘之如饴。

我长年在中国和美国上课，每到一个地方都能很快适应，一点儿都不困难，是我的成长环境让我能包容、接纳周围的环境，不会像现在某些被称为草莓族的年轻人，可能因为对环境比较敏感，常会有不适应的感觉。

分享：

小时候颠沛流离的生活经历让我们能够很快适应环境、甘之如饴。

父母个性vs孩子本性

父亲那天送走我后，自己慢慢走路回家，他看到附近的天主教堂的灯亮着，就走进去，在天主面前为我热烈地祈祷。平常给人严肃、铁血心肠印象的父亲，其实也有柔情的一面，在年少低潮的岁月，父亲的爱给了我成长的力量。

我高中留级，走投无路之下上了军校，自此走上职业军人的生涯，人生再度大转弯。

我的父亲是位很严肃、很大男子主义的人，但他也非常正直、不伪善，从不假装自己很神圣高尚。他从来不碰家务事，也从不掩饰自己很喜欢打麻将，他也教我们这些孩子打，我们兄弟姐妹全都是他的牌搭子，他对我们几个人的影响虽然一时说不上来，但已经潜移默化在我们的生命中。

父亲当空军电台台长时，有一天我们几个孩子捡到一支钢笔，大家都很高兴，因为在20世纪40年代，一支钢笔是很贵的。后来军队里有个士官说他的笔丢了，父亲听说了，回到家中，要我们把笔还给人家。其实我们都认为，只要父亲不说没人知道，我们就会多了一支笔，因为我们不是偷的抢的，真的是捡到的，但父亲仍然决定把笔还给那个士官，这种言传身教对孩子的影响，比读课本要深刻许多。

很多人喜欢定义父母的角色，例如严父慈母或是慈父严母，我们家有五男一女共六个孩子，我母亲是很感性的女人，她经常鼓励我们，给我们写信，她写给我的信常让我很感动，这也让我养成了常写家书给自己孩子的习惯。

而父亲刚好和母亲相反，他从不跟孩子们说太感性的话。虽然他不善于表达自己的情感，但他对我们的爱都以其他方式完整传达，丝毫没有减损。小时候只要有坏孩子或年纪比我大的青少年欺负我，他一定会追打他们，为我讨回公道。有一回我们全家从教堂回来，母亲突然直盯着我看，看得我浑身发毛，以为自己做错了什么事，她这才含笑说："刚刚你爸说，看看教堂唱经班里头，没有一个比我们家龙龙长得像样的！"感情内敛的爸爸可能一辈子都不会跟我说这些话，但情感表达直率的妈妈就会转达爸爸的话给我，这是非常有趣也有点儿复杂的成长环境。

我读小学五六年级时我们住新竹，上学途中我跟母亲说："哇，今天我的便当里头有一颗蛋！"母亲回答我："是啊，只有你的便当里面有蛋喔！"但走在前头的哥哥弟弟听到了，说他们也有蛋，妈妈这才不好意思地笑起来，原来她为了讨好我，希望我觉得自己很重要，这才撒了个小谎。母亲就是这个样子。

我在高中留级、走投无路要上军校的时候，父亲清晨天未亮，载着我到当年的台北老火车站，坐第一班开往屏东的慢车。虽然天还一片漆黑，车站里却已经挤满了人，我觉得很怕，这时一下子进来了十几二十个人，全都是光头，看起来有些凶恶，那年我才十六岁，懵懵懂懂问父亲说："这些是什么人？"父亲说他们是犯人，我这才发现他们全都戴着手铐、脚链，父亲淡淡地说："以后你还会看到很多这样的人。"对未来的恐惧和离家的复杂情绪交织，我怀着忐忑不安的心情看着火车慢慢驶离月台，父亲在月台上招手，难过鼻酸的情绪涌上来，但我不好意思哭，硬是将差点儿夺眶而出的泪水忍住，挥手跟父亲道别。

火车从台湾头开到台湾尾的屏东东港，十二个小时的旅程，抵达时已经天黑，隔几天我收到父亲的信。父亲说那天送走我后，自己慢慢走路回家，当时我们家就在现在的大安森林公园附近，他看到附近的天主教堂的灯亮着，走进去参加了第一场弥撒，在天主面前为我热烈地祈祷，这是父亲第一次写信给我，我真的很感动，平常给人严肃、铁血心肠印象的父亲，其实也有柔情的一面，在年少低潮的岁月，父亲的爱给了我成长的力量。

虽然我觉得自己对孩子的情感表达方式比较像我的母亲，但父亲严厉的性格仍会出现在我和孩子相处的过程中，例如我会对他们凶，觉得他们很烦，但事后又会觉得很懊恼，那时我就会跟孩子道歉，言归于好。

举例来说，我在美国洛杉矶上学时，二儿子立国的手脚利落，打字很快，我就让他帮忙打报告，他有时候不情愿，我就会生气骂他，这么一骂，他就完全不搭理我了。我自知理亏，趁他睡午觉的时候，偷偷塞了二十美元放在信封里，写了“You did a good job”（你做得很好）等几句话，谢谢他的帮忙。他醒来后，开心地隔着窗户跟我打招呼。我有时候会想，自己为什么会对孩子情绪失控，克制不住，或许小时候父亲教养的方式还是有些影响。

很多父母会纳闷，为什么自己的两个孩子的个性截然不同，明明家中提供的所有条件都一样，孩子之间却有天差地别。我认为可能跟基因有关，例如电影《大河恋》中，布拉德·皮特饰演的弟弟就天生叛逆，酒色财气样样来，最后跟人打架打死了，但哥哥就循规蹈矩地过一生，所以我觉得没有所谓的教养指南，或是家庭教育指导手册，因为在孩子的成长过程中有太多变量，没有一个道理是放诸四海皆准的。

分享：

很多父母会纳闷，为什么自己的两个孩子的个性截然不同，因为在孩子的成长过程中有太多变量，没有一个道理是放诸四海皆准的。如果父母能够注意到这一点，考虑到孩子的成长过程和环境，自己就会少掉很多烦恼。

一起走过家的黑暗期

那时候，我们的孩子真的不是一般人眼中的“好”孩子，他们常常争吵，成绩也不好，那段低潮是我们家最严重的黑暗期。我甚至会沮丧地想，怎么我们的家庭和生活竟然会这样一塌糊涂！

真的是家家有本难念的经吗？黑家的孩子从乖乖牌、惹麻烦、爱捣蛋到爱化妆……什么型都有，孩子的青少年时期是父母最大的噩梦期吗？

许多父母会觉得奇怪：同一个父母生的，孩子的个性为什么完全不一样？也有很多父母会将自己的经验或期待加到孩子身上，但这其中的差异是我们必须要小心处理的。父母和孩子生长的年代，甚至兄弟姐妹出生的环境，在衣食住行上的条件都不同，不能以同一标准来要求或看待，这样对孩子很不公平。像我父亲是军人，我在贫穷的家庭环境中长大，所以我很节省，甚至不肯花钱，但我的孩子不一样，他们想穿名牌的鞋子、衣服，这些都是我觉得不需要、不应该花的钱，但单单以自己的标准来要求孩子，就会造成我们父子间的摩擦和不愉快。

其实我们不应该用现在的状况来判断孩子将来的好坏，孩子现在的成绩可能很好，但不一定保证他未来就会功成名就，而现在也许孩子成绩不理想、留级甚至可能交了一些坏朋友，但将来他可能会成为一个很杰出的人，不要现在就替自己孩子的一生下定论！孩子的教养应该要慢慢来，给他们多一些空间，让他们慢慢描绘自己的人生蓝图。

当年我们在美国的三户邻居一起来抗议，对我说："你们的孩子真的太差劲了，说下流的脏话，让我们的孩子们听到非常不好，还把狗大便丢到我们院子里，跟你们当邻居真是羞耻，我们知道这样的孩子很难管教，但你们还是该尽力！"那时我真的很生气！现在二十年过去了，我的四个孩子都上了好学校，毕业后也都有不错的工作，拥有自己的人生，我有时候会反复思考，当年说我的孩子们是流氓、是坏孩子的邻居，他们自己的孩子现在不知道怎么样。人生真是变化莫测，而孩子们的教养空间又何其大！

回想起来，公平客观地说，那时候，我们的孩子真的不是一般人眼中的"好"孩子，他们常常争吵，家里天花板都快被掀掉了，成绩也不好。老二立国在外面跟同学打架，女儿叛逆期，念小学就忙着化妆、谈恋爱。严格说起来，那段低潮是我们家最严重的黑暗期，我甚至会沮丧地想，我和太太已经这么辛苦打拼了，怎么我们的家庭和生活竟然会这样一塌糊涂！

那时我们经济状况不是很好。老大黑立言十六七岁的时候在炸鸡店打工，因为他没有车，所以晚上十一点我们就到打工的地方去接他。有一回母亲跟我一起去，坐在车上看黑立言还在那儿拖地，她就心疼地说："哎呀，回家叫他不要做了，别打工了！"我当然也心疼孩子，也理解我母亲对孙子的关心，但我告诉自己要忍住，让黑立言自食其力，打工的钱他可以留着自由支配。老二黑立国也曾经在迪士尼乐园卖冰激凌，他说要自己赚学费，当然一样由我们接送，我知道他会在大太阳底下晒很久，但也一样忍住不舍，没有跟他说："算了吧，别做了，我们又不缺那个钱！"

很多父母和我一样，常担心孩子吃太多苦、太累，但有时候真的要克服那种心理障碍。我的第三及第四个小孩立琍和立行，因为家里环境稍有改善，就没有打过工，只有女儿立琍有过在银行玩票性质的打工体验。如果要问我这些打工经验对孩子后来的人生有没有产生影响，答案是肯定的。立言和立国他们后来在人生中的一些决定，例如工作、生活都比弟弟妹妹要来得谨慎小心。

我自己在美国读书时也曾经打过工，负责饮料、香烟等贩卖机的补货收钱，有时候我会带孩子一起去，让他们帮忙。黑立言就曾说，他跟我们一起去做自动售货机的补货和收钱的工作，看到妈妈把东西拆下来，在一旁奋力地清洗，他觉得很伤感，因为想到自己在美国上学的学费会花掉家里很多钱，还让妈妈这么辛苦做清洁工的工作……也是因为成长的过程不同，黑立言才有这样的情绪和感受。

分享：

现在也许孩子成绩不理想、留级甚至可能交了一些坏朋友，但将来他可能会成为一个很杰出的人，不要现在就替自己孩子的一生下定论！

孩子的教养应该要慢慢来，给他们多一些空间，让他们慢慢描绘自己的人生蓝图。

孩子是慢慢养大的：支持与包容

最近台湾兴起一阵“慢活”风潮，其实教养孩子也要“慢养”：和孩子抱一抱、和孩子谈一谈、相信孩子、等待孩子，父母要向着孩子，孩子要向着父母，孩子是慢慢养大的。

尊重每个孩子的独特性，孩子才会学到分享、感恩及惜福。（图为全家，摄于台北。）

以开放的方式和孩子们相处，不代表我对孩子完全放任。

举例来说，1984年的奥运会在洛杉矶举行，孩子们不晓得哪来的消息，知道奥运会闭幕式在征集高中生表演霹雳舞，他们就和邻居的一个男孩一起去报名了。

那时候他们都没有驾照，所以我们得开车四十分钟到一个小时，送他们到洛杉矶的一个运动场练舞，而练习常常到晚上十二点才结束，这样的练习持续了三四个月，我们就这样天天接送。奥运会闭幕的时候，电视转播还真的有他们表演霹雳舞的画面，虽然只出现短短几秒，但全家都很兴奋。我现在回想，觉得那时可以这样全力支持他们练霹雳舞，还真不知哪来的劲儿，来回接送他们却不以为苦。

小儿子立行上六年级的时候，突然告诉我们自己迷上了潜水，那时他还不到规定的年龄，不过他自己跟教练不断沟通，坚持要学，教练在测试他的各项身体反应后才答应，我们也决定支持他。潜水课程必须要有潜水衣、氧气筒、头盔等全身装备，凌晨四五点，天还没亮就要出海练习，我们每天早上摸黑、睡眠不足地载着他到教练海边的办公室，教练先教他们各种在海底时用来求救，沟通往上、往下的手势，然后才正式下水。立行后来告诉我，其实当他在海上准备要潜水时，心里还是有些害怕，但我们的支持让他真的非常开心。

我们对孩子们的爱，不会因为他们成绩不好、行为稍微有点儿出格而改变，每一个孩子的梦想和兴趣，如果我们有能力，就会尽量协助实现。黑立琍从小文笔就好，因为表现杰出，老师邀请她参加新闻夏令营。第一年，家里经济状况不好，不能让她参加。第二年，太太百龄认为孩子有这个天分，老师也惜才，决定先通过信用卡透支，让立琍参加夏令营充分发挥她的天分。

只要学校有活动，或是孩子们的学业成绩受到嘉奖，我们都会尽量到场，一起分享他们在台上表演和得奖的喜悦。黑立言上六年级的时候我们全家住在台湾，我常会开车带孩子们到固定的四五个孤儿院，孤儿院里面有很多患唐氏综合征及肌肉萎缩症的小朋友，孩子们可以决定自己要捐多少零用钱。说实话，有时连我看了这些唐氏综合征及肌肉萎缩症的小朋友都觉得害怕，但我希望孩子们可以通过和孤儿院小朋友的互动，付出爱心，同时理解世界上还有许多不同的环境和不同的人，因此应该更有同情心和包容心，也更应知道感恩和惜福。

在孩子成长过程中，父母除了要求孩子读书，应该也要和孩子们一起玩，支持孩子合理的想法，以及让孩子们学习分享、感恩及惜福的经验。这些其实从孩子们青少年时期就可以开始。孩子们会听父母的话，但他们更想看父母怎么做，如果能一起参与孩子的活动，孩子的接受度会更高。我们都希望孩子能做得更好，却忽略了父母的以身作则其实非常重要。

有了各式各样的活动经验，加上我们的支持和参与，四个孩子的包容力都非常高。有一次女儿立琍告诉我，她很开心自己的三个孩子能在新加坡成长，因为新加坡各式各样的人都有：有包着头巾的印度人、黑人、白人，也有许多华人，他们对各色人种早已见怪不怪。我这才发现，包容对孩子的成长非常重要。有包容心的孩子对不同的人能够充分尊重，生活会更快乐，包容甚至对整个社会、政治都有影响。

在台湾地区，政治分化严重，我认为每个人都可以有自己的政治理念，可是跟政治理念不同的人在一起时怎么应对、用什么态度都非常重要，像以前十字军东征，也是因为宗教理念不同引起的，如果每个孩子从小都能有包容心、尊重别人，或许这样的冲突就会少一些。

我和太太结婚以来搬了二十几次家，这代表每一次搬家孩子就会有不同的邻居、学校和玩伴。搬家理由很多，可能是职务调动、买了房子等，当然我们不是为了让孩子有不同的成长环境才一直搬家，但成长环境对孩子的影响却是父母应该要注意的。让他们多看看不同的环境，开开眼界，对增加孩子的包容力有正面帮助。我觉得自己比较有创意、点子多，可能跟小时候成天在田野探索、奔跑玩耍有关。

四个孩子在不同的时代长大，连他们自己都能感觉到彼此有些不同。例如老大黑立言对政治很感兴趣，他在美国读书的时候，我从台湾带了一本《新新闻》过去，黑立言就拿着杂志拼命看，老二黑立国则一点儿都不想翻。立言一直保留对政治的兴趣，其他在美国的华人孩子不是读书就是玩，但立言很喜欢看新闻，在美国的时候我们订《世界日报》，有一次看到台湾行政管理部门说要增加警察的权力，立言就发表意见："全世界都在削减警察的权力，怎么台湾反倒增加？"另外像民进党的发展、陈文成事件，他都会有自己的看法，关心时事已经变成他的重要兴趣。他们一起长大，而且虽然个性差很多，但丝毫不影响彼此之间的感情，我想这就是包容力最好的例子。

我对四个孩子处理感情及选择婚姻对象的态度也是一样，一个扶轮社的朋友谈到儿子的女朋友，我问他："你儿子和女朋友准备结婚了吗？"我朋友说："我如果不赞成的话，他绝对不敢结婚！"他那一句话提醒了我，我仔细回想，其实我对四个孩子的感情和婚姻从来没有表达过反对的意见，但我必须诚实地说，我也有自己的期待和想法，但一定要忍住！这一点可能和我的父母对待我们的方式也有关，因为他们从来不管。

举例来说，黑立国的太太是黑人和日本人的混血儿，年龄比黑立国大四岁，而且有过一次婚姻的经验，是一个很有个性的女人。刚开始我们和她的互动不是很好，而且人总是会有私心，会觉得黑立国是个医生，条件也很不错，应该可以有更好的选择，我也表达过不同意见，但尽量不去干涉。他们后来决定要结婚，我们也没办法，只能祝福。现在他们结婚十年了，婚姻非常幸福，毕竟孩子是跟另一半过一生，而不是跟父母。其他的孩子也一样，黑立琍从小就喜欢谈恋爱，男朋友换了一个又一个，黑立言交往过的女朋友有些也和我们理想中的不同，但我们都没有多说什么。

说实话，孩子们交往的对象和我们想象中的都有差距，但后来结果都很好，我想这除了幸运外，也是在告诉父母，要相信孩子自己的选择！

其实，孩子在十岁、二十岁甚至成家立业后会有很大的不同，父母可以放轻松，不必急于求成，因为有的孩子成熟得快，有的较慢，孩子是慢慢养大的。

最近，台湾兴起一阵“慢活”风潮，其实教养孩子也要“慢养”：和孩子抱一抱、和孩子谈一谈、相信孩子、等待孩子，父母要向着孩子，孩子要向着父母，家庭成员互相关心，家庭才能为孩子加分。

在这个过程中，不求一时的速度与效率，不以当下的表现评断孩子，尊重每个孩子的差异。慢养，可以让父母找到相信孩子的力量，可以让孩子发现最好的自己。

宁愿在孩子的起跑点认真帮他找到自己成长的力量，不要追求一时的快而草率冲出起跑点。我们要和孩子一起赢在人生的终点。

分享：

孩子们会听父母的话，但他们更想看父母怎么做，如果能一起参与孩子的活动，孩子的接受度会更高。我们都希望孩子能做得更好，却忽略了父母的以身作则其实非常重要。

上北一女① 的笨小孩（李百龄）

和黑幼龙交往后，我更深深觉得，书读得好也没什么了不起，而且他留级又上军校，这么惨也没怎么样。所以孩子成绩不好，以后人生再糟也不会比黑幼龙的糟吧！有什么好怕、好担心的呢？

虽然我上北一女，后来考上台大，我还是觉得自己很笨，个性内向。后来认识黑幼龙，生命才精彩了起来。（北一女高二下，摄于家中。）

四个孩子成长过程中的学业，我和黑幼龙从来不管。从美国搬回台湾后，我们住在花园新城，孩子要从美国的学校回到台湾的教育体制，当然要有一段适应期，对上课内容都不懂也是很正常的事情，本来就不用太紧张，我预估他们可能要花一到两年来慢慢适应。这段时间我告诉孩子们放轻松，能学多少算多少，尤其像黑立国，根本没有上过台湾的语文和数学课，怎么可能一下子就跟上进度，所以孩子们回到台湾上学前，我就告诉他们："你们现在去学校一定很惨！

① 北一女：台北市立第一女子高级中学，台湾地区著名的好学校。——编者注

语文、数学都会听不懂，尤其是语文一定会拿个鸭蛋回来！”孩子们不懂什么是鸭蛋，我还画给他们看。

有一天，黑立国下午放学回家，从花园新城小区楼下一边跑一边挥着一张考卷，我老早就听到他兴奋地喊：“妈！我今天拿鸭蛋回来了！”原来学校考语文，他一道题都不会，果然考了零分。接着，我又告诉他们，你们接下来的考试应该会表现得比较好，会拿一根油条加一个鸭蛋，也就是十分。我会在孩子们考试前，先告诉他们可能面临的状况，让他们理解分数不高不是他们的错，也不要因为考试成绩差而有挫败感。

我们对孩子的学业能完全不管，很多家长或许会觉得不可思议，但我认为可能和自己读书的过程以及我遇到黑幼龙有关。我们家住在三重“中央印制厂”附近，我从小就是大家眼中的乖小孩，成绩很好，直升北一女中，又考上台大，看起来好像一帆风顺非常风光，其实只有我自己知道，这段读书的历程对我来说有多辛苦！

其实我并不聪明，只是大家对乖孩子有一定程度的期望，而我也为了达到父母眼中好小孩、乖小孩的期望拼命努力，每天拼死拼活读书，就为了保持班上前五名。学习也没诀窍，就是秉持“铁杵磨成绣花针”的精神，别人念二十遍就会背了，我背不下来，那就念二十五遍直到背下来为止。小学五年级的时候，晚上要补习，但补习班的灯光很暗，长时间苦读下来我发现自己的眼睛有些看不清字，小时候不知道这是因为近视，还以为自己生病了，后来戴眼镜，还被同学嘲笑是四眼田鸡、书呆子，所以我虽然看起来一路风光又顺利，但我一点儿都不快乐！

虽然在课业上的表现还不错，但传统父母没有表扬孩子的习惯，每次亲戚朋友和父母谈到我的时候，说我功课很好、很棒，我的父母就会回答说：“没有啦，她哪有聪明，其实她很笨！”虽然是为了谦虚，但我却信以为真，一直觉得自己很笨！纵使我读了北一女、考上顶尖的台大，我还是觉得自己很笨！这让原本个性就内向的我越发退缩。或许就是因为读书过程的不愉快，我潜意识里不希望四个孩子重蹈覆辙，我觉得自己已经够苦了，不想让孩子们跟我一样活受罪。所以我告诉自己，绝对不要管他们的学习，每天我只问他们作业做好了没，但从没检查过他们的作业，也不会因为他们学业成绩上的表现不好责骂他们。

另一个重要因素是和黑幼龙的相遇。大学毕业的那个暑假，我在辅仁大学举办的一次大专同学夏令营活动中认识了黑幼龙，夏令营分组活动，各组都要表演节目，黑幼龙就是他们那一组的灵魂人物，当时他策划的表演活动好精彩、好有趣。那时候我就觉得：“哇！这个人怎么那么了不起，会做这么多我不会做的事情！”和黑幼龙交往后，我更深深觉得，书读得好也没什么了不起，黑幼龙也没读过什么书，但创意、活力十足。而且他留级又上军校，这么惨也没怎么样，所以孩子成绩不好，以后人生再糟也不会比黑幼龙的糟吧！有什么好怕、好担心的呢？

天才老爹

孩子说我像“天才老爹”，这是我一生收到的最好的赞美。这代表我在孩子心目中是可以跟他们一起耍宝，一起平起平坐、起哄、开玩笑的朋友，而不是一个教官、主管或导师。

我是孩子心目中的“天才老爹”，可能和我从小到大创意十足有关，虽然不太会读书，却总是团体里的灵魂人物。

在陪伴四个孩子成长的过程中，我们经常全家一起看当年最流行的电视剧《天才老爹》[①]。太太告诉我说，孩子们总是会一边看一边指着电视机笑说：“这个天才老爹跟爸爸好像！好像！”我觉得这是我一生收到的最好的赞美。这代表我在孩子心目中的样子跟考斯比（Cosby）一样，是可以跟他们一起耍宝，一起平起平坐、起哄、开玩笑的朋友，而不是一个教官、主管或导师。

有一次天才老爹的二女儿丹妮丝高中毕业要申请大学。黑人爸爸考斯比是宾夕法尼亚大学毕业的，他很希望女儿上他的母校，但在丹妮丝选校过程中，他又

① 《天才老爹》是一部美国的电视情景喜剧，又译为《考斯比一家》。——编者注

得充分尊重女儿的意见，复杂交错的情绪产生很多趣味点。丹妮丝寄了十多封申请信给各个学校，在等待回复的过程中，天才老爹会拐弯抹角暗示女儿，但女儿也存心逗他，只要一谈到选校的话题，女儿就假装听不懂。有一天吃早餐的时候，丹妮丝宣布了她选的十多所学校，故意把宾夕法尼亚大学放在最后一个，让老爸紧张了一下又松了口气；又隔了几天，也是早餐时间，丹妮丝决定要公布自己的决定，只见天才老爹魂不守舍、非常紧张，一直把奶油往面包上抹，令人啼笑皆非，最后丹妮丝说："我最后选择的学校是宾夕法尼亚大学！"只见本来还故作镇定的天才老爹瞬间把手上的东西全都扔了，冲过去抱着女儿又亲又吻，开心得不得了。

我那时就在想，在这样的家庭长大的孩子，一定会从父亲的表现中学到，纵使每个人都有自己的喜好，但也绝不要强加在别人身上，而是充分尊重别人的想法。台湾很多父母一味要求子女一定要考上台大，不明就里地下命令，也不告诉孩子为什么。

我还记得有一集是谈父母和孩子的互动，天才老爹有一天坐在沙发上，上中学的儿子回来了。儿子那时正处在叛逆期，天才老爹跟儿子说："这个周六我打算邀请你的数学老师到家里来吃饭。"没想到儿子一听生气了，说："你怎么可以没有经过我的同意，就随便请我的老师吃饭！"换成是台湾传统的父亲可能已经生气了，只见天才老爹笑着拿起茶几上厚厚的一叠信件说："这是水电费，这是电话费，这是房贷……上面写的全都是我的名字，所以我要请谁到家里来吃饭，应该不用得到你的同意吧！"这么一说，爸爸笑了，儿子也笑了，天才老爹用这种方式来取代一般父母可能会有的反应，例如："你有没有搞错，这个家谁做主啊！"或是，"你这个大逆不道的不孝子！"

天才老爹用幽默的方式，不但获得了孩子的认同，也解决了父子间可能发生的冲突。所以，如果要获得别人的认同，戏剧化的说明是一个很好的方式。

黑家的慢养教育

如果希望孩子能够为自己做的决定负责，那么我们在教养他们的过程中就必须给他们自由选择、勇于承担的机会。

有人问我喜欢当爸爸还是爷爷，现在我可以告诉你，当然是爷爷！因为喜欢和孙子、孙女玩个痛快！(2006年，和立琍的三个孩子。)

我自己这一代六个孩子，只有我的四弟和最小的弟弟及妹妹读完了大学，我和其他三个兄弟都是军人，都没好好读书。而我自己的四个孩子学业都很好，可以说是青出于蓝，算是黑家一代代传承下来，慢慢有了进步。

四个孩子现在也都当了爸爸妈妈，他们对孩子的关心比我们有过之而无不及。像当年我如果感冒生病，家里根本没人管我，但我的四个孩子生病的时候，因为当时经济状况不好，我和太太百龄还卖掉孩子满月时人家送的金锁片，带他们去看医生。现在我的几个孙子们被照顾得无微不至，像黑立琍的女儿年纪还小，衣服却已经整个衣柜都放不下，家里全都是小孙女的衣服，孩子长得快，衣服一下子就不能穿了，只好把衣服送给其他孩子。他们不但给孩子买衣服大方，孩子们要学游泳、学体操，他们也都全力支持，我真的觉得我的孩子们当爸妈当得比我还要好。

但我也有担心的时候，我看他们这么照顾自己的孩子，对孩子身体和心理充分关心，孙子们会不会因此不够坚强？他们有没有让孩子们也受点儿挫折呢？以前我载老幺黑立行去旧金山读斯坦福大学，那时他才十八岁，就有了一部新车，住的是四人一间的宿舍，漂亮的校园里还有罗丹的雕像，跟立行一起漫步在校园中时，我有很深的感触。我十八岁的时候正准备离家上军校，感觉自己好像变成被社会抛弃的孤儿……这真的是好大的反差！也难怪有时我会怀疑他们是否有坚持面对困难的毅力。他们有办法忍受没有抽水马桶的厕所吗？我在路边吃一碗面会怡然自得很开心，但他们能享受其中的乐趣吗？很多父母会跟孩子说："我当年怎么样……怎么样……你现在怎么这样……"但我只能说人生真的很奇妙，不同年代的人的人生是完全不一样的，虽然我们自己会有所感慨，但其实想想也就过去了，不一定要跟孩子讲，或把压力加到孩子身上。

在教养孩子的过程中，和太太谈话是我最重要的思考及纾解压力情绪的出口。我的孩子们都去过欧洲，我虽然去过两次，但都是因公出差，没时间真正深入体验欧洲风情。有一回儿子从欧洲打电话回来，说他们正坐在英国的公园里面啃面包，让我好生羡慕；小儿子立行现在自己创业，上回到美国佛罗里达州参展，很辛苦，参展结束后他们安排顺道到迈阿密度假，我一听到就跟太太说："哎呀，爸爸都还没去过迈阿密，孩子怎么可以去！"虽然是开玩笑的，但百龄会告诉我，不应该说这些话让孩子觉得内疚和有罪恶感。

我和太太经常把孩子们的事情拿来当聊天的题材，孩子说过的话、做过的事，有哪些令我们感动，哪些令我们又气又好笑，等等。像女儿立琍在学校很活跃，参与很多社团，有一天大哥黑立言就跟妹妹说："你这样参加很多活动，表现活跃，以后可以申请哈佛喔！"没想到立琍马上说："我才不要上哈佛呢，我要好好享受人生！"因为我经常不在家，通过和太太的分享，我可以多了解孩子的想法及成长过程。如果夫妻之间可以不要谈太多关于房子、股票、车子的内容，而是把时间花在讨论孩子的养育上，这将增进夫妻间、父母与孩子们之间的感情。

其实教养孩子并没有固定的标准，没有谁对谁错，但我想大部分的父母都希望自己的孩子是一个负责任的人。就像孩子们选择自己的另一半一样，这是他们在自由意志下做的决定，要和所选择的人共度一生；现在四个孩子的婚姻都很幸福，我相信他们偶尔也会吵架、不开心，但这都是他们自己的决定，所以不会有怨言。不只是婚姻，工作、读书都必须为自己负责，如果希望孩子能够为自己做的决定负责，那么我们在教养他们的过程中就必须给他们自由选择、勇于承担的机会。如果将我和太太结婚四十年来教养孩子的原则做一个总结，那就是我们真的给了孩子很多自己做决定的机会和空间。

当然，让孩子们自己做决定、自己负责的过程中，我们也会担心孩子们会不会吃亏，是不是交了坏朋友，或是会不会受到诱惑。像黑立国曾经交了不少坏朋友，黑立琍也一样，但这要回到原来的论点，你是要让他尝试一下，受了罪、吃了亏，让他们自己去思考，这辈子要不要跟这样的朋友在一起，还是要把孩子保护起来，不让他们碰到这些诱惑？我认为就算在孩子小时候死命保护，长大后他们还是会面对这些问题。等开始工作，他们可能会因为缺乏独立思考、为自己的决定负责的历练而碰到更大的挫折。

所以，经过前二十年培养孩子们自由决定、自我负责的过程后，近来这二十年，他们每一个人在工作及家庭上都有不错的收获，我倒感觉很像是前二十年的“慢养”终于有了丰硕的收获！

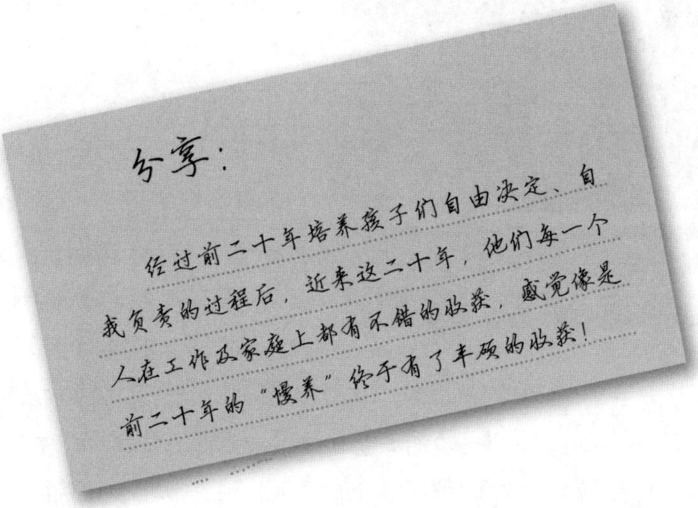

奶奶的爱

当时我们面临全家要分开的情况：我和百龄准备回台湾，立言住校，老二立国刚要进大学，两个小的则寄住在朋友家打地铺，整个家有点儿分崩离析的感觉。对当年二十岁的黑立言来说，这种不确定的状况让他对未来有些茫然，不知道自己的前途在哪里。

在孩子的成长过程中，黑家常面临全家人分居中国台湾、美国的状态，幸好有奶奶及时给予最温暖的爱，弥补了父母不在身边的亲情。

这四个孩子当中，我的母亲，孩子们的奶奶对他们各有不同的评价。她说老二黑立国有个性，每次我们在骂立国怎么那么顽皮的时候，奶奶会替他说话，认为这就是立国的个性，没个性的孩子反而奇怪；老三立琍和奶奶很亲，常常带奶奶去买衣服，奶奶生病的时候也都是立琍每天去照顾她；小儿子立行，奶奶则很注重他的营养，最喜欢煎牛排给他吃；但对老大黑立言，奶奶则觉得这个孩子很特别，她眼中所谓的特别不是说立言成绩特别好或特别乖，而是他们之间可以谈一些亲密的话题。

奶奶会跟立言谈男女之间的事情，奶奶会问他："因为是男女同校，有没有男生跑到女孩宿舍里面去啊？"黑立言就会说："有啊，大家都不管。"他还跟奶奶说有个女孩在宿舍洗澡，忘了带大毛巾，后来只好用条小毛巾围着准备跑回房间，结果宿舍两排的同学都起哄大喊加油，让那女孩边跑边笑好不尴尬……像这些事情立言从来不会跟我说，但奶奶会问，他也会跟奶奶说，我相信他们之间有一些特殊的联结存在。

立言上加州大学洛杉矶分校的时候在学校里面的医院打工，帮忙做材料分配，因为离家有开车一小时的距离，但从奶奶家开车只要十五分钟，所以他就住在奶奶家，我有时候到奶奶家去看他，奶奶还包办黑立言每天的便当，便当菜色丰富，她还打趣说："菜这么好，以前给自己儿子的都没这么好！"

黑立言打工的时期刚好是我们家在经济上的低潮期。美国的孩子流行打工，有一次黑立言的同学已经找到工作，打电话邀约黑立言一起去，但黑立言说他不能去，因为他没有车。那时候和黑立言的同龄朋友大概自己都有车，无论是好车、烂车、老爷车，总是有部车可以代步，所以那时我在旁边听了心软、很难过，他挂了电话后，我就把我的旅行车借他，让他可以开车去打工。

当时我们也正面临全家要分开的情况：我和百龄准备回台湾，立言住校，老二立国刚要进大学，两个小的则寄住在朋友家打地铺，整个家有点儿分崩离析的感觉。对当年二十岁的黑立言来说，这种不确定的状况让他对未来有些茫然，不知道自己的前途在哪里。

有一回我和立言到他的宿舍，一间宿舍有两张床，几乎把整个空间都占满了，一些私人物品都没有地方摆，后来他们有同学想到可以把床整个架高，下面就可以放个椅子或摆一些东西，但要把床架高还要买木材、钉子等材料，敲敲打打的很麻烦，我那时像父母的急性子就发作了，跟立言说："哎呀，不要弄了，好好的床干吗架高，这么麻烦！"那时候立言回我说："我要把床架高，因为我没有家！"他这句话一说出口，我就沉默了，两个人都有点儿懊恼，就默默地开车去买了材料，把床给架起来，那种感觉真的很惨……

立言上大学都是申请清寒奖学金及学生贷款来缴学费的，我至今庆幸的是，还好立言在家中低潮期的这个阶段没有变坏，后来其他三个孩子说，大哥立言的绰号是"Grandpa Gerard"（杰勒德爷爷，Gerard是立言的英文名字），因为每次别的同学想要做疯狂的事情时，立言都会劝阻，叫他们自我克制，我想可能也跟这一段成长经历有关。

喷水池边的家庭会议

在喷水池边的家庭会议中，我问太太及孩子们："我想换工作，你们说好不好？"我请他们每个人都发表意见，最小的儿子立行那时候才大班，但一样有发言权。多年后他们长大成人，却还记得全家曾经一起在喷水池旁开会，讨论爸爸是否换工作的话题。

孩子虽小，也会看到大人注意不到的事。每次我总爱问孩子的想法，除了让他们勇于发表自己的意见外，也提醒我要更懂得如何听懂孩子的话。

全家一起开家庭会议，是我最珍惜的时光。有时有具体的事情讨论，有时没有，就是单纯全家一起聊聊天，地点可以在饭桌旁或在家里席地而坐。

住在花园新城的时候，我们家的家庭会议会移到公园或小区的喷水池旁。当我考虑转换跑道，离开美国休斯飞机公司，准备回台湾到光启社时，在喷水池边的家庭会议中，我问太太及孩子们："我想换工作到光启社，你们说好不好？"我请他们每个人都发表意见，最小的儿子立行那时候才大班，但一样有发言权。多年后他们长大成人，却都还记得全家曾经一起在喷水池旁开会，讨论爸爸是否换工作的话题。

其实当年要放弃飞机公司的工作回台湾光启社，两个工作的性质、薪水差距都很大，所以开家庭会议，除了征询家人的意见，也是希望借此纾解一下心理压力。

我们开家庭会议的方式很多元。有一回我看一份英文数据里头提到，开烛光家庭会议的效果比较好，所以偶尔我们就会点蜡烛来增加气氛；我们也曾玩过游戏，让每个人只能用一个字来描述对彼此的感觉。在这个过程中你会非常惊讶，别以为孩子年纪小，什么都不懂，天真无邪的小朋友，观察力往往是非常敏锐且正确的，例如有一次，小儿子黑立行就用一个字形容姐姐黑立琍，他说姐姐是“变”，他这个字一说出来，全家都拍案叫绝。立琍很聪明，虽然她的聪明没有用在读书上，但她反应很快则是全家公认的，立琍点子多，黑立行经常应接不暇，所以他说出“变”时，大家都觉得一针见血、非常精准。

大家不妨今天晚上就和家人试试这个小游戏，每个人用一个字来形容自己的家人，父母们看看自己的孩子用哪一个字形容你，或是先生用哪一个字形容太太，这是非常好玩的一个游戏，你们也许会对彼此的答案大感意外呢！

台湾地区前教育部门负责人吴京曾说过，在台湾长大的孩子成天被父母、老师逼着学习、考试，到美国留学也是认真苦读，最后当上工程师；但他的孩子在美国受教育，却每天打篮球，长大后也同样是工程师，比较之下，似乎有些讽刺。

我自己也是一样，初中因为没有考取学校，只能上农校，没有升学压力，一天到晚打乒乓球、撞球①、篮球，不然就是成天看小说、看报纸，当其他人要升学，没时间做这些事的时候，我则享受了一段充满活力的时光。

我六十岁生日时，全家一块儿聊天，聊到乒乓球，因为我和四个孩子住在美国的时候，车库摆了一个乒乓球桌，孩子们和我打球，从来打不赢我。他们很爱打乒乓球，但只要我一上场，就将他们杀得片甲不留！他们觉得很奇怪，爸爸怎么这么会打乒乓球？我总是开玩笑地告诉他们，其实这是我用青春换来的，因为我都没在读书啊，是打乒乓球长大的！

篮球也是另一个我很喜欢的运动，我和孩子们一起打篮球，虽然我的年纪比他们大得多，一转身还会不小心摔倒，但我三步上篮、投篮等基本动作仍非常不错，这也让孩子们相当惊讶。

---

① 撞球，又称为台球。——编者注

父母和孩子们相处，除了开家庭会议外，和他们有共同的嗜好，例如一起运动，像打篮球、打乒乓球，或是一起玩现在年轻人中最 in（流行）的网络游戏和电动玩具等，都是很好的方法，让动态的互动多一些，不要只是和孩子一起看电视。这些方法都能增加亲子间的亲密感。

另外，我也很喜欢带孩子们一起到外面餐馆吃饭，我太太曾经问过我：“干吗不在家里吃饭，老是爱上馆子？”其实这是另一种争取和孩子互动的方法，因为上馆子吃饭，就等于是全家人一定要坐在一块儿吃饭谈话，大伙儿不能乱跑，所以我通常会在吃饭的时候和孩子们谈谈话，而且每个人都有轮流讲话的机会，这也是增进全家人感情的好方法。

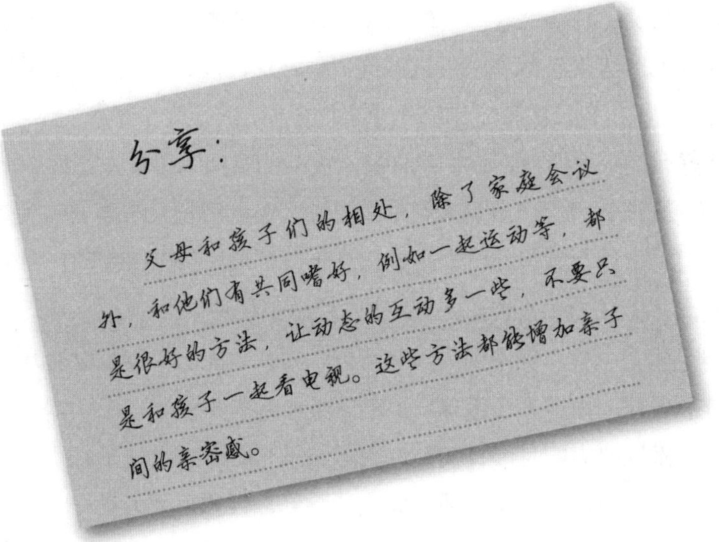

二、家是同心圆

个人、夫妻、四个孩子，就像黑家的同心圆，由小而大、一层一层将彼此紧密联系起来，既有相同的生命印记，又能保有每个人独特的本质，也造就了精彩有趣的家庭……

“心谈”、谈心——说话时请看我的眼睛

有一次我跟女儿“心谈”，我问女儿：“你从小到大，最有挫折感的是什么事情？”结果女儿竟然回答：“我跟你说话时最有挫折感！”我吓了一跳，心想，怎么女儿跟老爸说话会最有挫折感呢。女儿说：“因为小时候每次跟你说话的时候，你的眼睛都没有看着我！”

现代家庭夫妻大都是上班族，亲子相处的时间真的很少，找时间到郊外走走，夫妻之间更要多谈心，才能心连心。（我和百龄，摄于台北公园。）

现在的家庭常常因为夫妻两人都是上班族，回到家时间都晚了，孩子忙着做功课，父母也要处理家务，天天这样早出晚归，亲子相处的时间都很少。偶尔周末大家才一起去郊外走走。但我建议父母，不论是和孩子一起到郊外爬山还是钓鱼，最好能多安排一些时间，找机会和孩子坐下来聊天、谈心，这才是最宝贵且重要的。

有一种沟通方式叫“心谈”。“心谈”的技巧是只问问题，不讲道理、不分析，只有全心全意的倾听，跟我们平日的人际互动沟通完全不同。有一次我跟女儿“心谈”，我问女儿：“你从小到大，最有挫折感的是什么事情？”结果女儿竟然回答：“我跟你说话时最有挫折感！”我吓了一跳，心想，怎么女儿跟老爸说

话会最有挫折感呢。于是赶紧问她：“为什么你跟我说话时最有挫折感？”女儿说：“因为小时候每次跟你说话的时候，你的眼睛都没有看着我！”

在孩子跟我们说话的时候，我们有没有专注听，或是眼神有没有和他们接触，其实对年纪很小的他们都会产生影响，要不是黑立琍告诉我，我完全不会发觉。父母必须要注意的是，孩子在跟我们说话，我们虽然听到了，但却没有停止看报纸、做家务、看电视等行为，在这同时，我们其实正在传递一个错误的信息给孩子，孩子会认为：“爸爸妈妈对我根本不感兴趣，我说的话他们根本懒得听，我在爸妈的心目中一点儿都不重要！”事实上，父母的心中可能完全没有这个意思，只是无意的行为，但孩子接收到的信息却是负面的，父母对此要特别注意。

黑立琍跟我很像的一点是，她非常希望获得别人的关注，这一点不知道是不是缘起于我和她说话没有看着她的眼睛所造成的挫折感。她从小学五年级就开始化妆、打扮，小小年纪就每天花两个小时夹睫毛、打粉底、画眼影等，除了爱漂亮的因素外，也许是她想获得更多关注的方式。

我仔细回想，当我在跟别人或客户讲话的时候，对方如果没有看我，我也会觉得很有挫折感。例如有一次我向李国鼎先生做简报，我还记得那时候他坐在一张“U”字形的大桌子旁，在我做简报的过程中，他从头到尾都没有抬头，一直在看其他人临时给他的一本杂志。我简报做完了，他也没有反应，会议就这样草草结束。这也是我一生中很大的挫折，但我并没有机会告诉他。李国鼎先生对台湾有很大的贡献，我非常敬佩。我只能说，或许如果他能知道他这个习惯会让人不舒服的话，那就更好了。

就如同我女儿告诉我，这才让我自己觉醒一样。有时候父母跟孩子说话，可能做梦都不会想到看着孩子的眼睛会这么重要！像我女儿在这么多年后还记得这件事，可见小小的行为，影响却非常深远。

分享：

有时候父母跟孩子说话，可能做梦都不会想到看着孩子的眼睛会这么重要！像我女儿在这么多年后还记得这件事，可见小小的行为，影响却非常深远。

慢半拍的父子档

同学说我长得很像父亲，我好高兴。从这一点大概可以看出父亲在孩子心中真的具有一定分量。

有朋友说黑幼龙“有子传衣钵”，事实上往往是优点、缺点都一起遗传给孩子了。

有一次，我收到立言写的一封信，信中写着，他每次听到别人说他长得很像我，他就会很高兴，因为没人讲他的弟弟妹妹像我，大家只说他真的跟我很像。他觉得长得像我是一种赞美，其实我比他还开心。就像我跟我父亲，我高一在桃园农校，父亲刚好从校外走过，同学说我长得很像父亲，我也好高兴。从这一点大概可以看出父亲在孩子心中真的具有一定分量。

外貌像不像只是一小部分，如果说到个性、做事的习惯、风格，立言真的跟我很像。我们都很喜欢写作，属于比较感性的人。我还记得有一次在电影院看《大河恋》，因为太感动，在电影结束后，我竟然冲动地跑到第一排，跟陌生的观众说：“哇！这电影真的好好看，好令人感动，对不对？”好几次黑立言看电影或专栏的时候也会热泪盈眶，这种情绪也很像我，虽然我们父子相像的地方真的不少，但糟糕的是，我的很多缺点、毛病，立言也通通都有。

我是一个很爱拖延的人，以前一个星期要写一次专栏，我都到最后一两天才交稿，这还是因为有截稿压力，如果没有时间表的话，有时候我可以一直无限期拖延下去，根本写不出东西来。我也必须坦白承认，我一直跟立言说要找一两天时间跟他好好聊聊一个新的计划，但这个构想已经三年了，我们还是找不到时间好好谈……

拖延的毛病，立言也有。有一次我们到耶鲁大学去看他，结果因为我们提早到了，他的房间来不及整理，简直乱得一塌糊涂，他妈妈看不过去，就开始帮他整理房间、洗马桶。本来我以为他会不好意思，会觉得尴尬，没想到他竟然说："我的教授告诉我们，有拖延症的人比较聪明，因为他知道他到时候一定做得完！交报告也一样，比较笨的人很早就要开始准备，不然他最后一天才写，写得出来吗？"我真不知道他是开玩笑还是认真的，竟然说出这番歪理来。这也让我想起写武侠小说的作家高阳，他总是拖到最后一分钟才交稿，交稿的时候他的信封里面会多塞一百块钱，给那些已经等了他几小时的可怜排字先生吃夜宵。

除了拖延这个坏毛病，立言和我还有另一个缺点也很像，就是很爱睡觉！我们常常睡过头，早上爬不起来，我现在已经改掉这个毛病了，但黑立言比我还严重。小学一年级的时候，他每天都迟到，进教室时还迷迷糊糊睡眼惺忪，连老师看了都又气又好笑，他虽然下了很多次决心，告诉自己一定不可以迟到，但想睡觉的毛病却是怎么改都改不过来。立言在加州大学洛杉矶分校读书的时候，因为睡过头错过考试，教授让他补考，没想到他竟然连补考都睡过头！后来他到耶鲁大学读研究生的时候，他干脆所有排在第一堂的课都不选了，因为他知道自己绝对无法早起！这个毛病这么多年下来，我已经不指望让他改了，因为他就是起不来，能怎么办呢？我只能理解立言需要的睡眠时间可能真的比一般人多。

我和立言另一个小小的不同点是，我从小就很活泼，常常代表班上参加演讲，而立言小时候则比较害羞，受过训练后才开始勇于表达。后来我看立言在同学会晚会的录像带，或当节目主持人在台上讲话的样子，都可以明显感受到，他已经不再是以前那个害羞的小男孩了。

立言后来回到台湾帮忙，每一次我看到他在办公室和员工谈话，他总是非常尊重别人，员工都很喜欢他，大家一起出去旅游的时候，他也和每一个人都相处得很好，虽然他是老板的儿子，但他一点儿架子都没有，像我会要求自己应该注意和员工相处的方式，但黑立言则完全是自然的表现，这一点他做得比我好，也让我非常欣慰。

分享：

父母与孩子，外貌像不像只是一小部分，如果说到个性、做事的习惯、风格，可能彼此有很大的差异，父母可千万别以为孩子是我们的复制品。

哥哥叫你吃大便，你要吃吗？（李百龄）

“哥哥叫你做什么你就做什么？现在马桶里面有大便，哥哥如果叫你吃大便的话，你要吃吗？”借着这样的事件，我要告诉孩子，自己犯的错误，必须自己负责，不要把过错推给别人！

立言、立国年纪相近，看起来像不像双胞胎？两个人的个性则相差十万八千里。

老二黑立国从小就很顽皮。我们住在美国的时候，家里有一支BB弹的玩具枪，有时候黑幼龙会带孩子们拿玩具枪到郊外玩玩打罐头或打小鸟的游戏，黑立国那时年纪还小，读小学二年级，但调皮捣蛋再加上闯祸的事情已经一箩筐。有一天黑幼龙上班，我在家里忙，突然间门铃响了，我一看门外站了一位警察，我觉得奇怪，警察为什么会跑到家里来。我去应门的时候警察对我说：“我来调查你们家有没有枪。”我有点儿会意不过来，心想我们家怎么可能会有枪。于是赶快说：“没有啊，我们家没有枪！”没想到立国这个小鬼，刚从学校下课，凑在我身边听我和警察对话，竟然跟警察说：“Yes，Yes，我们家有枪！”我一听大惊失色，正在想我们家明明没有枪，怎么黑立国一直说有，结果立国紧接着告诉警察，我们家有玩具枪。

警察一听，马上告诫我，玩具枪只能在郊外玩，不能在家后院玩，会有危险，然后才离开。警察离开后，我知道立国一定又干了什么好事，一问才知道，原来他们几个小孩在家里后院玩玩具枪，邻居有人报案，才把警察给找来，我只好说了黑立国一顿，要求他以后不可以再犯。

美国的房屋都有前后院，草皮常要除草，所以几乎家家户户都有除草机，我们家是大约每个星期除一次。有一回我要除草，除草机的启动马达我却怎么拉都拉不动，心里觉得奇怪，以为除草机坏掉了，于是开始检查，才发现除草机的油箱里没有油，但却有一些白白的液体，我只好又把立国叫过来问，结果我们家的天才儿子说："那是牛奶，我想知道牛奶可不可以当汽油用……"

最恐怖的事情是有一天邻居找上门来，警告我说："你最好看好你的小孩，我们看到你的小孩下午拿着火柴试图点燃路边车子的油箱！"邻居说他看见了赶忙去阻止，还好黑立国拿的火柴一弄就熄掉了，没有酿成大祸！

在美国，到大卖场买东西是最重要的采买活动，当时我母亲刚好在美国，我载她和四个孩子一起去大卖场买东西。结完账后，突然有人冲出来抓黑立国，原来黑立国在卖场拿了一双手套没有付钱。卖场人员坚持是黑立国偷东西，不由分说就把他押到后面的办公室去，我告诉卖场人员，一双手套不过几块钱，我付掉就是！没想到他们态度很凶，认为孩子离开收款机没有付钱就是偷窃！当时我虽然慌张，但也态度强硬地告诉他们："黑立国未满十八岁，我是他妈妈，我来负责！"就这样我们争执了半个小时，我一定要带儿子回家，他们却怎样都不放人，直到拿出一份文件要求我签名，才肯让立国和我离开！

我带着黑立国走出大卖场，一句话都没说，但到了车上，我突然开始放声哭喊："怎么办！我怎么办！我怎么办！"在车上，我的母亲和孩子们被我突然的歇斯底里吓呆了，根本不敢说话，我自顾自地哭完，情绪发泄完后，就直接开车回家。回到家后我请一位法律专业的朋友帮我回到卖场处理那份文件，确认黑立国不会因此惹上麻烦或留下不良记录。

事后我私下问黑立国，为什么他会想要偷卖场的手套，结果他说因为好奇，他的一些同学也会在卖场拿小东西，但都没有被发现，所以他也想试试看。于是我问他："那这次你好奇的教训大不大？"他点点头，从此我就没有再提过这件事，也没告诉我母亲或其他孩子。因为我相信他不是坏孩子，只是一时好奇犯了错。

黑立国调皮捣蛋，在家里最常挨骂，但久而久之，我也理解其实对他生气也没用，而是应该给他空间跟他讲道理反而比较有效。有一回他又做错了事，我追究责任的时候，他说："那是哥哥叫我做的！"我当下带着黑立国到厕所，然后再问他："哥哥叫你做什么你就做什么？现在马桶里面有大便，哥哥如果叫你吃大便的话，你要吃吗？"黑立国这才摇摇头。借着这样的事件，我要告诉他，自己犯的错误，必须自己负责，不要把过错推给别人！从此他就很少再推卸责任，偶尔再犯，我就会跟他开玩笑地说："你要吃大便？"他马上就理解了。

孩子常会因为一时好奇做错事，但父母除了问清楚事实真相外，更重要的是应该成为孩子的靠山，要让孩子知道，自己的爸爸妈妈会支持他，即使他犯错，只要改过，爸妈对他的爱永远都不会改变或减少！

别惹我妈，小心她会开枪！（李百龄）

我真的越想越担心，后来灵机一动，我又开始叫孩子们打电话，这回是说：“我看我妈是真的疯了！她找了华青帮的朋友，这些华青帮杀人不眨眼的，大家最好小心一点儿！”

有人说为母则强，一点儿都不假！为了保护我的心肝宝贝，想不到我有一天竟成了持枪守夜的铁面酷妈！

黑立国在家里后院玩玩具枪，让警察找上门，后来我则因为黑立琍被小混混骚扰，真的去买了把霰弹枪！

黑立琍的叛逆期来得特别早，小学五六年级她就一天到晚化妆、交男朋友，当时立琍班上有一个小男生很喜欢立琍，但立琍不喜欢他，那个小男生就一天到晚打电话来骚扰立琍，立琍会跟二哥立国说那个人好讨厌，一直打电话来，结果脾气火暴的黑立国等那男孩再打电话来，就一把抓起电话把那小男生臭骂了一顿，还说：“你再打电话来，小心我揍你！”

没想到那个小男生竟然去找了很多人高马大的足球队员帮忙。有一天，家里门铃响了，那时我出去应门，一开门好几个高大的男孩子站在门口，大叫：“黑立国在哪里？叫他出来！”我呵斥他们：“你们干什么？”我正要说我要找警察，话还没说出口，这些男孩子突然就一哄而散，但他们并没有离开，而是在我们家附近游走，突然间，好大一个声响，差点儿没把我给吓死，原来他们有人拿我们家的垃圾桶把家里客厅的玻璃打碎了！后来才知道是黑立言在我的背后，用一把假枪指着他们，才把他们吓跑了。

当下我赶紧出门看到底是谁干的好事，但是那些足球队员全都跑掉了，而且我非常担心他们会继续找黑立国的麻烦，所以我打电话报警，半小时后警察姗姗来到，看了看家里被打碎的玻璃，才慢条斯理地说："你没有看到谁打碎玻璃，也没有证据，这样恐怕无法提出诉讼或申请赔偿！"让我更生气的是，警察竟然要求我们必须和那个小男孩保持距离！

虽然我的个性从小就很内向，但当了妈妈后，孩子给了我勇气，一想到黑立国到学校去可能会有危险，我当下不管警察说的话，马上就开车到那小男孩的家敲门，告诉他妈妈："你最好看好你的儿子！你儿子找人来我们家把玻璃砸碎了！"小男孩的妈妈不甘示弱："是你儿子先出言恐吓的！"我立刻回击："你儿子一天到晚打电话来骚扰我女儿，我儿子只是嘴上说说，但你们家小孩却找人把我们家玻璃打碎了！你最好小心点儿！"

气呼呼地从小男孩家离开后，我仍然越想越不放心，万一这些足球队的孩子又跑回来怎么办？想来想去，我决定到运动商品店买一把枪，而且我还想自己眼睛不好，买来福枪肯定像是乱枪打鸟一样打不准，所以买了一把霰弹枪，我想万一真的要用到，就像天女散花，至少可以吓吓人。好不容易把枪给买回家了，但我又越想越不对劲，我买了把枪，但没有人知道有什么用呢？于是我决定开始散播这个信息，我要求四个孩子在家里打电话给他们的同学、朋友，电话中说："哇，我妈妈真的很生气，不是开玩笑的，她买了一把霰弹枪，那些足球队员最好不要惹她，否则她会开枪！"

当时黑幼龙在台湾，我和孩子们在美国，我必须母兼父职，保护好我的四个孩子，虽然买了枪，也叫孩子们打了电话，但我还是担心，第二天黑立国和其他孩子仍然要上学，我没办法跟到学校保护他们，万一那些坏孩子还要找麻烦，尤其是在学校外的停车场被那些坏孩子围殴打死了怎么办？我越想越担心，后来灵机一动，想到报纸上常常有华人帮派华青帮斗殴、杀人的新闻，我又开始叫孩子们打电话，这回是说："我看我妈是真的疯了！她找了华青帮的朋友，这些华青帮杀人不眨眼的，大家最好小心一点儿！”

虽然已经要求四个孩子打了两轮电话，但我还是会担心那些足球队员不甘心，又会跑回来，所以我提议全家拿着刚买回来的霰弹枪轮流守夜，就这样我和四个孩子，五个人拿着枪，一整夜盯着马路看，就担心他们又跑回来找麻烦。或许是担心害怕的肾上腺素作祟，那一夜我们真的守了一整夜！

或许是三番两次的放话真的有了效果，黑立国和其他三个孩子隔天去上学，真的没有人找他们麻烦。经过这些事情我也知道了，如果爸爸妈妈不能做孩子坚强的后盾，孩子不小心惹上麻烦，恐怕会很惨，甚至常常被人欺负。我时常觉得自己很矛盾，虽然从小我就胆小又没自信，很多事情非到不得已才会去做，但是事情真的一来，我也很清楚知道自己没有退路，不但不能害怕，更绝对不能退缩。

我这样的性格应该是受到母亲的影响。我母亲其实是一个有点儿自闭的女人，我们家客人很少，她也不常跟朋友来往。在我大一升大二的那一年，葛乐礼台风侵台，狂风暴雨让整个石门水库水量暴增，当时我们家住在三重泄洪道边，可说是首当其冲，大水一来把整个房子都淹没了，隔壁邻居还有人被冲走，幸好我们全家及时爬到屋顶上，才逃过一劫。大水退了以后，我们家的房子一片狼藉，大水淹没了我们家所有的东西，但这时候，我的母亲却二话不说，拿起扫把开始扫地，准备把家弄干净，至少让我们有地方遮风避雨，邻居有一位爸爸无法接受这个重大打击，从此以后就有点儿精神失常。

这件事带给我很深的影响。母亲坚毅地拿着扫把重建家园的模样让我印象深刻，也让我理解：一旦事情来临时，我只能勇敢面对。或许遗传了她的某些基因，当我一个人在美国带四个孩子时，我完完全全知道，我必须做孩子们坚实的后盾，坚强地照顾保护我的宝贝们。

摔跤队队长

教练说，学校有一个规定，参加摔跤队平均成绩至少要有B-才可以，队员都反映说大家成绩都很差，怎么可能拿到B-！教练就说那为什么托马斯（立国的英文名）可以做到，你们就做不到呢。教练的肯定对立国产生了很大的激励作用，因为他想要活出他在教练心中的样子，所以他开始认真读书了。

像立国这种特立独行的孩子如果在台湾接受教育，有可能会上不了大学、成为不良少年。（十六岁的立国参加爸爸硕士毕业典礼，摄于美国加州罗耀拉大学校园。）

黑立国出生的时候是我们生活最穷苦的年代，他出生在台湾三军总医院的大产房里，医院还因为产妇太多，不让百龄休息太久，马上就要求她出院。所幸这段比较困苦的童年没有让立国变成愤世嫉俗的小孩，他仍然相当开心。

我们常说，立国小时候是那种头脑简单、四肢发达的孩子，非常好动，以前在美国时我们养了只好大的圣伯纳犬，帮狗洗澡、带狗出去散步都由他一手包办，家里的一些粗活，像锯东西、移植树、除草也全都是他自愿帮忙。

立国也是家中的冒险家，他喜欢骑自行车，参加过好几届马拉松比赛。只要他参加比赛，我们一家人都会在路边为他呐喊加油。高中的时候他还当上摔跤队长，他这些冒险家的个性其实在他小时候就可以窥见一二。

那时我们住在花园新城，是个大社区，有自己的小区摆渡车，如果从小区入口走路，得要走一大段路才能到家，别的孩子可能都直接回家，但立国的每一天却都像一场探险。今天抓了金龟子，明天带了只甲虫，后天手上又抓了只小乌龟，这些各式各样的小动物还有自己的名字，什么罗兰飞弹、坦克，非常有趣。不然就是突然在回家路上的山边采了个香瓜或是水果回来。当年花园新城有很多自然绿地相当有名，很多人还特地跑来这儿的野溪游泳、玩耍。对好动的立国来说，这儿简直就是为他量身打造的乐园，我们住在半山腰，他常常拿个滑板，一溜烟儿就滑到山底下，每次妈妈想要买东西，他马上就自愿出门，又拿着滑板一溜烟儿滑下去。

不同的孩子真的就像花圃里头不同的花，父母如果没有这样的认知，可能会被不同个性的孩子给气死。立国从小好动爱玩，心思都不在功课上，所以成绩一直很差，但他偏偏又很好强、好胜，脾气也不太好，像我有时候跟他打乒乓球，他接不到球或被我杀球都会生气，甚至还会瞪我！他的奶奶总是提醒我，难道小孩没有自己的个性吗。这就是立国的个性！

像立国这样有个性的孩子，如果在台湾接受一般传统教育的话，我可以肯定他百分之一百考不上任何大学，也有可能是不良少年。他在初中一年级的时候去美国上学，刚开始个性还是没改，照样天天玩耍、天天混，成绩也不好，还忙着交女朋友，只有霹雳舞跳得最好，直到他高二遇到了改变他一生的摔跤教练……

立国刚到美国交的最好的两个朋友跟他一样，都不爱学习，而且也没打算申请大学，一个去当了军人，另一个在超市打工赚钱，黑立国能走出和两个好朋友不一样的路，其实连我都觉得很不容易。

立国人生的转折点是从加入摔跤队开始的。摔跤队里头很多都是黑人队员，他们的成绩都很差，不及格的人比比皆是，那时候教练跟这些摔跤队员说，学校有一个规定，参加摔跤队平均成绩至少要有B-才可以，那些黑人队员都反映说大家成绩都很差，怎么可能拿到B-！这时教练就说那为什么托马斯（立国的英文名）可以做到，你们就做不到呢。教练的肯定对立国产生了很大的激励作用，因为他想要活出他在教练心中的样子。

所以，立国开始认真读书了，而这也改变了他的一生，让他从高中的摔跤队长变成一名医生。

分享：

不同的孩子真的就像花圃里头不同的花，父母如果没有这样的认知，可能会被不同个性的孩子给气死。

不良少年变爱心医师

有一天我们发现，孩子竟然要上医学院。说来实在有点儿讽刺，这个从小最不会读书，差点儿变成不良少年的孩子，竟然变成了医生。

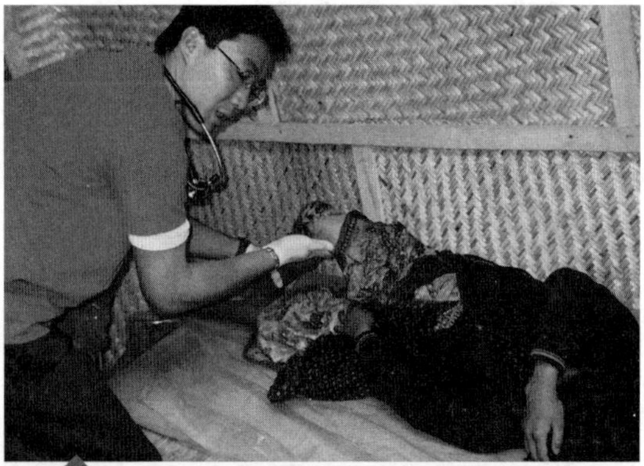

1998年4月，立国在尼泊尔的提普林（Tipling）村治疗一名腿部严重烧伤的妇女。

每个人其实都很想活出别人心目中最好的自己，如果对方觉得你很善良，你就会希望自己变得善良；同样，如果我们觉得别人很坏，那对方会想反正你已经把我看扁，那我就变成你想的模样。

萧伯纳的小说《窈窕淑女》的原著其实和电影情节不同，小说中那个窈窕淑女伊莉莎最后其实并没有和教她成为淑女的亨利 · 希金斯教授在一起，她说她在亨利面前还是会想要说脏话，因为纵使她已经变成淑女，但在亨利心中她永远是那个在菜市场卖菜的粗俗女孩。

黑立国在摔跤教练的鼓励下开始转变，不但拿到奖学金，也成功申请到了加州大学欧文分校。那时我们已经回台湾创办卡内基，他则在学校跟几个同学合租了一个房子，刻苦学习，老实说，我并不知道他大学想要读什么专业，刚开始他接触过一些环保的科目，到了大学三年级我们才发现，他竟然要上医学院。说来实在有点儿讽刺，这个从小最不爱念书，差点儿变成不良少年的孩子，竟然变成了医生。

我记得创办成大医学院的黄昆岩院长写过几篇文章，他说现在的教育制度让大部分医学院学生都只是很会读书、很会考试，或是很想从医，因为可以多赚点儿钱。这些孩子不见得对关心病人、医疗伦理有多少热忱，对整个医学质量的提升其实也没有帮助。所以他很希望成立一个委员会，设立口试，让那些真的助人为乐、非常希望为病人付出、真心想当医生的孩子，能够有机会实现他们的愿望，这是非常好的理念。在美国就是这样，黑立国能进医学院也是一件很幸运的事，我想大概在口试的时候，教授可以感受到他是真的想要当一个为病人服务的医生。在美国医学院的口试中，考官不只是问你为什么要当医生，还会给出临床的试题，例如如果有一个少女怀孕了，要你帮她堕胎，你怎么办？或是要你举一个在学校参加社团或帮助弱势团体的例子，这些都是只会死读书的学生答不出来的问题。

黑立国当实习医生的时候其实很辛苦，几乎经常三十六小时待命，但薪水很低。实习结束后他选择当家庭医生，因为他觉得家庭医生可以照顾更多病人，他工作的地方是社区医院，到了第二年，黑立国就当了这个社区医院的院长。

其实社区医院也有业绩压力，原来的院长就是因为这样常跟员工起冲突，造成医院员工离职率很高，后来医院决定由黑立国当院长。坦白说，黑立国的医术可能不是最好的，而且才刚在医院工作没几年，也跟西雅图当地的医学院没有渊源，但他却被选为院长，这应该跟他的沟通能力、对病人付出的爱心和热忱有很大关系。

他在当住院医师的时候，病人都对他相当赞赏，给他的评分也很高。我到医院看他，看到医院的候诊室写着一句服务宗旨：“病人是我们的客人！”我想，这种真的关心病人、为病人服务的精神，让病人感受到了医生的重视，满足了他们想被照顾的愿望，这或许就是黑立国能当上院长，而且至今已经连续担任院长八年的主要原因。

黑立国曾经告诉我，和高血压的病人沟通最不容易，因为没有人喜欢天天吃药，所以病人经常会不信任医生，而医生要怎么让病人相信自己，让他们照着医生的指示吃药，而不是只吃一半的分量或是压根不吃呢？这时沟通就变成非常重要的工作，对黑立国而言，“医术”到最后变成了一种“艺术”。

我后来发现，其实立国的爱心和价值观从小就始终如一，他小时候喜欢小动物、喜欢探索大自然，结婚后想领养柬埔寨的孩子，这些都是因为他有一颗愿意付出的爱心，这样的价值观才是我最引以为荣的。

分享：

每个人其实都很想活出别人心目中最好的自己，如果对方觉得你很善良，你就会希望自己变得善良；同样，如果我们觉得别人很坏，那对方会想反正你已经把我看扁，那我就变成你想的模样。

地下道的街头艺人

我问女儿黑立琍，问她知不知道黑立国为什么到地下道吹萨克斯，结果立琍回答：“他不需要有理由啊！”

三个孩子资质不同，但我们对他们的爱尽可能公平，不会因为谁成绩不好就歧视他，不是每个孩子都只爱读书。

黑立国的人生很精彩，有什么梦想就努力去实现，他也做了很多一般人觉得疯狂的事！

读大学期间，他学吹萨克斯。回台湾度假的时候他把萨克斯带回来，有一天他突发奇想，穿得破破烂烂的，跑去台大罗斯福路的地下道，放了个帽子在地上，竟然就当起吹萨克斯的街头艺人了，路过的行人还有人真的给钱，那一天帽子里的钱加起来有九十几块，虽然赚的钱连一百块都不到，可是他还是开心得不得了。

这件事他并没有告诉我，还是别人来跟我说的。我没有骂他，私下去问女儿黑立琍，问她知不知道黑立国为什么想到地下道吹萨克斯，是不是有什么特别的理由。结果立琍的回答很有意思，她说：“他不需要有理由啊！”

我曾经写过一篇文章，提到黑立国当街头艺人的事，我曾请他思考，大家一开始都以为他是流浪的街头艺人，如果知道了他是黑幼龙的儿子，会有什么想法。但黑立琍的回答，我仔细想想也有道理。像黑立国这样，想到什么就去做，一点儿都不迟疑，也是非常令人羡慕的，不像我们可能年轻岁月都已经过了，才想起来有些梦想没能去完成，白发时只能徒呼负负[①]，所以对黑立国率性的行为也就能够接受了。

其实我到现在还觉得，黑立国能有今天，太太说是天主保佑，我自己也觉得像是奇迹，如果在教养他的过程中，我们哪怕走歪了一点点，他会变成什么样子，我们真的都很难想象！

黑立国在台湾上学的那几年，成绩都非常差，总是班上倒数几名，只有棒球打得不错，还曾经经过选拔加入荣工棒球队，我和太太对他的学业几乎完全放任。我们没有要求他去补习，也不看他的作业，更对他不抱任何期望。我和太太甚至觉得，就算他以后长大要去当木匠，只要有一份正当的工作，也没什么不好，只是万万没想到，黑立国后来竟然上了医学院当了医生！

立国从小调皮捣蛋，挨骂的次数自然比其他孩子多，但我们对他的爱从来没有减少，所以虽然他的哥哥、弟弟、妹妹成绩都不错，我们也不会因为他的成绩不好而对他区别对待，我们给四个孩子的爱是一样的。

立国自己也承认，如果他一直在台湾传统教育体制下成长，没有机会到美国上学，没有我和太太给他的支持，没有遇到鼓励他的摔跤教练，他的人生恐怕会大不同。

① 徒呼负负，意为无计可施，无法可想，唉声叹气也无济于事。——编者注

分享：

在教养孩子的过程中，我们只要走歪了一点点，他会变成什么样子，我们真的很难想象！立国从小调皮捣蛋，挨骂的次数自然比其他孩子多，但我们对他的爱从来没有减少，我们对待四个孩子的爱是一样的。

爸爸，我原谅你！

天底下哪有儿子原谅老子的道理！老子不先破口大骂一顿才怪。但我愣了一会儿，静下心来听听立国要说些什么。

立国这么忙，还要领养一个女儿，可见他真的是很有爱心，我对他说的话完全错了，难怪他那么生气。

在和孩子相处的过程中，我们可能对孩子造成了伤害却不自知。

几年前，我到美国开会，顺道去西雅图看老二黑立国和三个小孙子，因为回台湾的飞机是半夜两三点，我就跟立国说，我们到二十四小时的赌场杀杀时间好了，本来我想自己待在赌场里头，再自己坐车到机场，让立国先回家休息，没想到他跟着下车，表情有点儿严肃地说："我们到咖啡厅坐坐好了。"一坐下来，他就告诉我："我经过很长时间的思考，决定原谅你！"那时我愣了一下，有些错愕，也忘了当时自己到底说了什么。

如果照我父亲那种大男人个性，他早就生气了，天底下哪有儿子原谅老子的道理！老子不先破口大骂一顿才怪。但我愣了一会儿，静下心来听听立国要说些什么。他说他前一阵子非常生气，对我很失望，因为他和太太有了第一个小孩后，一直想要生第二个，让孩子有个伴，但总是无法如愿，眼看太太快四十岁，已经是不适合生产的高龄产妇，于是他们想要到柬埔寨领养一个小孩，这件事情进行了一段时间，但我都不知道，直到后来太太百龄告诉我，我才知道他们有这个计划。

那天立国打电话回家，我接起电话劈头就说："哎呀，不要啦，领养什么小孩，已经有一个小孩就好了，而且你们夫妻两个工作已经这么辛苦，你又爱打球，哪有时间再多照顾一个小孩！"我自顾自地说了他一顿后，他不出声，也没说话，后来才说："我要做的事情你凭什么反对？我已经三十多岁了，这是我自己的生活，你没有权力管！"这时我只好告诉他："如果你坚持要领养，我也没办法。"

立国接着又反问："当年婆婆也反对妈妈嫁给你，你不生气吗？人家这样不赞同你，你不难过吗？"我趁机告诉他："我是真的不生气，如果我是婆婆我也会反对妈妈嫁给我，好好一个女孩子为什么要嫁给生活贫穷的军人？"立国大概觉得辩不过我，干脆又不说话了。不过他们仍继续坚持领养孩子的计划，因为太太百龄是学医的，所以由她陪着立国夫妻去。我本来以为既然他们已经去领养了，父子间的冲突应该没事了，没想到立国心里的结仍在那儿……

柬埔寨仍是一个比较落后的国家，只有一个五星级宾馆，出发前还得吃很多预防传染病的药。等他们终于到了孤儿院，孩子的签证竟然出了问题没办法去美国，那个时候我告诉他，既然孩子拿不到签证，那就先送回孤儿院，等到签证发下来，再马上回去把孩子带回家！没想到这句话惹得立国更生气了，他说："你怎么可以说这句话，怎么可以把孩子再送回孤儿院去！我既然已经把她领养出来，她就是我的女儿，哪个父亲会把女儿再送回孤儿院？"

这件事给我好几个冲击。很多亲子间互动的细节，一些无心的话，可能在不知不觉中就会给一方造成伤害，父母在教养孩子的过程中，也应该针对不同的年龄、环境、事情，采取不同的沟通方式。孩子三十多岁了，我们却忘了他已经是个有独立人格的大人，做父母的有什么资格要求他一定得照自己的意思来做呢？虽然在这样的过程中，我心里有一点儿不舒服，但对孩子的尊重，必须随着他们的成长而调整，只有一套标准是不行的！

第二个冲击是我真的没想到他这么有爱心，自己当医生已经这么忙碌、这么辛苦，却还愿意领养小孩，其实我想想也觉得非常欣慰，如果他已经这么忙碌却还愿意为孩子付出，那么我想他对病人一定也会无怨无悔地付出！

人生真的很奇妙。从柬埔寨领养第二个女儿后，立国的太太竟然又自然怀孕了，那时候大家都很担心立国太太已经是高龄产妇，生下唐氏综合征儿童的概率大增，但立国自己作为医生，坚持不让太太做羊膜穿刺，他也鼓励哥哥立言生孩子的时候不要做，因为羊膜穿刺有可能对胎儿造成伤害，他当时说：“我已经决定，就算这孩子生下来有缺陷，我也会养育他长大。”这句话让我非常感动。

想想看，如果做了羊膜穿刺，知道是个唐氏综合征的孩子，那要怎么办呢？我们是天主教家庭，难道要选择堕胎吗？既然不可能堕胎，那么做羊膜穿刺也就没有太大意义了。

分享：

很多亲子间互动的细节，一些无心的话，可能在不知不觉中就会给一方造成伤害，父母在教养孩子的过程中，也应该针对不同的年龄、环境、事情，采取不同的沟通方式。只有一套标准是不行的！

爱美女孩变“台佣”

立琍选择不继续升学，不想将自己的聪明才智用在课业上，她喜欢开心过自己想要的生活。以前最爱打扮化妆的她，现在则是脂粉未施，带着孩子出门，人家会以为她是菲佣或是台佣呢！

立琍是家里最聪明的孩子，但她显然不想将自己的聪明才智用在课业上，她喜欢开开心心过日子，后来的人生有趣极了。（立琍，摄于美国加州家中。）

要让孩子有自主性，是一件非常重要却不容易做到的事。

当年黑立琍处于叛逆期时，整天化妆把自己打扮得怪里怪气，又喜欢交男朋友。她总是毫不掩饰地告诉我们她喜欢哪一个男孩子，哪一个男孩子喜欢她，学校的舞会她想跟哪一个男孩子去跳舞……

立琍的男朋友一个接一个地换，家里总会接到不出声的电话，还有一些男生会到家里面来恶作剧，拿厕所的卷筒卫生纸把家里庭院的树缠起来。我稍微说一下黑立琍，她还会态度强硬地回嘴说：“他们要恶作剧，难道是我的错吗？”我记得当时我和太太有一阵子总是咬牙切齿地骂她，我弟弟还说黑立琍已经变成太妹了！

黑立琍这样的个性，在一般传统中国家庭中，也许会被全盘否定，觉得她是无药可救的坏小孩，但其实她只是很早就有自己的主见，同时也想获得更多关注。在黑立琍的成长过程中，我们都公认她是家里最聪明的孩子，她在学校也非常活跃，是学生会副主席，成绩也很好，而且她对维系四个孩子间的情感有很大的贡献。她完全没有嫉妒，两个哥哥去奥运会表演霹雳舞，弟弟去学潜水，她不会觉得不公平，只要哥哥弟弟有好的表现，她都会很高兴，而且会帮忙宣传，所以她的人缘非常好，她也很擅长人际关系的协调与沟通。

立琍和老公蒂姆（Tim）在他们十几岁在台湾上美式学校的时候就认识了，大学一毕业他们就结婚了，当时她还很年轻，怎么会那么早结婚呢？原来是奶奶鼓励的。

我母亲去世时，立琍上台致辞怀念奶奶，她说奶奶告诉她："我不希望你受到伤害，也不希望蒂姆受到伤害，所以我赞成你们赶快结婚。"立琍和她的先生蒂姆是受到奶奶的鼓励，才开始思考结婚的可能性，因为我母亲那个年代的人的想法是，既然两个人都交往那么久了，那就结婚，免得夜长梦多，拖太久两人可能会分手，造成的伤害更大，所以一毕业她就鼓励他们结婚。

立琍在大学期间曾选修了法律课，有法庭模拟的课程，同学们各自扮演被告、法官、检察官、律师等角色，立琍当时扮演律师，她平常就是得理不饶人的个性，律师的角色她很快就上手了，她也因此对法律产生了兴趣。

教授也很欣赏她的表现，在立琍大学毕业后不但参加了她的婚礼，还推荐立琍去读法学院，她也顺利申请到了。缴了保证金后要去学校参加新生训练，教授很严肃地告诉法学院的学生，他们将面临激烈的竞争和各种严酷的课业考验。

每个人要看多少参考书，不可以帮同学抄笔记，因为能够毕业的人数是有限的，班上的每一个同学都是你最大的敌人……黑立琍一听，这和她想象中的生活差太多，她开始打退堂鼓，立琍从学校打电话回来问我的意见，她说她问过老公蒂姆，问过妈妈，问过奶奶，但没有结论。我们谈完后，我还是要她自己做决定，最后立琍选择不继续升学。我们家四个孩子中，只有她没有继续深造，虽然她是最聪明的孩子，但她显然不想将自己的聪明才智用在课业上，她喜欢开心过自己想要的生活。

女儿有一些地方很像我，她喜欢写东西，也很希望获得大家的关注。她的老公蒂姆告诉我，立琍的英文比他自己、也比一般美国人还要好，她在美国只读了四五年书，但她的老师一直称赞她的发音、写作的表现都非常杰出，一直到现在，我们家重要的英文文件都必须由黑立琍把关，我们草拟，然后由她来完成。

黑立琍后来协助我上过很多青少年班的课程，现在她选择专心带三个孩子，当个全职的家庭主妇。带孩子真的很辛苦，但她乐在其中，一点儿怨言都没有，因为这是她自己的决定。以前最爱打扮化妆的她，现在则是脂粉未施，总是穿着T恤、牛仔裤就出门，我还常打趣，现在的她太过朴素，带着孩子出门，人家会以为她是菲佣或台佣呢！

我常常在想，父母总是会担心，孩子会做出错误的决定，但如果小时候没有给他做决定的机会，等到他长大必须自己做决定时，他很可能必须付出更大的代价。因此我很庆幸，当黑立琍自己在决定是否要继续法学院的课业时，我们能够全心支持她的决定。

我永远为你祈祷

医院发现胎儿患唐氏综合征的概率偏高，这个消息让我们全家都陷入低潮，我们决定一起为黑立琍祈祷。后来宝宝出生了，是个可爱的女孩儿，简直跟黑立琍小时候一个模样，不禁让我赞叹生命的神奇与美好。

在信仰中长大的孩子最受上帝的眷顾，我们希望教导孩童，使他走当行的路，就是到老也不偏离。（2005年立琍的全家福。）

在天主教家庭，祈祷成为我们这个家重要的精神支撑，当年我到屏东去上军校，父亲清晨送我去台北火车站坐车后，回家的路上，到教堂参加了第一场弥撒为我热烈祈祷，让我感受到父亲的铁血柔情，而在我和四个孩子的互动中，祈祷总在我们最脆弱的时候起了关键作用。

黑立琍是我和太太生了两个男孩后，家里唯一的女孩，我们非常开心迎接她的到来。不过她两三个月的时候，不知道得了什么皮肤病，一洗澡，整个澡盆都是身上掉下来的皮屑，把我和太太吓坏了，糟糕的是我们带她去看医生，连医生都说不出个所以然来，我们天天帮她涂药膏都没有用，实在束手无策的时候，因为太太在一家天主教医院工作，于是我和太太每天下班后就到教堂替黑立琍祈祷。

说来也奇怪，黑立琍这个不知是过敏还是皮肤病的症状慢慢消失了，后来也没有对她的健康造成任何影响。天下父母心，我们总是担心孩子，为孩子的一生焦虑，但有时候，祈祷其实是将自己有限的力量与大自然的无限力量结合的最好方法。

黑立琍大学毕业后就和先生蒂姆结婚，他们生了两个男孩后，还想再要个女孩，这时我和太太终于忍不住说："生两个就好了，带孩子这么辛苦，也不见得第三个就一定是女生啊？"结果黑立琍回我们一句："那你们呢？你们干吗生四个？"让我和太太哑口无言。

黑立琍还是怀孕了，而且真的是女孩，不过有一天医院突然紧急通知我们，因为立琍怀第三胎时已经三十三岁，医院发现孩子患唐氏综合征的概率偏高，这个消息让我们全家都陷入低潮。那时胎儿已经四个月左右，我们决定一起为黑立琍祈祷，不但请熟识的神父修女祈祷，还到台南盐水镇的圣佳兰隐修会，请终生在教会隐居服侍天主的修女帮立琍祈祷，一家人就在忐忑不安中等待下一次检查时间来临。后来立琍接受第二次检查，确认胎儿应该没有问题，大家才放下心中的大石头。后来宝宝出生了，是个可爱的女孩儿。我们把黑立琍刚出生的照片拿出来对照，这个小宝宝简直跟黑立琍小时候一个模样，也不禁让我感叹生命的神奇与美好。

一般人认为家中的老幺会娇生惯养，但小儿子黑立行从小就很乖巧，一点儿都没有恃宠而骄的样子，他上幼儿园的时候，午睡时间会帮老师准备作业材料，所以老师们都说立行是幼儿园的宝。他从小就很有自信，而且对人热情友好，几乎所有的人都喜欢跟他亲近。

立行在美国上小学一年级的时候，因为疝气要开刀，当时太太百龄在台湾，我一个人在美国读书，于是我带立行到医院住院，准备隔天开刀。当天晚上我听完医生的指示后，就先离开回家了，结果第二天早上我跟他见面的时候，立行说："爸爸，你知不知道我昨天晚上哭了，因为我还是很怕一个人睡觉。"他稚嫩的脸庞让我心疼不已。要进手术室前，立行躺在病床上，我和医生一起推车，开刀前，我弯下腰来看他，那时他用小手抱着我，亲了我一下，虽然声音有一点儿变但没有哭，后来他的病床往前移动的时候，我看到他赶快在胸口画了一个十字，祈求天主保佑他平安。我看他有些害怕却虔诚祈祷的表情，真的很感动。帮他推车的那个护士也说很少看到一个六七岁的小孩这么听话懂事，开刀不但没有哭闹，还会祈祷祈求平安。

祈祷是我和立行共同的亲密仪式。以前我们住在花园新城时，每天会送立行到幼儿园，一路上都是山路，车子也很少，所以我开车时，他会低头、双手合十，我们两人一起为自己为家人祈祷，或许这样的祈祷习惯让他在紧张害怕，或是重大事件及抉择来临的时候，会求助于信仰的力量。

祈祷，让孩子临危不乱，能够用平静的心面对挑战，我很高兴能在立行幼年时期培养他祈祷的习惯，对他的情商发展也有很大帮助。

分享：

在我和四个孩子的互动中，祈祷总在我们最脆弱的时候起了关键作用。或许这样的祈祷习惯让孩子在紧张害怕，或是重大事件及抉择来临的时候，会求助于信仰的力量，让他临危不乱，用平静的心面对挑战，对孩子的情商发展也有很大的帮助。

国王与我——立行的明星梦

吴宇森导演说，全球所有的演员都想到好莱坞发展，因为竞争激烈，为了保障大家的工作，好莱坞有很强势的工会组织。如果你不是工会的会员，根本没有人会聘请你，糟糕的是，如果你没有演艺经验，也无法加入工会。因此对一个新人来说，除非非常幸运，否则根本没有机会！

当年立行要到斯坦福读书时，我用休旅车载他到宿舍；十年后，换他开车送我去斯坦福开会，生命真有趣！（立行斯坦福毕业照。）

黑立行高中要毕业的时候，他们策划了一出歌舞剧《国王与我》，立行本来不是主角，但原来的男主角被撤换，所以变成他饰演国王，因为是售票演出的毕业作，所以大家都非常用心。整个舞台无论是布景、服装都直逼专业水平，还有二十位小提琴手伴奏，我们全家及一些朋友一起去看黑立行的表演，说实话，黑立行的演出非常棒。但我万万没想到，他竟然一演上瘾，告诉我他想要当明星。

当时黑立行已经申请到斯坦福大学，后来在大学期间，他虽然读的是机械工程专业，但一直都参加话剧表演、歌唱比赛等，他想要当专业演员的欲望从未消失。大学快毕业时，他再度很认真地跟我讨论起自己的决定，我不忍浇他冷水，也认为年轻人都有追逐自己梦想的权利，所以只好建议他给自己一年的时间好好去闯，认真孵梦，如果一年的时间里没有成果，他可以再继续决定要做什么。

立行做事情一向很认真，要当明星也是全心投入。他开始学发声、学表演，也拍了很多充满个性的照片，准备寄给各个经纪公司参考，他回来台湾后我也尽力帮他圆梦，我们曾经拜访过中影的经理，也通过朋友安排他在远东饭店楼下的咖啡厅和张艾嘉见面。立行没见过张艾嘉，只知道她是很有名的明星，为了怕失礼，他还特别拜托服务生，如果张艾嘉来了，赶快跟他打个暗号，让他可以站起来欢迎她。张艾嘉虽然帮立行安排了和电视制作人见面，但立行对电视剧没有太大兴趣，后来也不了了之。

在台湾找不着机会，黑立行不死心，想要往美国好莱坞发展，终于通过朋友征询了已经进军好莱坞的导演吴宇森的意见。吴宇森导演说，全球所有的演员都想到好莱坞发展，因为竞争激烈，为了保障大家的工作，好莱坞有很强势的工会组织。如果你不是工会的会员，根本没有人会聘请你，糟糕的是，如果你没有演艺经验，你也无法加入工会。因此对一个新人来说，除非非常幸运，否则根本没有机会！黑立行一听，难过得低下头不说话，我看到他这样也觉得非常难过，但不管如何，我仍尊重他对自己人生的决定，在一年的努力后，立行决定放弃明星梦，回到斯坦福深造。

其实我跟小儿子相处的时间不多，但立行和我之间的关系，是用质来弥补量的不足，有机会一起吃饭的时候，我一定多花时间跟他说话。小时候载他上学，在车内我们会一起祈祷；大学毕业放弃明星梦后，立行要到斯坦福读书，我用休旅车帮他载计算机还有很多物品到学校的宿舍。那时他感冒刚好，所以一路上都是我开车，开了八九个钟头就只有我们父子两人，天南地北聊得非常愉快。到了学校陪他安顿好，见了同学，还到医务室看了医生后，我才把车子留给他，自己搭飞机回来。十年后，我到斯坦福去参加三个星期的短期课程，这回轮到他到旧金山机场接我，送我到斯坦福，上课的地方刚好就在他当年宿舍的旁边，立行跟我说："爸爸，你看，这就是当年你送我到斯坦福的宿舍！"

十年前，我送孩子到斯坦福；十年后，他送老爸到学校。岁月轮转，同样的举动却父子易位，这就是人生，多么有意思！

性格决定命运

我想观察黑立行怎么处理自己的情绪。我坐在旁边用眼睛的余光瞄他一眼，他低着头自言自语地说："我没有继续追上去，因为我正在生气！"

孩子的未来都是未知数，但我可以确定的是，如果他们处理挫折能够平静有自信，那么这表示他们的情商已经十分成熟了。（全家，摄于加州家后院。）

有一回，立行高三的时候，他开车载我出去，我们行驶在只有两条车道的小路上，突然有一辆敞篷跑车从我们右边超车，冲到我们前方去。这样的驾驶方式非常危险，而且不礼貌，黑立行当时动了怒，他拼命按喇叭表达他的不满，同时突然踩油门，紧追前面那辆跑车。

当时我很想出声制止，但我忍下来，想观察黑立行怎么处理自己的情绪，他追了几个路口，前方红绿灯快要转黄灯，那辆跑车"咻"继续快速往前开，但黑立行踩刹车停了下来！他真的很生气，那个人还比了个中指扬长而去。我坐在旁边用眼睛的余光瞄他一眼，他低着头自言自语地说："我没有继续追上去，因为我正在生气！"

在那一刻，我真为孩子骄傲。这代表他的情绪管理、情商已经成熟，他没有继续飙车或是追上前去找那个人大吵一架！否则，很难说会不会发生车祸或是打架的意外！有人说性格决定命运，这其实代表情商在你的人生中扮演非常重要的角色！

立行上大学前，他交往多年的外国女友不知为什么决定跟他分手，两人交往了四年，立行真的很难受，当时我和太太百龄都在台湾，有点儿担心立行的情绪。

六个月后，我到美国看立行，问起他那女孩怎么样了，立行淡淡地说，这半年来，直到我提了女孩子的名字，他才第一次想到她。令我欣慰的是，他虽然失恋，但并没有因为被抛弃而失去自信，也没有抱怨或陷入低潮，而是很快地站起来继续迎向自己的人生。当时立行才不到二十岁，他的未来都是未知数，但我可以确定的是，他以后一定会在工作、家庭或社会上遇到各种挫折，如果他处理挫折能够平静有自信，那么他一定能顺利渡过危机！

立行研究生毕业后，幸运地找到产品设计的工作，对一直钟情表演艺术的他来说，这份工作不但可以结合人文艺术的美学，又可以运用他在机械专业学到的知识。他有很多专利，收入也相当不错，不过后来公司要到上海设立分公司，全公司只有他是会说中文的华人，但领导却完全不征询他的意见或工作意愿，让他觉得非常不受尊重，对公司也没有了归属感，于是他和另一个伙伴布赖恩（Brian）共同创业，开始自己当老板的日子！

虽然我认为他离开原有的工作有点儿可惜，但尊重他自己的选择才是最重要的。当初为了在中国大陆把样品做出来，我还特地到东莞找台商的工厂帮忙，终于做出第一辆三合一娃娃车，黑立行真的非常开心。创业维艰，他的产品是一般婴儿安全座椅的三四倍价钱，从当初自己画草图、拜托厂商做样品、四处参展，到现在已经有人愿意投资黑立行的公司。

就如同太太百龄说的，孩子想要创业自己闯荡，你不能阻止，一定得让他们尝试，就算不成功，至少努力过，不枉此生！

不准吸毒、不准发生性关系（李百龄）

我在美国的时候，因为黑幼龙常回台湾，我一个人要带四个孩子又要工作，其实非常辛苦，天天都像在打仗，因此我很清楚地认识到，如果要耍妈妈的威风，其实是替自己找麻烦。我跟四个孩子说："我们是一个团队，很多事情都要自己做好，否则妈妈累倒了，大家都会很惨！"

每个人都有青少年时期，有时他们态度不好，并非真心如此，跟他们计较、打骂，根本没用！（四个孩子在美国的合影。）

我对孩子们的要求很简单，在学业方面完全让他们自由发展，我从来没有看过四个孩子的作业，我只管他们的行为，我定下两个底线：第一，不准吸毒；第二，不准和人随便有性关系。只要这两点做到，其他我都不管，一切好谈！

1982年，我要带四个孩子去美国时，黑立言才初中毕业，我最担心老大老二两个孩子学坏，因为美国的报纸新闻常常有青少年犯罪的消息，所以我告诉他们，到了美国成绩不好没有关系，因为要适应新环境，是很正常的，但有一些事情绝对不可犯，比如说不可以吸毒。因为我自己学药理学，我知道吸毒的可怕，染上毒瘾就像活死人，一生几乎就全毁了。第二个是不可以乱交男女朋友，不能有性关系，免得因为一时冲动，伤害自己也伤害别人。

我在美国的时候，因为黑幼龙常回台湾，我一个人要带四个孩子又要工作，其实非常辛苦，天天都像在打仗，因此我很清楚地认识到，除了这四个孩子，我没有靠山，如果要要妈妈的威风，其实是替自己找麻烦，对孩子们也没好处。所以到美国的时候，我跟四个孩子尤其是老大老二说："爸爸常在台湾，妈妈一个人带你们，你们一定要帮我，我们是一个团队，尤其是立言、立国，你们两个人都已经比妈妈高了，很多事情像家里除草、养狗都要自己做好，否则妈妈累倒了，大家都会很惨！"

我觉得其实教养孩子最重要的是，你必须相信自己的孩子不是坏孩子。他们有时候会出格，但不是真的那么坏，因为我自己学医，知道青少年发育期，整个身体的荷尔蒙都在产生变化，在脑袋瓜中不断起化学作用，神经传导也不正常，很多时候其实他们真的很难控制自己，就像在大海中开船，真的不知道方向。每个人都有这样的青少年时期，父母应该多谅解。有时候他们态度不好，并不是他们真的想这样，而且有时候太跟他们计较、拼命生气甚至打骂孩子根本都没有用！没有用的事情为什么要做？我看过很多父母用强硬的方式管教叛逆期的青少年，但都没有效果，反而是开放式的柔性沟通比较能让孩子们接受。

黑立琍从小学五六年级开始就爱化妆，她和班上一个女生是好朋友，这个年纪的孩子很需要同龄人的认同，所以好朋友说的话都比妈妈的话有用。她们两人一天到晚就把所有心思花在化妆上，吸引男孩子注意，为了她化妆的事情我曾经跟她"抗战"一段时间。我苦口婆心地告诉她，自然就是美，还问她的哥哥："你们觉得立琍这样化妆好看吗？"哥哥们就说："好丑哦！"但这样反而让黑立琍更生气，她说："哼！我认为很漂亮，你们不懂！"过了一阵子，我发现要她不化妆是不可能的了，有一天我自己想开了，我告诉黑立琍："走，我们到药妆店去买化妆品吧！"黑立琍非常惊讶，问我为什么。我告诉她，我自己从不化妆，所以不知道她的化妆品哪里来的，但是我学药学，知道不好的化妆品会对皮肤造成伤害，像色素沉淀、破坏肤质等，虽然我买不起名牌化妆品，但至少药妆店的化妆品我还负担得起，于是我带她到药妆店去买一些她想要的粉底、睫毛膏、眼影等。等到黑立琍上大学的时候，她就突然再也不化妆了，问她为什么，她只说："不知道，反正就不想化妆了！"

当时带黑立琍去药妆店买化妆品的时候，她很沉默，什么都没说，不过至少我知道她用的化妆品是安全的，就放心多了。几年后，她跟我们提到，说妈妈带她去买化妆品时，她非常感动，因为可以感受到妈妈对她是真的关心和爱护。

另外，立琍很爱交男朋友，一会儿交了一个又高又瘦的白人男朋友，一会儿又交了一个奇丑无比、开蓝色跑车的男生，我总想黑立琍怎么老是交这么奇怪的男朋友，但是她正逢叛逆期，脾气又凶又怪，说什么她都不听，我觉得她交的男朋友怪，但她偏偏说很帅，我也不敢批评。有一次她和男朋友下课回家，偏偏就是不进屋，两个人特意在院子里选了一个我看不到的角落谈心，那天天气冷，我担心她着凉，又不知道两人到底在干什么，只好从屋内拉长了喉咙喊："立琍!立琍！要不要进屋子来，外面很冷！"然后她就没好气地回答："Not yet！"（还没好啦！）还有一次，她又在后院和男朋友聊天，我不知道他们在那里，结果一开门，看到他们俩在那儿谈情说爱，我和立琍彼此都吓了一跳，不知如何是好，我只好大声地"哦"了一声，赶快又把门关上。

我这一回真的不是故意打扰他们，只是这样的场面真的让人非常尴尬！基本上我不干涉立琍交男朋友，但我一样很清楚地告诉她我的底线：不准吸毒，不准乱发生性关系！

曾经有朋友问我，你的底线会不会太松了？孩子们这么奇怪的行为，你怎么可以忍下来？你怎么知道他们真的会照做？但当他们问我这些问题的时候，我会觉得很奇怪，因为我从来没有想过我的孩子会骗我。对我来说，信任孩子、相信孩子是非常重要的，也因为有父母的信任，他们会更诚实且负责。

慢养

三、孩子给父母的礼物

亲子关系不只是父母教育孩子，孩子也是最好的老师，是上帝给父母们最好的礼物，让我们接触到不同的世界，从孩子身上我们可以学到真正的无私和爱……

没有猜忌的手足之爱

要消除孩子之间的忌妒情绪，除了对待他们要公平外，在他们来告状的时候不理会，或是说："你去跟你哥哥讲，不要来找我！"久了，他们就知道找爸爸妈妈没有用，这反而凝聚了他们彼此的感情。

我的四个孩子，从来不会讲另一个人的坏话，因为他们知道找爸妈告状是没用的。

我的四个孩子和我自己六个兄妹之间最大的不同，就是四个孩子间的感情比我们六兄妹的感情好很多。我们六兄妹常常吵架、打架，但我的四个孩子却互相扶持，非常亲密。

其实兄弟姐妹的感情好不好，跟爸妈有很大的关系，因为孩子都会争宠、争爸妈的关注，爸爸妈妈如果稍微一不公平或偏心，就很容易失去孩子对父母的信任，会认为你不公平，这对孩子未来造成的影响很深。所以父母真的要注意自己，对孩子不能偏心。

有一天，老大老二上高中临出门前，我发现老二黑立国在门边生闷气，我觉得奇怪，问他："你怎么啦？"结果他说："说也没用！"眼看着上学就要来不及了，我还是坚持问："没关系，你说说看。"黑立国嘟囔着说："什么事情都是他优先，什么东西都是他先用！”原来他们两人为了一件白外套不愉快，立国大概先把衣柜里的白外套穿了，立言硬是把白外套抢过来，立国委屈地哭了，我马上说：“怎么可以这样，谁先拿到就谁先穿，没有什么谁优先或东西都是谁的道理。”后来哥哥虽然没有立刻将白外套脱下来给弟弟，但我已经清楚告诉他们，我对他们一律公平，不会偏心。

我母亲很会表扬孩子，她经常跟我说：“所有的孩子里面我最喜欢你，我最爱你！”但她也跟其他的兄弟这样说。这本是母亲的好意，却造成我们几个孩子互相比较，彼此忌妒，每个人都希望自己比其他孩子好，这样才能争到母亲的赞美和关注，因此父母在赞美孩子的时候也要格外小心，否则孩子未来在社会上、在人群中恐怕都会有忌妒的毛病。

歌德说过一句我觉得有点儿恐怖的话，他说：“能够分担别人忧苦的是人，但能分享别人成功的是神！”这种忌妒的情绪到底有多严重？我看过《读者文摘》上的一个小小的故事，有一个老父亲跟小儿子讲：“我要跟你道歉，我错了。过去我太偏心，只喜欢你哥哥，我现在想补偿，你要什么我都给你！”弟弟听了很高兴，心想爸爸终于良心发现了，但爸爸讲到这儿又加了一句：“可是因为他是你哥哥，所以你要的东西，我会加倍给你哥哥。”父亲想这不会影响弟弟的权益，反正他要的全部都可以实现，但弟弟的脸色变了，他告诉爸爸要回去好好想一想，结果隔天爸爸问他：“你想要什么？我都可以给你。”弟弟却说：“我要你把我的一只眼珠挖掉！这样你就得挖掉哥哥的两只眼珠！”想想看，这种忌妒的情绪有多么可怕！

我和自己的兄弟之间仍存在着这种忌妒的情绪，父母常会拿我们几个孩子来比较，他们会说：“人家功课这么好，你呢？这篇文章写得多好，你写得出来吗？妹妹能考进台大，台大的门在哪里你知道不知道？”平常生活中也有很多这样的例子，举例来说，我从小就很会唱歌表演，哥哥们会很忌妒我，而我也一样会因为其他的事情忌妒他们。小时候我到外面学变魔术，回到家要变给他们看，结果他们全部都转头走掉不想看，因为他们不要让我觉得自己很神气。

因为忌妒，我们也喜欢向爸妈告状，告状后只要其他人因此受处罚，我们就会幸灾乐祸；但我的四个小孩，他们从来不会讲另一个人的坏话。要消除孩子之间的忌妒情绪，除了对待他们要公平外，在他们第一次试图来告状的时候，我就不理会，不介入他们之间的争吵，我会装作没听见，或是跟他说：“你去跟你哥哥讲，不要来找我！”久了，他们就知道找爸爸妈妈没有用，这反而凝聚了他们彼此的感情。他们也有一起做坏事的时候，三个大的拿酒给小弟弟喝，喝得醉醺醺的，不让我们知道；不然就是全家一起出门旅游，回到家他们懒得走楼梯，竟然四个人偷偷约好，一到家就全部假装睡着，要我和太太一个一个抱上楼去。他们四个感情至今这么好，我认为当初我们的教养方式的确影响深远。

现代社会无论公司或政党，常常会有派系斗争，其实都是为了要获得关注和归属感，如果一个人获得的关注够多了，就根本不会有想要告状或分派系斗争的念头。

我常常跟太太说，我很羡慕我们四个孩子感情这么好。有一次到新加坡看女儿立琍，她看自己的三个小朋友玩得不亦乐乎，有感而发地说：“小孩要是没有兄弟姐妹的话要怎么过啊？”但她忘了，如果兄弟姐妹之间处得不好，一天到晚吵架、忌妒的话，也是非常痛苦的。

小儿子立行决定要到斯坦福上学的时候，女儿立琍写了封信给弟弟，因为他们两个年纪相近，感情很好，等弟弟要去上学的时候，立琍才发现她和弟弟从来没有分开过，于是写了封加油鼓励但有点儿感伤的信给弟弟。那天，我开车准备带立行到旧金山斯坦福大学的时候，弟弟给姐姐回了封信，信里写着：“谢谢你给我的信，这对我来说意义重大，你也保重，很高兴蒂姆（立琍当年的男友、现在的老公）也在。”我看了感动得掉下泪来，立琍还过来拍拍我的背说：“老爸，别难过。”

我很少为了低潮或难过的事情掉泪，但四个孩子间彼此扶持、彼此关爱的感情，却总是让我一想到就久久不能自已。

分享：

歌德说：“能够分担别人忧苦的是人，但能分享别人成功的是神！”

现代社会无论公司或政党，常常会有派系斗争，其实都是为了要获得关注和归属感，如果一个人获得的关注够多了，就根本不会有想要告状或分派系斗争的念头。

如果能大声说出“我爱你”

这位总裁感慨万千地说，他给孩子这么多零用钱，出入有车子接送，让他们读国际学校，但让孩子们第一次感受到父爱的，却是他用一分钟不到所写的卡片！

很多企业的总裁发现，以家书传情竟然可以改善亲子的关系。（TCL公司是中国民营企业中第一家举办卡内基训练的公司。）

大家都看过麦克·阿瑟给儿子的祈祷文，文中表现的父子情深令人动容，现在的父母也可以做类似的事情：给孩子们写信，与他们沟通。我一个人在台湾的时候，常常很思念孩子们，所以每隔一段时间，我就会分别写信给他们，这些信对孩子也有一定的影响。

美国有一位带青少年夏令营的辅导员，在新生报到时，发现有一个名叫戴维的少年特别害羞，常常问他好几句话，他才会回答一句。当下这个辅导员告诉自己，要特别照顾这个害羞的小孩，所以他经常会注意戴维是不是落单，有没有参与活动。夏令营的最后一天有告别舞会，所有小朋友和老师一起唱歌，跳扭扭舞、迪斯科，辅导员发现戴维一个人坐在落地窗外的大树旁，就立刻把他带进来和大家同欢，结果他玩得很开心。夏令营结束后，隔了一两年，有一天晚上十二点多，这位辅导员突然接到一个电话，是一位妈妈打来的，妈妈说：“你还记得一个叫戴维的小朋友吗？”这位辅导员说当然记得，原来戴维出车祸过世了，但他的妈妈说，自从戴维参加夏令营后就变成了另外一个人，不但成绩变好，脸上也常常有笑容，还开始交女朋友了，妈妈非常感谢辅导员付出的爱心，让害羞的戴维有了一段美好的时光，妈妈还说，她很高兴戴维在走之前曾经那么快乐过！这个辅导员没想到自己的关心和爱，竟然对一个孩子产生了那么大的影响！

有一些父母，常常帮孩子买很多漂亮的衣服，买很多很贵的玩具，让他上最好的学校，上下学有司机接送，但其实这些都不如父母给孩子一两句关怀的话来得宝贵。

我在上海为几十位公司总裁上课。第一天的课程讲到态度，我要求他们练习彼此间写尊重卡，卡片上有人名，首先必须写上你尊重他的理由，然后还要在对方面前说出来，说完彼此握手，才算完成整个练习。下课后的作业则是要求他们一人带两张卡片回家练习。其中有一个总裁把这两张卡片写给他两个读中学的儿子，结果其中一个儿子竟然告诉他：“爸爸，这是我长这么大，第一次感受到父爱！”这位总裁感慨万千地说，他给小孩这么多零用钱，出入有车子接送，让他们读国际学校，但让孩子们第一次感受到父爱的，却是他用一分钟不到所写的卡片！

和孩子们用书信沟通，以家书传情，是我们亲子情感交流的方式之一。2005年，黑立行的产品在中国大陆投产，我去帮忙，也写了信鼓励他，立行忙完后，也回了封信给我：“谢谢你写给我的信，我真的觉得有你这个老爸非常幸运，也谢谢你的支持和指导，你的爱也给我很大的信心和鼓励，我自己也快要当爸爸了，我希望以后我也能和你一样，给我的孩子做一个好榜样！”

看着以前围绕在身边蹦蹦跳跳的孩子们，现在一个个自己也当爸爸妈妈了，那种岁月传承的感受非常深刻。偶尔我拿起这些孩子们写的家书，字里行间，和孩子们当时互动的情绪会跃然纸上，变得深刻而真实，时光流逝，猛一回头，孩子们都已经为人父母。感叹生命的奇妙之余，我也很喜欢开开他们的玩笑，四个孩子也都结婚很多年了，近年来亲戚朋友聚在一起，总会聊聊他们的婚姻状况，我说我们家这三个男孩都很怕太太，连女儿立琍都把老公蒂姆吃得死死的。上回全家到夏威夷参加婚礼，大家还糗小儿子黑立行，说他那两天从早到晚，不敢离开老婆三步以上！可见媳妇们真的个个御夫有术，不过每次大家在糗这几个孩子的时候，他们也会回我："我们这么怕太太，还不是你立的榜样！"

我们对另一半、对父母，都应该尝试着表达自己的情感，有时候不习惯直接说，可以先练习。包括我在内，很多父母说不出"孩子很棒"或"我爱你"的话，像我女儿立琍就会觉得我和太太很奇怪，为什么不能很自然地跟他们说："我爱你！"每次我太太住新加坡女儿家，三个小朋友睡觉前就会到婆婆房间说："婆婆，晚安，我爱你！"然后给我太太一个很响亮的亲吻后才去睡觉，我女儿就常抱怨："妈妈，你老是忘了跟三个孙子说'我爱你'！"

说实话，我自己到现在也都还不习惯说出"我爱你"，我曾经用别的方式，例如用写信跟他们说我很爱他们，心里虽然对他们有满腔的爱，但要当面说出来还是觉得有点儿别扭害羞，我只能说，我们的下一代比我们更有福气，能够更直接坦承地表达自己的情感。

人生就是要精彩

立国志愿到尼泊尔行医，结果遇上当地政变，差点儿离开不了，最后搭直升机紧急撤离才顺利离开。这真是匪夷所思，我也替他胆战心惊，但我想这些事对他一定会产生不小的冲击。

立国是一个很会生活的人，所以他选择住在有现代化城市，也有高山、小径的西雅图。（2006年黑立国全家福。）

黑立国在医学院的时候有机会到非洲卢旺达协助难民营的医疗队，这对他的人生也是很重要的经历。

他说卢旺达的难民真的很可怜，小孩子个个奄奄一息，而且还要经常面临抉择：如果有三个小孩都快死了，但手上只有一剂消炎针，到底要帮哪个孩子打针？在这样的黑暗世界中，谁来决定生命的去留和价值？

还有一次，他一样也是志愿到尼泊尔行医，结果遇上当地政变，滞留在山村中，差点儿出不来，还是派直升机才将这几位志愿当义工的医生运出险境。这些经历事后我听了真是匪夷所思，也替他担心，但我想这些对他一定都会产生不小的冲击。而他自愿到非洲卢旺达难民营及尼泊尔行医的举动也让我知道，他想当医生真的不只是为了赚钱，否则他可以留在美国继续深造或到处玩，不必到这些危险的地方接受人生的挑战。

黑立国血液中的冒险因子让他有了丰富的人生，他去高空特技跳伞、去海中潜水，几乎所有冒险的活动他都尝试过。这样的个性，也让他从医学院毕业后，决定申请到西雅图当住院医生，西雅图离洛杉矶有一段距离，一开始我很不能理解，直到我自己到了西雅图，才知道他选择这个地方其实和他爱好大自然活动的个性有很大的关联。

西雅图虽然常常下雨，但有一个好处是，这个现代化城市和高山、小径等大自然环境的距离非常近，所以你既可以保有现代化的便利，又可以很快地和高山、大海为伍，享受原始的自然生活，所以他在西雅图可说是乐在其中。

我们到西雅图去看他，他带我们去的地方真的都非常好玩，我们可以走在森林小径上，还可以去港口吃刚从海里捞起的新鲜海鲜，各式各样的螃蟹虾子摆在铺了简单餐巾的木头桌上，大伙儿拿着榔头敲啊、打啊，大快朵颐，真的非常有趣，他还带我们去吃黎巴嫩餐厅，也是从来没有过的新鲜体验。

黑立国在西雅图实习的时候，在湖边租了个房子，他常常拿个网子放些鸡皮扔进湖里。隔了一天，里头有好多虾姑[①]，可以煮来吃。房子前面的庭院则有苹果树、无花果树，果实累累随时都可以摘，住在那儿的感觉真的是太棒了，由此也可以看出黑立国真是一个很会生活的人。

① 虾姑，又叫皮皮虾、虾耙子、爬虾等。——编者注

分享：

志愿去非洲卢旺达协助难民营的医疗队，对孩子的人生是很重要的经历。他自愿到非洲卢旺达难民营及尼泊尔行医的举动也让我知道，他想当医生真的不只是为了赚钱。否则他可以留在美国继续深造或到处玩，不必到这些危险的地方接受人生的挑战。

当垃圾车司机有什么不好？（李百龄）

“妈，你知不知道，我们老师赚的钱没有开垃圾车的司机多。”我一听，真的不知道该说些什么，只好摸摸他手臂的肌肉，打趣地说：“嗯，你去考垃圾车的司机，大概可以考得上！”

面对像立国这样整天调皮捣蛋的孩子，打他骂他是没有用的，不如换个角度看他：他的生活为什么这么有趣？（十五岁的立国。）

有一天我要黑立国除草，他在前院和邻居玩，半天也没理会我，等到他稍微停下来，我问他：“立国，你现在高一要升高二了，马上就要申请大学了，你还是继续这样子过日子吗？你不打算申请大学了吗？”

结果他反问我：“二专有什么不好？”我告诉他，二专没什么不好，每个人都可以上，只是如果想上大学，可能申请的标准会高一些、严格一些。没想到他竟然跟我说：“妈，你孤陋寡闻了，你知不知道我们老师赚的钱，没有那个每周星期四来帮我们收垃圾的垃圾车司机多，而且多很多！”我一听，不知该说些什么，只好摸摸他手臂的肌肉，说：“嗯，你去考垃圾车的司机，大概可以考得上！”我那时心想，反正只要不用不正当的方式赚钱，职业不分贵贱，如果他觉得当垃圾车司机收入比较多的话也无所谓，这是他的人生选择。

后来他参加摔跤队的时候，我也没有阻止，没想到他竟然还当上了队长，这是让我非常惊讶的，他还要求我去看他们比赛，说实话，我不敢看摔跤比赛，那会让我精神非常紧张，但他希望我去我也就去了。比赛前，他带着所有队员跑场热身，比赛还真的挺有意思的。

我觉得父母其实可以从孩子身上学到很多，因为我从小就比较胆小，很多事情不敢尝试，但孩子们各种不同的个性，选择不同的人生，我有机会参与，并做一些我原本不适应的事情，也让我自己变得更有弹性。

黑立国虽然很调皮，但我跟他学到很多，也才了解原来生活可以有这么多乐趣。像他很会玩滑板、游泳，这和平衡感很差、没有运动细胞的我相比，母子俩简直是一百八十度完全不同的人，他充满冒险精神，但他怕我和爸爸担心，老是先斩后奏！他去尝试高空特技跳伞，高空特技跳伞是跳伞后不马上把降落伞打开，在空中停留一段时间，他回来眉飞色舞描述高空特技跳伞有多刺激多好玩，我问他知不知道如果跳伞摔死了，可是没有保险金的，他也只是笑笑，从来没有听进去过。

立国当实习医生的时候参加非营利性跨国组织，到卢旺达的难民营，从搜集药品到安排飞机都必须自筹经费，但他还是克服困难前往，回来后他告诉我：“妈妈，卢旺达难民营真的是人间炼狱！”这些经验对他有很大的冲击，他也更了解了人间疾苦。立国很有爱心，他选择从事真正能跟病人接触频繁的家庭医生，他认为家庭医生能够深入了解病人的病情和需要，这才是医生真正的使命！

其实上医学院除非一个人真的有兴趣，否则是非常辛苦的。黑立国经常一值班就三十六个小时不能睡觉，这要体力非常好才能承受得了。我常跟他说，以后你的女朋友或太太一定要非常独立，而且要自立自强，否则一定闹家庭纠纷，而且还得很能干，才能照顾全身心投入照顾病人的黑立国。后来黑立国的太太大他四岁，不但能干又可以陪他疯狂跳舞、打球。黑立国真的非常幸运，找到了最合适的人生伴侣！

有个女儿真的很好（李百龄）

当蒂姆告诉我要娶立琍的时候，我竟然感觉脑中“轰”了一声，心想：“你怎么可以娶我女儿！你凭什么！她还那么年轻，她是我女儿！”可见男朋友和老公两者之间，对妈妈来说，还是有一个很大的鸿沟，我真的很舍不得女儿！

立琍在自己也当了妈妈以后，好像完成了我成为“全职家庭主妇”的梦想，有时一起去玩，真的好开心。

其实我觉得有个女儿是很棒的，因为有一些事情只能和女儿分享。

立琍从小就很贴心，她在美国的时候，奶奶生病，也都是她天天去看奶奶、照顾奶奶，还帮奶奶买很时髦的太阳眼镜，让奶奶很开心。我的眼睛需要开刀，也是立琍陪着我，非常贴心。

我现在回想起来，教养孩子真的要照他们的个性因材施教，老大黑立言一直不太需要我们担心，老二立国我们就放任他自由发展，老四立行个性要求完美，我会适时教育他凡事尽力就好，得失心不要太大，黑立琍从小爱漂亮、爱交男朋友，但我只有两个底线，要求她不要吸毒，不可以随便跟人家发生性关系，没想到这种充分信任的教养方式，使黑立琍虽然男友不断，但却从不随便！当她订婚准备结婚的时候，一起飞到蒂姆家去拜访公公婆婆，那时蒂姆的爸妈安排他们住同一个房间，但蒂姆知道我们家的价值观，自己拿了棉被到客厅打地铺，让他们非常惊讶！

虽然立琍和老公蒂姆在青少年的时候就认识，但当蒂姆告诉我他要和立琍结婚的时候，我还是感到非常震惊和不舍。立琍觉得很奇怪，她和蒂姆已经交往这么久了，而且我和黑幼龙对蒂姆一直非常好，也把蒂姆当家人，所以当他们交往十几年后准备结婚，应该也不会太令人意外，但当蒂姆告诉我这个消息，我竟然感觉脑中"轰"了一声，心想："你怎么可以娶我女儿！你凭什么！她还那么年轻，她是我女儿！"可见男朋友和老公两者之间，对妈妈来说，还是有一个很大的鸿沟，我真的很舍不得女儿！

我自己小时候被逼着读书，觉得自己很不快乐，结婚后又忙着带四个小孩，投入卡内基后则担任训练讲师的工作，虽然我觉得训练讲师的时候，通过挑战讲师让他们成长，是一件非常有意义且快乐的事情，但我内心最希望做的其实是全职家庭主妇。从美国回台湾住在花园新城那四年，是我最快乐的日子。

花园新城的环境有点儿像美国，绿地很多，老公孩子上班上学后，我就打扫家里、拖拖地、准备晚饭，每天的生活非常规律，我很喜欢这样的日子。而黑立琍现在就完成了我的梦想！立琍自己也当了妈妈后，或许我们一起走过了共同的生命历程，所以我们的感情更亲密，关系也越来越好，我常去新加坡看她，很喜欢和她一起做家事，一起逛街，一起看时尚杂志，她每天做什么我就跟着做什么，真的很开心。

立琍很会做家务，所有的衣服她都整理得井井有条，而且她对美学非常有概念。她结婚的时候，会告诉我和亲家母，应该要选择什么颜色的衣服来搭配她的婚纱，伴郎的领带要选银色系，才能让整个典礼出色又温馨。后来我们拍全家福就在她的指挥下，每年都有一个着装规矩，例如今年大家都要穿黄色，明年则是绿色，再过一年则是橘色，每一年的全家聚会都因为要拍不同颜色的全家福而增添许多趣味。

立琍的组织能力也非常强，我们家族的活动都靠她一手安排，有一回我们全家打算到美国参加侄子在洛杉矶的婚礼，顺便一起旅游，整个行程的安排如住宿、租车、机票全都立琍包办，她通知每一个人，有条有理非常清楚。只是没想到我们出发的前一天，美国竟然发生“9·11”恐怖袭击事件，我还记得那天我在客厅看电视，想着明天出发到美国要整理的物品，就看到电视上出现可怕的画面，本来以为是恶作剧或拍电影，没想到竟然是恐怖袭击！因为“9·11”恐怖袭击事件，我们当然去不成美国，也是黑立琍处理所有行程的取消后续工作，这些工作非常繁杂，但她却耐心而愉快地完成了。

立琍虽然选择做一个全职的家庭主妇，但她非常擅长人际沟通，她除了总是非常支持哥哥弟弟外，也是老公蒂姆最好的帮手。蒂姆现在负责新加坡卡内基训练工作，她经常会帮蒂姆分忧解劳。

蒂姆和自己父母或是和我们沟通出现问题的时候，也都是黑立琍居中协调，面面俱到。所以我常跟朋友说，有个女儿真的很好！

我挺你，挺到底（李百龄）

尽量满足孩子的好奇心，让他在打破砂锅问到底的研究过程中享受乐趣。我们曾经天天凌晨开车接送立行去学潜水，也曾经支持他想要当明星的梦想，对很多事物感兴趣而且专精研究的性格，让他成了我们家的小博士，不管哪一个领域，他都很有研究。

孩子的特质往往从小时候就可以看出端倪。立行是全家最有追根究底精神的孩子，果然长大后，他从事了产品设计的工作。

老幺立行是一个对自己要求完美的孩子，只要他有兴趣的事情一定会打破砂锅问到底。他小学三年级的时候，有一位白人同学跟他回家，拜托他帮忙写作文，结果第二天他下课后说："我好倒霉，我帮他写作文，结果他的分数竟然比我还高！"我只好安慰他，那有什么关系，反正你自己知道那篇作文也是你写的，也是你的分数就好啦！

立行从小成绩就很好，奖状总是厚厚一叠，但我觉得他对自己的要求实在太严格，有一天他放学回家，很严肃地告诉我："妈，你今天不要管我几点睡觉，老师今天留了科学作业，我得花点儿时间把它做好！"当时我不知道哪来的灵感，告诉他："好吧！但无论如何，你十点钟得上床睡觉！"虽然他一直哀求我十点不要熄灯，但我跟他说，你已经做得很好了，干吗一定要吹毛求疵要求完美。我强调，凡事尽力就好，没有任何事情是完美的！我知道他作业一定可以交上，只是他想要更完美。所以对这种自己已经要求完美的孩子，如果家长还逼他、还苛求他，那孩子压力岂不是更大？所以我告诉他，十点一定要上床睡觉，其实是借机告诉他：世上没有事情是完美的，但求尽力就好！

立行是全家最有追根究底精神的孩子，只要他对事物有兴趣，就会把它彻底研究清楚。像他曾经对鱼有兴趣，就花了一段时间埋首在介绍各种鱼类的书中；还有一阵子他突然喜欢起刀和枪，刚开始我吓了一跳，心想这个孩子怎么会突然对刀枪有兴趣，是不是交了坏朋友，还是有什么特殊的原因，但他其实就是单纯想要研究刀枪的材质和制作方法，他还到图书馆找各种数据，非常认真投入，后来我还陪他去刀枪专卖店研究，也陪他去打靶，亲身体验射击的原理及感觉。

我和黑幼龙会尽量满足立行的好奇心，让他在打破砂锅问到底的研究过程中享受乐趣，所以我们曾经天天凌晨开车接送他去学潜水，也曾经支持他想要当明星的梦想，而他对很多事物感兴趣而且专精研究的性格，让他成了我们家的小博士，不管哪一个领域他都很有研究。例如他的岳父想要买车，一定最先问立行的意见，立行会很清楚地分析各种厂牌、车种的优缺点，然后给出最好的建议。

明星梦破碎之后，立行自己创业，设计和生产多功能婴儿安全座椅，虽然从设计到生产都需要自己一手包办，非常辛苦，但我对他非常有信心，因为我知道立行这种从小对有兴趣的事物就努力钻研、努力追求完美的个性，一定可以让他做出创新又实用的产品。

全家一起去旅行（李百龄）

有一回我们和孩子一块儿开了辆小白车出游，因为车里已经坐了全家六个人，行李塞不下，奶奶不晓得从哪里借来一个很大的破皮箱，我们就把行李塞在皮箱里绑在车顶，车子弯弯曲曲开了一阵子，老二黑立国突然说："那个大箱子怎么不见了？"全家的东西都在那破箱子里，怎么办？

不到非洲，不知道非洲那么好玩，幸好有孩子的鼓励，我终究还是去玩了。（2004年8月，非洲的博茨瓦纳，我和大象玩得很开心。）

黑幼龙的母亲很喜欢全家一起出游。在美国的时候，我们经常和奶奶一起到赌场去玩，奶奶竟然可以玩一整夜的吃角子老虎机，不用睡觉还神采奕奕；也因为常和奶奶出游，我们全家养成了经常旅行的习惯。有一回我们和孩子一块儿开了辆小白车出游，因为车里已经坐了全家六个人，行李塞不下，奶奶不晓得从哪里借来一个很大的破皮箱，我们就把行李塞在皮箱里绑在车顶，车子弯弯曲曲开了一阵子，老二黑立国突然说："那个大箱子怎么不见了？"我们一看，箱子真的不见了！

但全家的东西都在那破箱子里，怎么办？我们只好抱着一丝希望往回找，竟然真的看到箱子掉在路边，东西已经散得满地，哇，我们发现箱子还在的时候都好高兴，真的是穷中也作乐！最好笑的是到了赌城的马戏团饭店，去登记的时候，才发现奶奶那个不知哪里借来的箱子，因为摔过看起来破破烂烂的，上头还写了“越南”两个字，好像是难民用来逃难的一样！我们当时觉得既好笑又很糗！

有一次我们到大峡谷，老幺黑立行才一岁多，年纪、个头都很小，我一不注意，没有牵着他的手，结果一个闪神，发现黑立行竟然跑到悬崖边上去了，当时我吓得魂飞魄散，又不敢大叫，担心他一紧张会摔下去，黑幼龙当时在旁边也是吓得不敢多说话，就怕吓到他会发生意外，我只好当下稳定情绪，温柔地跟他说：“黑立行，过来，妈妈在这边，来，过来！”等到他摇摇晃晃走向我，我一把将他捉住的时候，我才觉得浑身无力吓了个半死！后来我们仔细一看，那个看起来像断崖的地方，下方其实还有个平台，但摔下去还是会受伤，真是不幸中的大幸！

孩子们长大以后，各自成家立业，这种全家一起出游的机会也越来越少。2004年我心血来潮，要求当时结了婚但还没有孩子的立行跟我们一起找个地方旅行，立行提议南非。我从没去过非洲，一开始觉得黑立行的提议很奇怪，全世界那么多地方好去，干吗去我印象中危险又落后的非洲？这个时候我自闭及没有弹性的个性又出现了。

黑立行很了解我，他没有直接说服我，只是告诉我，他太太在斯坦福攻读工商管理硕士学位时，听一位香港的阔太太说她这辈子觉得最好玩的地方就是南非！我一听果然心动，连全身名牌的香港阔太太都可以去的地方，那我去应该没有问题，于是我和黑幼龙及黑立行夫妇四个人就一起策划了南非之旅！

我以前认为非洲太遥远又落后，没想到我玩得好开心，不但挑战了维多利亚瀑布的泛舟，还一马当先挑战自我，也非常感谢孩子们帮我放开心胸，看到不同的世界，有了一次美好的旅行回忆！

四、当我们“卡”在一起：黑家的卡内基

卡内基对黑家一家人都有深远影响：爸爸找到自己喜欢的工作，当孩子人生面临选择时，往往在关键时刻发挥作用，连妈妈也因此变得自信，也能跟人分享自己的情绪和想法。

危机就是转机（李百龄）

拿到卡内基代理权后，不代表就此一帆风顺。一场台风淹掉了所有的书和手册，我和黑幼龙及四个孩子没有时间难过，六个人一条心，全家将卡内基的英文信息都翻译成中文。事实证明，我们将卡内基训练课程中文化是正确的决定。

许多机缘就是这么奇妙，历经多年努力与困难，终于拿到代理权，也让我们可以帮助更多人开创新的人生。

黑幼龙在美国休斯飞机公司工作，虽然薪水很高，但并不快乐，刚好因为光启社丁松筠神甫愿意给他机会，因此我们召开家庭会议，支持他在光启社发挥他的创意。

会接触到卡内基，我觉得也是那句老话：天主保佑！我在美国时的某一天，在看《世界日报》（周末版）时，有一篇报道写底特律有一个工程师，参加了卡内基的训练，觉得卡内基训练非常受用，对他产生很好的影响，于是他去争取卡内基底特律的代理权，当然最吸引我的是报道里头说，这位工程师因为拿到代理权，办卡内基训练课程成了百万富翁。我心想，办训练课程也可以变成百万富翁？这时我灵光一闪，突然回想起来，黑幼龙好像有一本粉紫色的书，书名就叫《卡内基》，所以他从台湾回美国后，我就特别把这篇被我留存的报道拿出来给他看，他曾经帮教会翻译过一系列有关领导人策略及精神的书，他对这方面的确有兴趣。

我告诉他，这不就是你最想做的事吗？办训练课程还可以有经济来源，不是很有趣吗？我问他要不要打电话试试看，于是我们找了一般的电话簿，但没找到，后来我们还到图书馆翻数据，终于找到一个卡内基训练的电话。打电话过去，对方跟我们约在市中心，原来这个人是负责介绍卡内基课程的业务，他本来以为我们要上卡内基的课，后来知道我们想谈代理权后，给了我们一个电话号码和人名，我和黑幼龙也不知天高地厚地就打了电话过去，我们后来才知道那个电话号码是总部的电话，而那个名字是卡内基总裁的名字！

我后来想，要是我们知道他给的是总部和总裁的电话，可能连打去的勇气都没有，许多机缘就是这么奇妙，因为不知情让我们有勇气接触，才误打误撞促成了我们一家和卡内基的缘分。

第一次打电话，对方反应很冷淡，因为卡内基训练是知识产权，而当年台湾的盗版很猖獗，因此卡内基总部听到台湾，根本一点儿兴趣都没有，于是第一次和卡内基的接触就这么无疾而终。

后来黑幼龙考虑要离开光启社，也竞选过立委，但没成功，美国休斯飞机公司虽然想要聘请他回去，但我觉得走回头路没有什么意思，还好当时卡内基的电话我还没丢掉，于是我叫黑幼龙再打一遍，反正死马当活马医，既然这是自己喜欢的工作机会，那么何不再试试看呢？就这样，隔了半年，我们打了第二通电话到卡内基，这一次对方的反应就没有那么冷淡了，他们要求黑幼龙留下自己的经历信息，答应要考虑看看。

于是我和黑幼龙决定拜访卡内基总部。当时是一月份的雪季，我们很穷，为了省钱，我和黑幼龙买最便宜的机票飞到离纽约较远的机场，然后再开车过去。当时下雪，我和黑幼龙对纽约一点儿都不熟悉，幸运的是，一路上，我看地图当导航员，黑幼龙开车，居然找到了目的地！我们在卡内基总部聊了很久，总部要我们静待消息。后来卡内基决定把代理权给我们，我们真的非常意外。

后来我们才知道，当卡内基总部拿到资料时，就开始在台湾请律师事务所调查我们的背景，当时黑幼龙刚好在主持《新武器大观》这个节目，也南北奔波演讲，在台湾小有知名度，后来卡内基总部才决定将代理权给我们。

拿到代理权后，不代表就此一帆风顺。我们将卡内基所有的教材、手册、参考书运回台湾，所有的资料都是英文的，黑幼龙本来想先用英文教学，没想到一场台风，淹掉了所有的书和手册。那一夜，看着淹在水中已经无法使用的手册和参考书，我和黑幼龙及四个孩子没有时间难过，第一次上课的时间已经迫在眉睫，我们全家决定，干脆一不做二不休，把所有信息都翻译成中文，于是六个人一条心，全家将卡内基的英文信息配合中文的语法和民情进行翻译，第一次上课我们就全部都使用中文教材。危机就是转机，事实证明，我们将卡内基训练课程翻译成中文是最正确的决定，没有语言的隔阂，卡内基训练很快就被台湾地区的企业及民众接受，后来更扩展到中国大陆。如果不是那一天台风夜发大水，卡内基的中文教材可能不会这么快完成，我们也没办法这么快在整个华人市场推广成功！

卡内基对我们一家人有深远的影响，黑幼龙找到自己喜欢的工作，虽然他现在六十几岁了，但他上起课来一样精神抖擞，乐在其中。卡内基训练在孩子人生的选择中，也往往在关键时刻发挥作用，而我自己则是因为卡内基训练变得更有自信、更勇敢，不再像以前总是比较退缩，也能跟人分享自己的情绪和想法了。

分享：

卡内基对我们一家人有深远的影响：黑幼龙找到自己喜欢的工作，乐在其中。卡内基训练在孩子人生的选择中，也往往在关键时刻发挥作用，我变得更有自信、更勇敢，也能跟人分享自己的情绪和想法了。

你知道孩子最喜欢什么吗？

那时候家里常充斥着我和百龄大呼小叫的声音：“还不快去睡觉！洗澡啰！”甚至骂小孩都已经成了顺口溜：“晚上不睡觉，早上不起床，你们还想要怎样！”不过这些方法还是一点儿用都没有。

我最欣赏四个孩子的好个性及善良的心。立行在幼儿园大班的时候，就会跑去拥抱其他的小朋友，这一点很少人做得到。（小时候的立行和妈妈。）

很多人说我的脾气好，跟小孩互动的时候会像他们的朋友一样，其实我对他们也会发脾气，只是后来改进了不少，这是我自己比较庆幸的一点。

四个孩子的青少年时期，家里其实是一塌糊涂。孩子天天早上不起床，我和太太怎么推、怎么叫就是没用，更离谱的是他们连穿衣服也会睡着！平常家里迪斯科音乐震天响，吵得我和太太快耳聋。老大的成绩平平，老二则总是班上倒数几名，三女儿从小爱漂亮，带回来的男朋友我们一个都不喜欢，总觉得这些男生看了都讨厌，想把他们赶出去！

那时候家里面常充斥着我和百龄大呼小叫的声音：“还不快去睡觉！洗澡啰！”甚至骂小孩都已经成了顺口溜：“晚上不睡觉，早上不起床，你们还想要怎样！”不过这些方法还是一点儿用都没有。

直到我和太太去上卡内基训练课，讲师要我们每个人定一个承诺，选一个对象来付出关心，我们确立的目标当然就是四个孩子。讲师接着又问："那你们具体的做法是什么？"这一问考倒我了，我只好说不知道。于是卡内基讲师问："你的孩子最喜欢什么？"我想了想："他们最喜欢迪斯科。"讲师问："那你能不能学着去欣赏迪斯科？"我想这应该没问题，于是我试着跟孩子一起去迪斯科厅，哇！那音乐真的好大声、好吵，我一直告诉自己，一定要忍耐，一定要忍耐，说来也奇怪，听迪斯科的次数多了，好像也就没那么难听了，我甚至还慢慢开始有点儿喜欢了。

那个年代DJ都是用手扭唱片来做一些音效，偶尔我也会跟他们一起去跳舞，就这样和孩子们一起扭啊扭的，也是一种很好的运动方式，一开始跳迪斯科纯粹是为了陪孩子，我做梦也没想到，后来有一次我跟我太太两个人到巴厘岛去度假，只有我们两人，住的Villa（度假旅店）里头没电视，也没电话、报纸，两个人大眼瞪小眼觉得无聊，干脆半夜溜出去到迪斯科厅跳舞，哈哈，想起来就觉得很有趣。

其实父母没必要把和孩子一起做他们喜欢的活动当成一个苦差事，你会发现有时候也挺有趣的。我有时候想，如果我也是传统型父母，只会要求他们写作业的话，我有百分之百的把握，这四个孩子绝对不会是现在这个模样。

我最欣赏四个孩子的好个性及善良的心。有一次我带孩子们去看棒球，最小的儿子黑立行才幼儿园大班，好动的他会靠着栏杆，走过去拥抱其他的小朋友，虽然被抱的小朋友有点儿吓一跳，但在小儿子黑立行的眼中，他觉得这是一个充满爱的世界，所以他很自然会去拥抱、关爱别人，这一点至少我做不到，他的哥哥们也做不到。坐在我旁边的两个女生看到立行很可爱，就过去问他："小弟弟你叫什么名字？几岁？"而立行也很快跟她们熟稔起来了。想想看有多少小孩对陌生人会害怕、会恐惧，如果能让孩子们从小觉得这是一个充满爱的世界，该有多好。

父母可以为孩子做哪些事呢？美国卡内基有一位在学校教书的兼职讲师跟我说过一个故事。小布什还是州长的时候，老布什在和克林顿竞选总统时输掉了，而这位老师的班上有一个小朋友就是小布什的女儿，那个小朋友常常带着笑容，非常友好，选举结果公布的时候，老布什输了，午餐时间就有很多人围着那个小朋友揶揄她：“你的爷爷输掉了，你的爷爷输掉了！”老师看到这个情形，觉得这些小朋友很不应该，正准备出面干预的时候，没想到这位小朋友不但不生气，还跟嘲笑她的同学说：“对，我爷爷输了，但我相信克林顿也会是一个很好的总统！”我听了非常感动，小朋友的爸爸妈妈在孩子面前，一定是言行一致，虽然克林顿是老布什的对手，但他们对克林顿也没有口出恶言，否则孩子不会有这样的反应，而在这种教养环境中长大的孩子，我想一定会成为一个保持客观、中立、有独立人格的人。

卡内基的神奇魔力

在医学院面试的时候，黑立国热切想要成为一位好医师的决心，让面试的教授们印象深刻，临走时还问他："你的父亲从事什么行业？"黑立国告诉他们家中从事卡内基训练，教授们这才恍然大悟说，难怪他在面试时可以这么有自信。

黑家的孩子都受过卡内基训练，卡内基训练也在他们的生命中产生了意想不到的影响。（西雅图卡内基年会，黑家人大合照。）

我的四个孩子都受过卡内基的训练，卡内基训练也在他们的生命中产生了不同的影响。四个孩子中，虽然只有黑立言全心投入了卡内基的事业，但卡内基理念仍在孩子们的生活中持续发酵。

老二黑立国为了准备读医学院，的确费了很多心思。他是打工老手，所以选择打工机会的时候，也会挑对进医学院最有帮助的地方工作。有一年暑假，他到旧金山医学院帮一位教授看家，教授全家出去旅游，他就帮教授喂马，本来就喜欢动物的黑立国对这份工作自然如鱼得水，教授很满意，这位医学院的教授平常不随便帮人家写介绍信，却替黑立国写了一封赞誉有加的推荐函。大学毕业后黑立国申请了很多所医学院，去其中一个医学院面试的时候，黑立国充满自信、热忱，谈吐间都透露自己热切想要成为一位好医生的决心，让面试的教授们印象深刻，临走时还问他：“你的父亲从事什么行业？”黑立国告诉他们家中从事卡内基训练，教授们这才恍然大悟说，难怪立国在面试时可以这么有自信。

卡内基重视并培养与人沟通的能力，在立国和医学院教授们面试时，他接受的卡内基训练发挥了具体功效。后来宾夕法尼亚大学全美顶尖的医学院的通知信来了，我刚好在家，赶快偷偷看了一下。信里通知他被录取了，不过我没有告诉他，等立国从学校回来我把信封给他，他直说自己好紧张，看他打开信封后开心的模样，全家人都替他高兴。

立国同时被加州大学洛杉矶分校和东岸一家知名的常青藤私立医学院录取，我们当然希望他选择加州大学洛杉矶分校，既离家近，彼此照料也方便，而且公立学校也便宜很多，但我和太太百龄对他一句话都没说。虽然我真的好想告诉他你就念加州大学洛杉矶分校吧，但我拚命忍住吭都不吭一声，直到他去和指导教授讨论，到底要选哪一所学校，教授跟他说两家医学院差不多，以他的条件如果不去念加州大学洛杉矶分校就该去看心理医生了，他这才选定加州大学洛杉矶分校的医学院，迈向他的从医之路。

黑立琍是我们家唯一的女儿，我觉得她是天生的卡内基人。结婚前，每次暑假她都会回台湾来公司帮我的忙，所以也和公司的员工相熟，因此结婚时公司里有人送礼物给她，一般人收到结婚礼物可能只会说谢谢，但黑立琍却和老公把每一个礼物一起拿在手上拍照，然后把相片、感谢卡寄回给对方，让送她礼物的每个人都很高兴，觉得她真是体贴又知心。

卡内基有一个重要的准则就是要让对方觉得他很受重视！黑立琍这个特质不是她参加卡内基训练后才有，而是从小时候就有，她经常给父母及她的哥哥弟弟正向的鼓励和支持。就算到现在，每一次她从新加坡来台湾，一定会写感谢卡给我，说她在这里玩得多开心，和我们在一起多么愉快，而且我去接机、送机她一定会拥抱我，哥哥或弟弟在学校得奖，她也一定给他们最真诚的赞美，我真的觉得她是天生的“卡内基高手”！

小儿子黑立行决定自己创业，和同事一起生产婴儿安全座椅，当时为了准备美国的商展，他必须要到中国大陆找工厂帮忙做模型，没想到工厂因为时间太赶不愿意帮忙做，但他以卡内基的方法和工厂沟通，结果工厂终于答应他的要求，并在要求的时间内帮他把产品样品制作出来，让他觉得卡内基真的非常受用。现在他这么年轻就当了公司的负责人，虽然只有十几个员工，但卡内基已经成为他经营公司的最佳利器！

那一天，父亲许下心愿

当天，印象最深刻的是我们到耶鲁大学的一座欧式教堂里，一家人一起祈祷。祈祷结束后到教堂前点蜡烛许愿，虽然我们没有告诉彼此自己的愿望是什么，但我那时许下了一个很重要的心愿。

立言本来准备当会计师，但接受了卡内基训练后，他开始思考生命其他的可能性。（黑立言大学毕业。）

黑立言在大学的时候参加了卡内基的训练，也亲身感受到沟通及良好的人际关系对一个人的影响，所以受训后他开始参加很多活动，像担任“中国学生会”的会长等，变得非常活跃，不过同时成绩保持得也还不错。

他大一升大二的时候，学校有一个成绩优异学生的颁奖晚会，全家都去参加了，颁奖典礼非常正式，男同学都穿着西装，女同学则穿晚礼服，但副校长致辞的内容却让我印象特别深刻，他说：“我在这边本来想恭喜你们得奖，这是一个值得庆贺的事情，但得奖只不过证明你们的记忆力比人家强，而且是在考试前的记忆力特别好，如果有人不赞同我这句话，愿不愿意重考一次？看成绩会不会跟这次一样好？”结果所有的同学都在笑，没有人举手，副校长接着说：“如果我和你们一样还是新人，那么我一定会选修一些课程表上没有的课，例如沟通、自信、人际关系等。”后来我跟黑立言谈起这件事情，他也相当赞同。

其实华人父母不管在哪里，都是最好的父母，愿意为孩子付出的程度已经接近不可思议的地步。父母无非希望小孩未来真的都能很成功、很幸福，可是如果冷静想想，如果真的希望小孩成功、幸福，其实父母应该同时培养孩子自信、沟通以及跟别人相处的能力，这对他未来的工作、婚姻、社团生活才有很大的帮助。社团生活常是人们得到归属感的重要来源，一个人除了满足衣食住行的需求外，如果没有归属感，在社会上会非常不快乐，孩子长大了要找异性朋友，选择另一半也都需要自信和沟通能力，我在教养孩子的过程中，幸运地采用比较开放的方式，但到自己开始进行卡内基训练后，才真正理解这些对孩子来说有多么重要。

卡内基在黑立言身上的影响，是让他摆脱了内向的个性。他从小就很内敛，不喜欢出风头，有一次我到学校找他，因为找不到人，只好请学校帮忙广播，结果他听到后竟然不敢来，还找了弟弟先去试探，弟弟告诉他是爸爸来找，他才现身，可见他有多内向。

如果没有受卡内基训练，立言性格上不会有这么明显的改变。后来他大学毕业进行生涯规划，卡内基也发挥了影响力。大学毕业后，他在一家很大的会计师事务所毕马威会计公司（KPMG）找到工作，也考取了会计师执照，如果不是受过卡内基的训练，他可能一辈子就做一个会计师，虽然这不一定是他最喜欢的工作，但却是个谋生的好职业；但因为受了卡内基训练，他会开始思考生命其他的可能性，于是他决定申请耶鲁大学的企管研究生，虽然学校要求必须有三年工作经验才有资格申请，他只工作了一年，但他还是想试试看，结果竟然申请到了，这让他非常开心，也成了班上最年轻的学生。

那时候，家里经济状况已经改善很多，所以他真正享受了不愁吃、不愁穿也不用打工的生活，偶尔还能打打高尔夫球，这是他以前不敢想象的。在美国，考取会计师的执照做一名会计师，已经是有生活保障的专业工作，很少人会放弃，我们后来讨论，如果他没有受过卡内基训练，是不会辞去会计师事务所的工作，做出申请耶鲁企管研究生这个决定的。

1991年，他要从耶鲁大学毕业的时候，我和太太到学校去看他，校园很漂亮，立言还带我们去摘苹果，一家人在校园里漫步非常愉快。耶鲁大学总被认为是一个贵族学校，但耶鲁大学里面其实是相当多元的，那天在校园里有位卖面包的越南修女，她大概四五十岁了，仍然靠自己的力量卖几毛钱一个的面包维生，我买了几个面包，跟她说了谢谢；而另一边，我也看到要加入会员才能打球的高尔夫球场上，有不少学生在挥杆，在这样多元的校园中，其实呈现出了很丰富的生命力，如果孩子自己能够感受，相信对未来工作和与人相处都有很大的帮助。

那一天，印象最深的是我们到耶鲁大学的一座欧式教堂里，一家人一起祈祷。祈祷结束后到教堂前点蜡烛许愿，虽然我们彼此没有告诉对方自己的愿望是什么，但我那时许下的心愿是：希望黑立言能回台湾来加入卡内基的工作。

分享：

父母无非希望孩子未来真的都能成功、幸福，可是如果真的希望孩子成功、幸福，其实应该同时培养孩子的自信心、沟通以及怎么跟别人相处的能力，这对他未来的工作、婚姻、社团生活才更有帮助。

用实力取得权力的接班人

当时我询问儿子，要不要考虑回台湾加入卡内基，他于是开始面临上哈佛法学院或是回台湾卡内基的抉择，虽然我没有给他任何建议，但我心中有把握，立言一定会回来……

父子一起工作，考验着我们彼此的智慧，幸好卡内基的沟通原则化解了不少我们的隔阂。

立言从耶鲁大学毕业后，再次面临生涯规划的抉择。他原本想到哈佛读法律博士，因为他曾在台湾理律事务所打工，表现还不错，徐小波还特地跟我说很羡慕我有这么好的孩子，因为他到理律打工没有薪水，他们还送了一双很好的皮鞋给黑立言，让他颇为得意。为了帮立言申请哈佛法学院，理律事务所里的好几个人都帮他写了介绍信，当时我问他，要不要考虑回台湾加入卡内基，他于是开始面临上哈佛法学院或是回台湾卡内基的抉择，虽然我没有给他任何建议，但我心中有把握立言一定会回来，后来他也真的决定回来了。

立言回台湾加入卡内基前，替自己安排了一连串的旅游。在欧洲、美国到处玩了三四趟，但他仍觉得不够，后来又和一个耶鲁大学的同学托另一位中国大陆同学的爸爸安排旅游行程。

立言在大二的时候就受过卡内基训练，回来台湾卡内基后，我没有跟他谈过待遇的问题，父子俩就似乎很有默契地开始在卡内基共事的日子。一开始他先做助教，给他一辆车，工作跟其他员工差不多，座位也跟大家在一起，担任几个月的助教后，他就参加讲师训练，讲师训练人是他的妈妈，有四个候选人参加八天共一百个小时的讲师训练。他表现得还不错，顺利通过讲师训练，我记得太太百龄在讲师训练结束后，还当着十多个同事的面，开心地说：“我真的觉得我怎么会养出这么个好儿子！”妈妈的赞美也给了他很大的信心。

立言回到卡内基后有几个重大贡献，引进了一些重要的课程，例如有一个销售课程，必须花十二个星期的时间进行训练，要先当学员，再当助教，然后才可以接受讲师训练，所以我们就派黑立言去，运气不错的是他在那段时间住在奶奶家，又可以和奶奶像以前一样叙旧谈心。

完成销售课程的训练之后，黑立言回到台湾，卡内基各区的讲师、经理、主管都必须来听课，他们就变成黑立言的学生，也因为通过这个销售课程，黑立言可以获得这些讲师和经理主管的肯定，如果没有这个经验，或许这些主管和黑立言工作时，只会表面上听他的话，心里却不一定服气。

这个经验也可以和许多企业家的第二代分享，如果想要交棒给孩子，或许不只是让他们接班后从基层做起，更要“赢得资格”，也就是要用实力证明自己有资格取得权力。

对卡内基管理进行电子化，也是黑立言一个重大的贡献。十年前E-mail才刚开始，我请英特尔（Intel）总经理来扶轮社演讲，那时他在演讲中提到以前订单都要靠传真、靠快递，但现在一个新的趋势则是通过网站来下单。黑立言那时候提出我们必须要电子化，否则就会落后。所以现在卡内基有自己的网站管理系统，包括知识、行政、财务、教学全都用网站进行管理，如果不是立言，我真不知道什么时候才会做。十年以前，谁会想到现在上网竟然成了全民运动，社会全面进入网络时代了呢？现在很多年轻人在网络上看到卡内基后产生兴趣，便在网站上留言，然后我们的同事就会跟他们联系。

两年前，卡内基有百分之十几的报名是通过网站提交的，现在比率更是增高许多，从这个经验，很多企业也许应该想一想，多听听年轻人的声音，因为你会听到你从没想到过的创新想法。有一些企业虽然离职率非常低，员工都很有经验，核心价值也能永续传承，不过有一些新的观念，如果没有引进，很可能会让公司失去竞争力，因此我非常鼓励员工要多多创新！

黑立言加入卡内基后，因为晚上常常要上课，比较没时间跟孩子在一起，让我觉得有些愧疚，不过我鼓励他应该要以质取代量，在家的时候要多陪孩子说话、谈心，另外我也希望立言要注意自己的身体，工作之余一定要注意身体健康，身体健康最重要，这也是我对他最大的期望。

分享：

给想要让孩子接棒的企业家们：如果想要交棒给孩子，不只是让他们接班后从基层做起，而是要他们“赢得资格”，也就是要用实力证明自己有资格取得权力。

当儿子变员工

我们开始有冲突，互相找麻烦，而且会在大家面前争执得很厉害。黑立言是一个专业的人才，其实不一定要回到卡内基来帮忙，而我们自己做卡内基的训练课程，当然不能让彼此的冲突一直扩大，所以一定要处理，但真的很不容易！

黑立言当讲师的时候，我去听课，觉得他讲得不错，但我很少赞美他，有时我们的关系很紧张，是因为我总是挑剔他不好的部分。

黑立言回到台湾加入卡内基，我们的父子关系变成老板和员工的关系，这是一段很重要的心路历程。

任何名人的小孩都会有类似痛苦的经历。因为大家都会说你黑立言是黑幼龙的儿子，讲到卡内基，不管立言做得多好，大家还是会认为是黑幼龙的功劳，就连他在报上发表文章，都有人说是我替他代笔。

他刚来卡内基工作的时候，我和他都没注意到彼此间可能会有这种心情。他刚回来的第一年，我们有一段蜜月期，他在卡内基当讲师，下了课父子俩就一起去外面吃牛肉面、吃担仔面，两人一块儿喝啤酒非常开心，那时候我们全家还一起到北京万里长城去玩。那段日子父子俩真的非常开心。

一直到他开始做台北区的经理，他有他的想法，这些想法有些好，有些不好，而且我也犯了错，我没有注意到自己不知不觉中，在公司开会讨论事情的时候，只要是他提的意见，我通通会否决。例如开会的时候他提议应该多举办一种课程，我就会说："这只是你个人的意见，你有什么证据？有做问卷吗？"或是如果他说不要在报纸上登广告，因为效果比较差，我就会问他："你怎么证明效果不好呢？你有登过吗？"而他也会反驳："那你也没办法证明另一个方法不好啊。"

渐渐地，我们开始有冲突，互相找麻烦，而且会在大家面前争执得很厉害。黑立言是一个专业的人才，其实不一定要回到卡内基来帮忙的，而我们自己做卡内基的训练课程，当然不能让彼此的冲突一直扩大，所以一定要处理，但真的很不容易！

我还问过他："你到底想不想干？"他说："我很愿意在这边做讲师，但很讨厌管一堆行政的事情。"因为那个时候很多行政的琐碎事情都必须要由他去做，这段麻烦期是很难熬的，我曾经私下找他聊，但也没有什么效果，两人还是有冲突，后来我跟他说，不然每个星期我们两个人私下开一次会好了，免得总是在大家面前起冲突。结果私下开会他讲不出东西来，我又生气骂他："你怎么没有意见呢？"可是他是真的没有意见，能怎么办呢？

这一段麻烦期大概有三五年，中间有一段期间两人实在水火不容，刚好我们成立了一个新的网络学习（E-learning）事业部，就调他过去当总经理，其实这是双方都在逃避的做法。他在那边完全做主，乐得轻松，所以重大政策的执行、采购他通通不来问我，自己就决定了。但逃避是没有用的，我们迟早都得面对彼此的问题，后来这个事业部结束了，他又回到卡内基来。

坦白说，我是希望立言能够重视我的意见的，甚至只要他表示在乎我的意见，我什么都可以听他的！有一个具体的例子，我们有一位同事要离职，可是这位同事教学教得非常好，我们在想那就请他当讲师好了，但如果只给他讲师的钟点费，又担心他无法维持生活，所以我们就商量，让他有薪水但不用在公司坐班，只要上课就可以了，但我们为了薪水多少不能定案，一直到后来立言要到高雄出差了，他对我说："爸爸，我们不要意气之争，你怎么说都好！"结果后来我很乐意地将那位讲师的薪水加到超过他的预期！其实我很希望他能尊重我，有时他跟我说话的态度很直接，和其他员工不同，这也会让我越发生气，我想我们两个都有点儿斗气，都有疏忽的地方，才会造成父子间的关系剑拔弩张。

黑立言当讲师的时候，有几次我去听课，觉得他真的讲得不错，但我很少表扬他，我想他可能认为我觉得他做得不好，否则为什么从来没有表扬过他，其实这是我的老毛病，可能也是受到我爸爸的影响，明明孩子已经做到八分好了，我却还去挑剔那两分的不好。

曾任财政部门负责人的王建煊以前曾经说过，他最佩服的领导人是前经济部门负责人李达海，因为很多大官都说要授权，但都授权不下去，总是抱怨部下不接下责任。但李达海说，问题出在领导而不是部下，因为领导常常骂部下这个没做好、那个不满意，所以当然没有员工愿意扛起责任！但李达海说，如果部下能做到七八分，他就会表扬，部下也会更努力。我如果能够早一些像李达海那样多肯定黑立言，告诉他：“以你这几年的工作经验已经做得很好了，我以前像你这个年纪的时候，还做不到这个成绩，你做得比我好！”我想父子间的摩擦期或许就可以减短一点儿。

一直到现在我还要提醒我自己，要记得积极肯定黑立言或其他同事的努力。我有一个来上课的朋友，他在台中经营机械工厂，本身是神学院毕业，很想当牧师，他非常希望能把自己的事业交给儿子，但是儿子不同意，结果父子关系搞得很僵，两人之间再无交流，有一天他问我有没有什么办法。他很羡慕黑立言可以帮忙打理卡内基的事业，让我没有后顾之忧，可以做自己喜欢做的事情，我告诉他：“你跟你儿子谈的时候，应该告诉你儿子，他拒绝回来接你的事业代表他有独立的性格，你应该表扬他才对！”结果他真的和儿子这么说了，后来儿子结婚娶了一个美国太太，他又无法接受，我只好把黑立国的例子说给他听，他才释怀，并且送了儿子和媳妇很好的礼物，现在儿子虽然还没有决定回家来接手事业，但至少原本关系紧张的父子已经和好了。现在儿子准备在美国参加卡内基课程，可能有进一步的改变，愿意接班。

其实现在很多企业家在教养第二代的时候，也应该自我反省。很多时候孩子真的在我们的阴影下失去了自我，连我太太都会有这种感觉，人家总说他是黑幼龙的老婆，但她自己在哪里呢？每个人都需要自我认同，因此交棒前的企业家都应该注意这个问题的严重性，不要低估它的影响力。

我和黑立言为了度过这个麻烦期，有好几个具体的做法，我会常常提醒自己，黑立言如果已经做得不错，就别老找人家碴儿。一直到现在，我都保持每隔三个月就给他写一封信的习惯，信中我会告诉他哪些事情他做得很好，他也会给我回信，我每封信都自己手写，虽然现在发送电子邮件很方便，但我觉得手写比较有亲切感，且每一次大概只写一页，约十分钟内可以写完，这是我长年写信的经验。

其实，我和立言之间还没恢复到当年那种最亲密的状态。有一次我看电影《二见钟情》，电影一开始是女孩子回忆她小时候坐在爸爸肩膀上时爸爸跟她说过的话，我看到那一段画面的时候感触很深，我会想到我以前跟黑立言也是这么亲近，我们还有很长的一段路要走……

分享：

企业家在教养第二代时应该自我反省，很多时候孩子真的在我们的阴影下失去了自我，每个人都需要自我认同，不要低估它的影响力。

为了度过这个麻烦期，我会常常提醒自己，如果他已经做得不错，就别老找人家碴儿。保持给他写信的习惯，信中要告诉他哪些事情他做得很好。

慢养

五、父母给孩子的礼物：迎向人生的传家宝

在瞬息万变的世界，年轻人面对的不确定的未来，却也充满机会和未知的挑战，不管孩子开心或难过，家永远都在……

孩子的自然律

儿子有这么好的一段回忆，做父亲的非常开心，这些温暖和支持是所有的人一起给他的，而这就变成了孩子生命的自然律。

陪孩子长大的过程，我采取的是多付出一点儿的方式，即使对孙子，我也希望让他们拥有更多的爱。

有一个理论认为，孩子的生命有一个自然律，而这个自然律来自周遭的人怎么看待他。

有一个爸爸带着智障的孩子到小区散步。路上经过一个棒球场，智障的小朋友问爸爸："你觉得他们会让我上场比赛吗？"爸爸知道机会很小，但他还是去问问那个领队，那个领队说："现在是第九局我们落后三分，我们设法把你的孩子排进来好了。"然后那个小朋友就换上了球衣，坐在板凳上，眼睛炯炯有神地看着球场，还跟坐在观众席上的爸爸打招呼。

这时候第九局满垒，领队竟然告诉小朋友，要他上场。这位从来没有打过棒球的小朋友拿着球棒站上打击区，这时投手看了看这位智障的小朋友，拿着球往前走了两步，轻轻把球投出，小朋友连球棒都不太会拿，别说要打到球了，当然没打到；第二次，投手又轻轻地把球丢了出去，这次小朋友打到了，是一个力量很弱的滚地球，一般而言，很轻易就可以传一垒封杀出局，不过接球的人故意传了一个暴投，然后全场的观众就大喊："二垒！二垒！"这位智障的小朋友愣了一会儿，才往二垒跑，结果二垒手又故意漏接，大家又喊："三垒！三垒！"球传往三垒又没接到，就这样在全场加油声中，这位小朋友一路跑回本垒得分，他好开心、好开心，因为自己从来没有这样被当作英雄看待。

这位小朋友没有赶上第二年的暑假球季，因为他打完球那一年就去世了，爸爸讲起这一段往事非常感伤，眼眶里都是泪水，但他非常开心儿子有这么好的一段回忆，这些温暖和支持是所有的人一起给他的，而这就变成了孩子生命的自然律。

一个人从出生、上小学一路走到上大学，父母、老师、学校、小区整个环境，每个人对待他的方式就是这个小孩世界的自然律，也会影响他的一生，他的世界是充满美好还是充满仇恨与怀疑，都是通过和周遭环境互动得来的，从这个角度看，父母跟子女的很多互动，老师和孩子的许多互动，都不能太低估对孩子的影响力。例如我们小时候在学校被老师当着大家的面打耳光，会觉得很没尊严，长大后对社会就会多一些敌意和防范，这就是当年种下的因，我们当然希望自己的下一代不会这样。

四十多年前，有一位在台湾专门做大专同学辅导工作的朱神甫，他是上海人，他到美国时去看台湾的留学生。当年台湾留学生在美国过的生活其实很辛苦，有些人在餐厅打工洗盘子，有些在屠宰场工作，有些在台湾很优秀的孩子甚至都变得非常潦倒，一些留学生夫妻为了生活，把自己的孩子交给别人带，然后自己再去帮人家带小孩、打零工赚钱。

有一次朱神甫告诉我，有位女留学生很不平衡地说："为什么要帮新来的留学生忙？为什么要给他们临时的地方住？为什么得帮新留学生介绍工作？应该让他们吃苦！我们刚来的时候也很苦啊，应该要让他们吃吃苦、受受罪才对！"这个女学生的说法给我很大的冲击，因为这代表两种不同的观念或想法，可以完全用在父母身上。

有些父母自己小时候受了罪，他觉得孩子也应该受这些罪，为什么要给他特别的保护和帮忙？但也有些父母刚好相反，我在光启社工作时，有一回到国外拍节目，有一个导播在法国给孩子买了很贵的衣服。当年导播的待遇并不高，但他的心情就是自己虽然没有得到，但他愿意给孩子他错过的、失去的生活。

教育也是。台湾一天到晚谈教改，但却改不了父母教养孩子的错误观念。有不少父母虽然很穷，但因为自己当年没有享受到错过了，所以要让小孩上最好的学校；而有的父母认为自己没有得到的，小孩也没有必要拥有，对孩子很凶、很冷漠。或许大家都在谈物质层面的东西，但关心呢？爱呢？照顾呢？

谈到陪四个孩子长大的过程，我一直采取的方式是多付出一点儿。我父亲很严肃、很专制、很大男子主义，而且坦白讲，父亲很硬心肠，有一回我弟弟离家出走，父亲看都不看，理都不理，他认为时间到了，孩子自然就会回来了。可是我觉得我没得到的，我会想办法让孩子得到，我已经得到的，例如从我母亲那边获得的赞美，我会让孩子们得到更多。

现在已经很少人有养儿防老的观念，现代的父母对孩子这么好，不是想养儿防老，也不是想要回报，在这种情况下，其实父母的心情更微妙。像我最近在山东青岛国税局演讲，中午和几个高级主管吃饭，他们七个人中就有五个送孩子到国外上大学，根据我和欧美人士接触的经验，他们比较少把毕生的积蓄用来送孩子到国外念书，因此我想这些高级主管们的心情大概是，虽然孩子那么小就送出国不见得好，但他们希望孩子比他们当年能得到更好的教育。

严格来说，我也有这样的状况，我没有好好学习，没有物质的享受，没有好衣服可穿，有一次我到鞋厂去上课，客户送我一双名牌球鞋，哇！我那时候好开心、好高兴，其实并不是我买不起一双名牌球鞋，而是我初中的时候鞋子都穿破了，整个破到底了还在穿，同学都嘲笑我。那个年代没有冰箱，前一天准备的便当如果第二天天气热，就会馊掉，这样的情况我当然不希望我的孩子们遇到。即便是现在我们一家人出去吃饭，我们还是常常点孩子们最喜欢吃的菜，而且都是我付钱，他们觉得很自然，我常开玩笑，他们在美国都算是高收入人群，却从没想过要请老爸吃一顿饭呢！

我自己只上到高中一年级就留级，之后就进了空军，当时觉得这一辈子好像就完蛋了一样，我自己没有受过什么好的教育，所以即使在我们最穷困潦倒的时候，对孩子的教育都没有荒废，只要是围绕着教育这个中心点的所有事情，我们尽量都支持，例如二十年前我们买了一辆五百美元的脚踏车给读高中的立国，或是让上小学的立琍参加夏令营的活动，我都一直支持他们。所以，我也希望父母除了物质以外，应该多给孩子爱和关心，因为那才是最重要的。

父母的魔法棒——赞美的力量

获得注意力对孩子来说是很重要的。我写的一篇作文，老师称赞不已，赞美的力量深深地影响了我的一生。那时候我每天期盼作文课的来临，也开始喜欢阅读报纸、爱看大人的小说，当时只有作文课的表现最好。

赞美，对每个人可以产生意想不到的效果，也让我在分享卡内基精神时，得到很多人的肯定。（1997年，卡内基训练在台十周年庆。）

我记得我们住在美国的时候有个邻居，在他的儿子玩滑板经过我们面前时他对我说："这家伙真棒！让我引以为荣！"我知道他是故意说给儿子听的，因为他的儿子刚通过童子军的甄试，所以他就当着我们的面来赞美儿子。这让我心里非常感慨，因为我虽然很希望也能这样对待自己的孩子，但比起我的妈妈、比起这位外国邻居，我真的还做得不够多，做得不够好！

有一年，立国的一个同学住在阿拉斯加，他的爸爸在当地当医生，所以暑假就约立国和刚上大学的立行去那里玩，这一趟旅游对两兄弟来说是很棒的经验，因为他们到了好多一般观光客不会去的地方。这位同学的爸爸带着他们四处探索、钓鱼，还告诉他们阿拉斯加有种特别的老鹰，一次只会生三个蛋，但存活率不高，所以他们会协助孵化等精彩的故事，而在这趟旅行结束，立国和立行准备回家时，这位同学的爸爸把他们叫来，告诉他们：“回去跟你们的爸爸妈妈说，他们很会教养孩子！”而两兄弟回来也真的跟我说了，那时我真的觉得很棒。表面上他是让孩子传话给我，事实上却是利用机会表扬他们，如果是我的话，可能就想不到这样做，所以真的还有好多地方可以努力。

老大立言从小学一年级开始就很喜欢写作，文笔非常好，小学的时候学校提倡写作，教室后面的布告栏贴着佳作文章，督学会定期来学校表扬，光他一个人的作品就占了七八篇。在美国上初中二年级的时候，立言写了一篇批评台湾教育制度的文章，投稿到《中国时报》，内容铿锵有力，结果刊登出来了，很多人看到了以为是我帮他写的。

那天在家里我就当玩笑话说给大家听，只有我母亲不动声色看完黑立言的那篇文章后，眼睛抬也不抬冷冷地说：“屁！还你代笔呢，你根本写不出这么好的文章！”当时黑立言也在场，奶奶的这个赞美对他来说是很大的鼓励，对提升孩子的自信更有帮助。之后黑立言在分享或演讲的时候，他都会提到当年奶奶说的这句话，因为奶奶的鼓励和赞美对他有很大的影响。他到今天也总是认为，只要他下点儿工夫，就可以成为一个作家，这成了黑立言的一个梦想。

赞美，真的可以鼓励并且激发一个人的潜能，不但可以让他把工作完成，甚至做得更好，这可是千真万确的。我在六七岁刚懂事的时候，爸爸担任空军基地的电台台长，是整个空军基地级别最高的军官，那时候只有他有吉普车，车子开到街上大家都认识他，因此我也得到很多关注。

得到关注的好处是，这会激励我去做很多事情，反之有时候没有激励的力量，会让人什么都不想做。

获得关注对孩子来说是很重要的。小学四年级我在新竹空军子弟学校上学，开学时我写的第一篇作文，开头第一段只有一句话：很高兴考取空军子弟学校。接着就开始第二段，这篇作文老师称赞不已，还跟隔壁班的老师说我的作文比六年级的哥哥写得还好。

其实我必须承认，当年这一篇作文是母亲代笔的。母亲很有天分，会模拟小孩子的口气教我写作文，或帮我修改作文，虽然作文是母亲帮我写的，但我获得了老师的关注，老师赞美的力量深深地影响了我的一生。

那时候我每天期盼作文课的来临，也开始喜欢阅读报纸、爱看大人的小说，当时只有作文课表现最好，其他科目都一般。而这种第一段只写一句话的写作方式因为获得了老师的赞美，让我信心大增，一直到现在，我写文章还是喜欢这种言简意赅的方式。我有时在想，如果当时老师是赞美我的数学很好，或许我现在是钻研数学的科学家也说不定呢！

这就是老师和父母手中拥有的“魔法棒”！只要父母跟孩子说：“哇，你真的好棒！”短短一句话，可能就会改变他的一生。

分享：

赞美真的可以鼓励同时激发一个人的潜能，不但可以让他把工作完成，甚至做得更好，这是千真万确的。

这就是老师和父母手中拥有的“魔法棒”！只要父母对孩子说：“哇，你真的好棒！”短短一句话，可能就会改变他的一生。

独特性：孩子最大的财富

父母总是直接命令孩子去做事，像："去做作业！不能看电视！"但我们可以把命令句改成问句，例如孩子老是黏在电视机前，或许我们可以这么跟他沟通："我们吃饭要选有营养的食物，你现在已经看一个小时电视了，你觉得什么电视节目是有营养的呢？你觉得你应该看哪些频道呢？"

我们希望教养出什么样的孩子呢？孩子很聪明，他们会看我们做了什么，而不是说了什么。（和立国的小儿子合影。）

教养孩子真是说易行难，也许你在书店可以买到十本、二十本怎么教养出高情商孩子的书，但自己做起来，完全不是那么一回事。

我在美国2006年2月号的《国家地理》杂志上看到关于"爱情"的专题文章，很有感触。有一位新娘要结婚了，但她希望每个来参加婚礼的朋友都能给她一个建议，告诉她怎么经营婚姻，婚后要如何才能幸福。

虽然文章里没有写最后新娘得到了什么建议，但我自己开始想象，或许这位新娘打开信封，看到朋友给她的建议，她最大的感慨可能是：你们每个人怎么说的都跟做的不一样？当父母的也有同样的感觉，我们可能买了很多教养孩子的书回来，但真正去做的时候，却完全不是那么回事。教养小孩其实和经营婚姻非常类似，结婚前觉得另一半跟自己个性不同，可以有互补作用，非常好；但结婚了以后想法变了，都希望改变对方，让对方跟我们一样，动不动为了叠棉被、挤牙膏的小事吵翻天，甚至决定要离婚。

陈之藩有篇文章写道，美国和欧洲的教育家聚在一起，欧洲教育家认为美国的教育就像是在挖矿，把孩子切、割、磨成一个宝石，就像许多拿到诺贝尔奖的杰出学者一样。而欧洲的教育就像种花，教育人员做的是浇水、加肥料，让种子长成它本来的样子，无论是玫瑰、康乃馨、山茶花，他们都会细心呵护，让每一株花朵都有自己独特的模样。这让我想到台湾的教育，不是挖矿也不是种花，而是工厂生产流水线，要求个个都一模一样。

教养孩子，学校虽然有责任，但父母的责任更重大，很多父母希望自己的孩子跟别的孩子一样，或是希望自己的孩子和自己当年一样。我发现当我对孩子发脾气的时候，其实原因往往是气他们没有照我的话做，没有跟我一样，这就是说起来容易、做起来难的最典型例子。如果我们可以尊重每一个孩子，像种花一样让他们自然长大，不要让他们成为自己或别人的复制品，那父母也会很欣慰。

曾经有一份调查报告指出，外国孩子比较有自信，因为他们的独特性受到尊重，也因为父母采用鼓励及赞美的教养方式。

十几年前，我在温哥华遇到当地卡内基训练的负责人，他说自己八九岁时，爸爸常常会问他很多问题，凡事都会征询他的意见，例如爸爸会问他："我们搬到这里来住好不好？我来这个教堂做牧师你觉得怎么样？"他现在回想，一个八九岁的小孩根本不懂事，但爸爸问他问题、征询他的意见不见得是要他的答案，而是希望他能多思考，长大后成为一个有思考力的人。

反观台湾，父母总是直接命令小孩，例如："去做功课！""不能看电视！""赶快洗澡！""不要再上网了！"但我们可以把命令句多改成问句，如果孩子老是黏在电视机前，或许我们可以这么跟他沟通："我们吃饭要选有营养的食物，你现在已经看一个小时电视了，你觉得什么电视节目是有营养的呢？你觉得你应该看哪些频道呢？"

再举例来说，父母常叫孩子赶快吃饭，孩子可能会觉得很奇怪，为什么要叫我赶快吃饭？其实父母心里真正希望孩子赶快吃完饭的原因是，他们可以赶快洗碗；但如果换个方式，比如问孩子们以后想要成为什么样的人。有孩子可能会说想做篮球职业选手，我会问他：“好，那要变成篮球职业选手要什么条件呢？”孩子回答：“身体要强壮，要长得高！”

怎样才能身体强壮，长得高呢？那就是赶快吃饭！

所以，问孩子问题可以让他们思考，并引导他们自己找到对的答案，如果可以给孩子多一些思考空间，亲子互动关系也会完全不同！

启发孩子勇于选择的智慧

这个妈妈很厉害，她愿意放手让女儿去犯一次错误，虽然女儿被同学取笑，但妈妈可以借此来教孩子应该为自己的行为负责。想想看，如果爸爸叫女儿当场就换掉衣服，那么小女孩可能还学不会要为自己的行为负责，因为是爸爸叫她换的，不是她自己理解之后再换的。

没有一种教养方式对所有家庭都适用，各种不同的教育内涵，都蕴涵着深远的生命智慧，值得父母深思。（2004年，黑家家族团圆大合照，庆祝百龄六十岁生日。）

我听过一段非常有哲理的话：我们究竟应该如何教育孩子？你希望孩子长大后成为什么样的人，那你现在就朝那个方向来教养你的孩子。

例如你希望孩子长大后是一个服从、听命、说一不二的人，那你现在就可以用严格的军事方式来教育他；日本、德国在第二次世界大战期间成长起来的很多人，都是非常服从命令的，这也是日本、德国当年军国主义盛行的原因之一。有那么多人拥护希特勒，一声令下，这些年轻人愿意为了军令上战场杀人，侵略其他的国家，其实这都和父母及学校的教育有关。

可是如果你希望自己的孩子长大后拥有自由的灵魂，那么你可能就要放弃很多世俗的标准，孩子想上班就上班，不想上学就不要上学，要流浪街头就流浪街头，穿什么、吃什么、做什么都不要管他，让他完全自由，这就像二十世纪六七十年代的嬉皮士。

但如果你希望自己的孩子未来有责任感，对自己的行为负责，那么我们必须给他机会，让他去思考、做决定，并有机会为自己的决定负责。我们希望孩子能有自由的思想，也能有冒险精神，但也要为自己做的事情负责，我们不是放任不管，也不要求孩子百分之百地服从。

有一个故事说，一个三岁的女孩儿要上幼儿园的小班，第一天上学的时候，小女孩穿好衣服出来，爸爸一看马上就说：“哇，你赶快回去换衣服，怎么穿得乱七八糟的！”原来她不但穿了长裤也穿了裙子，里面衣服的袖子比外套的还长，颜色也搭配得很奇怪。这时妈妈比较沉着，她示意爸爸先不要说话，这时校车也来了，妈妈让她先上学去了。

结果下课回来，小女孩就跟妈妈说：“都是你，你害我在学校被大家取笑。”妈妈这时候就趁机跟她说：“我有没有教过你怎么穿衣服吗？有没有说过穿了裙子就不要穿裤子了呢？”小女孩点点头，妈妈又说：“那你今天怎么让自己穿成这样？”经过这样的沟通，小女孩就听进去了。

我觉得这个妈妈很厉害，她愿意放手让女儿去犯一次错误，虽然女儿被同学取笑，但妈妈借此来教孩子应该为自己的行为负责。想想看，如果爸爸叫女儿当场就换掉衣服，那么小女孩可能到大班还学不会要为自己的行为负责，因为是爸爸叫她换衣服的，不是她自己理解之后再换的。

也许有人会说，三岁的小朋友还小没关系，但长大后可不能这样让孩子通过犯错来学习负责。我想跟大家说另一个例子，是十八岁的女孩想去参加舞会。

她问爸爸：“我想参加舞会，可以吗？”爸爸本来想直接告诉她可以或不可以，但当下念头一转，爸爸说：“你说呢？你觉得可不可以？”女儿愣了一下，开始估算自己的功课还有多少没写，考试会不会受到影响，然后告诉爸爸说，她可以参加舞会，接着她又问爸爸：“那我几点回家？”爸爸本来要脱口而出说十一点前一定要回家，不过这回忍了下来，又反问女儿：“你说你几点回家？”女儿又开始估算，舞会结束的时间、要搭谁的车、要先送谁回家……最后她跟爸爸说：“我十一点半可以回家。”爸爸笑笑说：“好，那你就十一点半回家。”这时女儿觉得爸爸不太对劲，跟平常不一样，又接着问："那如果我十一点半还不回家呢？"这时父女俩相视而笑，因为他们都知道，女儿会为自己做的决定负责。

这些教养孩子的方式都给我很多启发，有人会问："你说的好方法自己做得到吗？"我必须承认，我有时候做得到，有时候做不到，我和孩子们一起分享人生的喜怒哀乐，但我也做错过很多事，我希望和大家互勉，但愿我们都能做得更好。

家，永远都在（李百龄）

要共同打造一个温暖的家，父母和孩子一定要多谈话，而且是像朋友般谈天说地，而不是像老师般训话，否则这样只是慢慢地把孩子往城堡外面推。

从我跟黑幼龙的二人世界到现在，黑家家族共有十九位成员了。希望：家，永远是孩子们生命中最重要的堡垒。（2004年，庆祝百龄生日，全家合照于台北的家。）

嫁给黑幼龙时，他是军人，薪水很少，但我觉得我们结婚后很开心，大概是我自己的父母常常吵架，再加上我和弟弟相处得不是很好，所以总觉得自己的成长过程不是很开心，当时的家没有给我温暖和依靠，但黑幼龙他们家很热闹。每个星期我们总是会回黑幼龙家，一堆人一起包饺子，吃完晚餐就和他父母打麻将，虽然他们家很小，但我很喜欢那种挤满人的热闹气氛，所以从不觉得回黑幼龙家是苦差事，反而很开心。

做卡内基训练后，黑幼龙很忙，经常跑来跑去上课、受训，我自己也是一样，有时候会到南部去协助课程训练，所以家里常常没有人，有一次他出门两三个星期不在家，我突然开始想，如果有一天他不会回来了，我一个人要怎么过日子？我常常未雨绸缪，希望让自己先有心理准备，但等到他回来，我跟他分享：“那种有你在家的感觉，真的不一样。我拼命训练自己万一哪一天你不在了，我还可以好好过日子。但我后来想想，虽然你出差工作，不在家里，但我知道你工作完，总是会回来的，万一哪一天你真的离开我，我们真的要说再见，我恐怕还是完全不能接受！家里有人的感觉，是完全不同的！”

如果真的有一天，不管是我还是他离开了，我想以后的路真的需要很多的训练和支持，否则真的很不好过。他当时听了虽然没有多说什么，但有一回他在卡内基上课时，有位同事告诉我，黑幼龙的分享让他很感动。黑幼龙说有一天他自己在家，我则开车出去买东西，突然有一辆救护车从家门前十万火急地经过，他心里突然一紧！心想会不会是百龄出了车祸，万一是百龄出了车祸怎么办。

家其实是一个城堡，虽然这是大家都知道的陈词滥调，但要让孩子觉得家永远在那里：他高兴的时候，想要回家分享；难过挫折的时候，他在家里可以得到安慰和支持。

要让家真的成为孩子们心中的城堡，对孩子必须完全地信任与公平地对待，在爱的基础上对事不对人地和他们沟通，这样的家才会变成“+”，家也才能为孩子的人生加分。

当年我们往返美国和台湾两地时，孩子们在美国必须要打理自己的生活，我们就把银行账户交给他们自己管理，自己缴房贷、水电等所有费用。

有亲戚知道这件事情，觉得匪夷所思，问我们怎么敢把存有一大笔钱及生活费的账户交给孩子自己管理，难道不怕他们把钱花掉吗。但我从来不觉得他们会是做坏事的孩子，所以也从来没有不相信他们的念头！

要共同打造一个温暖的家，父母和孩子一定要多谈话，而且是像朋友般谈天说地，把一天当中的特别心得做一个分享（工作上碰到什么事？今天碰到什么困难？），而不是像老师般训话（作业做了没？今天考几分？），否则这样只是慢慢地把孩子往城堡外面推。我们在美国的日子真的很辛苦，所以有时候下班回家我也会跟孩子说，我在药房里头工作，最害怕的就是接电话，因为当时英文还不是很好，药房责任很重，万一听错给错药就不得了了。

因为我自己愿意和孩子说我自己的感觉、自己的情绪，所以孩子有话也愿意跟我们说，亲子间的亲密关系其实需要彼此间打开心门，说说真正的心里话。

家是爱，爱是慢慢“养”出来的

家是一个很奇妙的地方，父母们给孩子爱的时候应该想想，你给孩子的是控制、伤害，还是真正无怨无悔的爱？爱，是慢慢“养”出来的……

这是我家的小女孩吗？这是那个最调皮的小男孩吗？我怎么一点儿都没感觉？他们是什么时候长大的？（黑家孩子摄于立琍婚礼。）

家是一个很奇妙的地方，有人在这儿得到爱，有些人却得到伤害。

父母们给孩子爱的时候应该想想：你给孩子的是控制、伤害，还是真正无怨无悔的爱？真正的爱不自私，真正的爱是站在孩子的立场为他们着想，真正的爱是给他们空间，永远在心中点一盏灯，随时欢迎孩子回来。

黑立行结婚的时候，在斯坦福大学的教堂，按照天主教的礼仪结婚，哥哥们都是伴郎，黑立琍带着两个孩子来参加，那一天教堂里面坐满了前来祝福的亲朋好友，大哥黑立言和姐姐黑立琍分别为新人念了一段《圣经》，许多亲友说在婚礼上可以感觉我们一家人的情感有多浓，觉得很感动。

回到台湾我们宴请故乡的亲友，我在致辞的时候安排播放电影《屋顶上的提琴手》的主题曲："日出，日落；日出，日落……"

在悠扬的音乐中，我细细叙述对新人的祝福，也希望黑家这份亲子之间的爱，这份慢慢"养"出来的爱，能够永远传承下去！

六、黑立言篇

黑家老大，最像老爸的他，属于最不让父母操心的那一型。原本预期当会计师，自从接触了卡内基，人生开始大转变，呈现了更多可能……

在名人老爸的阴影下，他该如何展现自己？企业家的第二代，如何顺利接班，却又不失去自我？

像父亲，真好！

每次听到有人说我很像父亲，我都会觉得很开心，也备感荣耀。

在教育儿女时，父亲多半采取民主开放的态度。他和母亲很少管我们的学业表现，从来不会为了分数的高低而处罚孩子。

我和父亲不只长得很像，连兴趣和个性都很相似，我深深以此为荣！（耶鲁毕业照。）

多年前，有一次，我和父亲去参加李建复的广播节目，那天录的是父亲节特辑。在节目中，我提到，每次听到有人说我很像父亲，我都会觉得很开心，也备感荣耀。

我并不是为了要让父亲高兴才故意这么说。事实上，每次和企业界的人士交换名片时，大家都会说：“哇！你好像你的父亲。”甚至有人觉得我们不但模样像，连走路的姿势都很像。

家中四个孩子，的确就属我和父亲最像。不过，我觉得我们最相像的地方主要是在兴趣方面。

父亲喜欢阅读，而我也从小就喜欢看书，像他订阅的《传记文学》，都是关于民国时代的人物逸事，内容比较深，才小学五年级的我居然也看得津津有味，还会跟父亲讨论读后心得。

大概是书看多了就知道该怎么写，我和父亲一样，也很爱写作。记得小学时代，我的文章就常常登在墙报上。初中一年级开始要用毛笔写作文，有一次，我写了一个爱情故事，不但拿了一百分，老师还特别表扬了我。长大后，我也曾经在报上写过文章，本来想当作家，后来觉得靠写作维生实在太辛苦了，便打消了这个念头。

父亲则一直保持写作的习惯。有一阵子他在报上写专栏，遇到没题材可写了，就在专栏中写信给我们。有时候，他会通知我："我写了封信给你，就登在报上。"因此，父亲写给我们的家书，通常是读者先睹为快。

至于在个性上，我和父亲都属于"难以说不的人"。每次只要有人很诚恳地请父亲帮忙，他通常很难拒绝对方，答应之后，才开始"一个头两个大"。

至于我，也常常因为不知道如何拒绝，做了很多承诺，结果把自己弄得很忙，父亲就会提醒我："黑立言，要懂得说不啊！"

我心想，大家都是自己越做不到的事，越要求别人做到的人。

美国有部叫作《天才老爹》的电视剧，曾经红极一时，剧中的黑人老爹总是用轻松幽默的方式化解儿女青春期的各种状况。

我的父亲也有几分"天才老爹"的调调，而且很喜欢跟孩子玩在一起。记得小时候，每次父亲去美国出差，总是带回各种好玩的玩具，比如全套赛车组合。他不只是个带玩具回家的爸爸，还会跟我们一起组装轨道，一起比高下，看谁的车跑得比较快。

在教育儿女时，父亲多半采取民主开放的态度，像家中许多大小事，他就会以开家庭会议的方式来做决定。他和母亲很少管我们的学业表现，从来不会因为分数低而处罚我们。

不过，由于我在美国读高中时认识了一群好友，他们不但用功读书，为了申请到好的大学，还会选修难度比较高的课程，为成绩加分。青少年时期，本来就容易受到同龄人的影响，我在耳濡目染下，对课业也变得积极投入，后来便顺利地进入了加州大学洛杉矶分校就读。毕业后，当了一年的会计师，又到耶鲁大学读完了MBA，便返回台湾，成为卡内基的一员。

和父亲共事的这段时间，我发现我和父亲还有一个共同点，那就是我们都对别人很友善，喜欢跟别人沟通。

这种个性不但让我们在推广卡内基训练时更具说服力，也更能化解冲突，内心自然就会常怀喜悦。

因此，每当别人对我说：“你好像你父亲！”我真想告诉他们：“像父亲，真好！”

分享：

我和父亲还有一个共同点，那就是我们都对别人很友善，喜欢跟别人沟通。这样的个性不但让我们在推广卡内基时更具说服力，也更能化解冲突，内心自然就会常怀喜悦。

“老爸要换工作，你们有什么意见？”

还是小朋友的我们，对于父亲想要换工作一事，能表示什么意见？不过，父亲还是郑重其事地问我们的看法，让我们觉得自己很重要。

充满创意的老爸，为我们平淡的家庭生活增添了不少乐趣！

小时候，家里常常开家庭会议。

大多数会议都是为了讨论要去哪里玩、到哪家餐厅吃饭。当我们最后敲定完餐厅，父亲就说：“由你们负责打电话跟餐厅订位。”

那时我才上小学，弟弟妹妹们不用说了，年纪更小，但是父亲却坚持由我们去预约订位。于是，我们只好战战兢兢地拿起话筒，告诉对方我们用餐的日期、时间、人数。现在想想，当餐厅接到这样的订位电话，会不会觉得是小朋友恶作剧？幸好，他们都很相信我们。

到了餐厅门口，父亲也要我们小孩出面向服务生确认订位。在一般家庭，通常都是父母一手包办这些事，但是我的父亲却把我们当成大人，要求我们独立完成一些任务。

虽然只是一件小事，却让他跟别的父亲很不一样。

在这么多次的家庭会议中，有两次最让我印象深刻。

有一次，父亲说：“爸爸想要换工作，从美国休斯公司换到光启社，虽然薪水会少一半，但是爸爸如果做光启社的工作会比较开心。你们有什么意见？”

说实在的，还是小朋友的我们，对于父亲想要换工作一事，能表示什么意见？不过，父亲还是郑重其事地问我们的看法，让我们觉得自己很重要。

另一次，是我们第二次举家搬到美国，父亲又要问我们的意见。这一次我已经小学六年级了，就开始有点儿想法了。

记得第一次搬到美国，其实过得还不错。美国小学的课业本来就比较轻松，加上学校很体贴外国学生，会特地为我们配一个导师辅导功课，虽然换了一个求学环境，但是不至于适应不良。

只是，我对美国的小孩印象实在不佳。那几年，美国流行李小龙的“功夫热”，那些美国小孩以为我们中国人个个武艺高超，老是想来跟我们比画比画，甚至还会上门来挑衅。有一次，奶奶实在受不了，抓起扫把冲出去要修理他们。那些美国小孩看到哪来的东方怪婆婆，一脸穷凶极恶，立刻作鸟兽散。

于是，在家庭会议中，我就列举到美国读书的好处和坏处：好处是可以练习英语，会有比较多的不一样的生活经验；坏处是会遇到美国小孩找麻烦。

不过，弟弟妹妹们对于回到美国读书都很支持，即使我有一点儿异议，最后也投了赞成票。

长大以后，我有时候还是会想父亲当年召开家庭会议的用意。

父亲真的那么需要我们的意见吗？其实未必。父亲是个思虑绵密的人，当他举行家庭会议时，一方面是咨询我们的意见，另一方面也是用这种方式告知我们他的决定。

他也许心中早有定论，但是他保留对话空间给我们，让我们也能参与这个决定，因为这是我们一家人的事。

这十三年来，因为在台湾卡内基和父亲共事，我发现他真的非常重视沟通，当他要求员工执行任务时，有三个步骤非常重要。

首先，他会让别人清楚地知道，他们要做什么事。而且，他也会让他们知道，为什么要做这件事。最后，他会为对方设下一个目标，作为检视成果的指标。

如果要让一个家朝着某个目标前进，就让这个家庭的成员都来参与决策过程，只有当大家都清楚要做什么，为什么要这么做，才能一起达成目标。

这是我从父亲身上学到的重要一课。

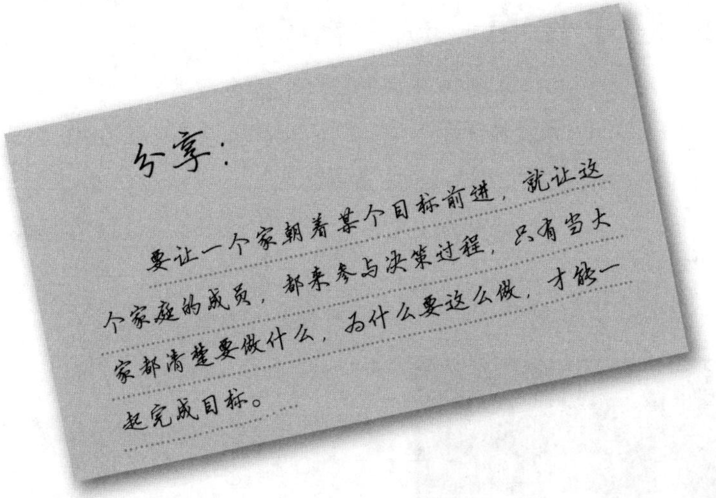

持枪守夜的"铁面酷妈"

母亲担心这群小混混还会再次上门找麻烦，便到店里买了一把货真价实的霰弹枪，整个晚上在家守夜，提防对方"夜袭"。那时候，父亲人在台湾，只有母亲在美国照顾我们，她就成了捍卫这个家的"战士"。

对这个家来说，母亲的爱同时提供了保护和原则。（立行高中毕业。）

那时候，妹妹立琍和小男友麦克闹分手。麦克纠缠不清，一直打电话来找立琍，让立琍不胜其扰。有一天，电话又响了。这一次，是二弟立国去接电话。立国个性比较火爆，对着话筒就是一阵臭骂："你不要再打来了！你要是敢再打来，我一定狠狠揍你一顿！"他的话惹恼了麦克。于是麦克就跑去跟他足球队的"兄弟们"哭诉，这群小混混便决定要好好教训立国。某天傍晚，他们大概是喝了酒，胆子大了，直接上门来挑衅："黑立国！滚出来！"

当时立国不在家，是母亲去应门，这群小混混居然就指着母亲破口大骂。有人敢骂我妈，这还得了！我找出了一把假的手枪，立刻冲了出来吓唬他们，小混混们"恶人没胆"，也没有认清是真枪还是假枪，立刻抱头鼠窜，躲了起来。

不过，他们并没有就此罢休，甚至还拿门口的垃圾桶砸破我们家客厅的窗户。

母亲担心这群小混混还会再次上门找麻烦，而且搞不好连“家伙”都出动了，便到店里买了一把货真价实的霰弹枪，整个晚上在家守夜，提防对方“夜袭”。

那时候，父亲人在台湾，只有母亲在美国照顾我们，她就成了捍卫这个家的“战士”。

还好，那一夜平安度过。

不过，麦克和同伙们放狠话，说要在外头给黑立国好看，母亲护子心切，居然想出奇招，也叫我们放话：“我妈认识华青帮的人，谁敢惹她，她就给谁好看！”

在美国，华青帮向来以凶狠闻名，甚至有句话说：“要人粉身碎骨，就找华青帮！”果然一放出风声，这群小混混就不敢轻举妄动了。

不过，麦克的母亲气焰很高，还要向法院申请人身禁制令，不准我家的人靠近她家，母亲就直接到麦克家按铃，毫不客气地跟麦克的母亲理论，即使她英语不是太好，但她就是有办法讲得对方无话可反驳。

母亲当然不认得华青帮的人，不过在黑家，她倒是扮演着类似“铁面女判官”的角色。

父亲因为忙于工作，在家的时间比较少，他对孩子的教育属于“大方向的指导”，至于平时生活上的细节，则是由母亲“督军”。

她不在乎我们是不是拿第一名回家，但是要求我们一定要把该做的作业做完。而且她很重视“信守承诺”这件事，只要你许了承诺，就要说话算话。

比方说，我和朋友出去玩，说好了深夜两点钟回来，时间到了，就要回家。如果做不到，就要受罚。

有一次，我晚回来了，说再多理由都没用，还是遭到扣零用钱的处罚。我觉得母亲就是“把线画得很清楚”，只要原则订出来了，一切“依法行事”。

因此，母亲很少骂人，孩子犯错了，不多说，直接处罚。

记得小时候，有一回我心血来潮煮面条给弟弟妹妹吃，煮完后发现很难吃，为了“毁尸灭迹”，我居然异想天开，把面条从阳台倒出去，楼下的邻居收到了这“天上掉下来的礼物”，当然就跑来告状，母亲二话不说，立刻修理我一顿。她的作风是，一旦处罚了，这件事就算过去了，她很少会再摆在心里。

我后来观察，许多青少年会觉得父母很烦，就是因为这些长辈们很爱“碎碎念”，一直唠叨个没完，事情却没有在当下处理完毕，反而失去了父母的权威。

而我的母亲不但行动力强，也很有执行力。我进入加州大学洛杉矶分校就读时，因为没有宿舍可住，我还来不及烦恼该怎么办，母亲已经开车带我去找房子了。对于急性子的她来说，坐而言，不如起而行。

如果说，在黑家，父亲的爱像温暖的阳光，让我们不断向上成长，母亲的爱就像厚实的土壤，提供给我们茁壮成长的能量。

> 分享：
>
> 如果说，在黑家，父亲的爱像温暖的阳光，让我们不断向上成长，母亲的爱就像厚实的土壤，提供给我们茁壮成长的能量。

寻找自己的“舞步”

小孩子迷东西，热情总是来得特别强烈，那时我们只要放学后一有空，就一起练霹雳舞。平时在学校如果有机会露一手，还会觉得挺风光的。

年轻时总喜欢做一些看来很酷炫的事，似乎可以证明自己的独特。（黑家兄弟与堂兄弟合影。）

念高一那一年，有一天，邻居汉斯跑来找我们：“可不可以借用你家的前院，我要练舞。”

“练舞？”我们纳闷，不知道汉斯要练的是什么舞。

只见汉斯搬来一块垫子，铺在地上，开始练舞。原来是霹雳舞，他或是做出“电流贯身”的动作，或是倒立在地面上，以头、肩、背、膝为重心，迅速旋转，他的动作又快又流畅，真是酷极了，我和二弟立国在旁边都看呆了。

立国一向富有运动细胞，他当场说想学，而我当时也没什么其他的兴趣，就一起加入了练舞的队伍。

小孩子迷东西，热情总是来得特别强烈，那时我们只要放学后一有空，就跟着汉斯一起练霹雳舞。平时在学校如果有机会露一手，还会觉得挺风光的。

霹雳舞是一种动作比较激烈的街舞，一般是黑人、拉丁美洲的孩子最爱跳的，父母并没有因此产生偏见，要求我们不要去跳这种舞，他们只是列出“基本原则”：不能吸毒，不能犯法。

我们一跳就是一年。有一天，立国的朋友彼得很兴奋地跑来告诉我们：“在洛杉矶举行的奥运会，闭幕式中有一项霹雳舞的表演，我们可以去报名哦！”

我们一听可以在奥运会闭幕式中表演，真是太棒了！我们立刻跑去报名。

主办单位的要求很严格，要参加闭幕典礼的表演，一个星期得练习三次，连续练习三个星期，只要缺席一次，就取消表演资格。

那三个星期，每到了星期一、星期三、星期五，父亲就会开车接送我们，每次的车程约三十到四十分钟，来回等于要一个小时。但是父亲很支持我们这群男孩的兴趣，而且是以行动表达他的支持。

我想，这对成长中的孩子来说真是太重要了。

在奥运会闭幕式上表演把我对霹雳舞的热情推上了巅峰，后来，因为我始终学不会某些高难度的动作，遇上瓶颈，热情就大不如前。不过，立国因为跳得很好，甚至还组成舞团，和别的舞团一较舞技，热度整整维持了两年才渐渐“退烧”。

不跳霹雳舞之后，我又开始迷上当DJ。

这是因为当时认识了一些当DJ的朋友，参与了一些他们举办的派对，看他们在派对上气定神闲地摩擦着黑胶唱片，做出各种效果，把全场气氛炒到最热，也让我心生向往。

于是，我也找来一堆黑胶唱片，甚至还买了混音设备，开始练习DJ的放歌技巧。我都是在车库“练功”，因为音乐放得很大声，而且又放个不停，让父亲觉得有点儿受不了。

“黑立言，你放的是什么音乐啊？”父亲问我。

“这是最流行的迪斯科啊！”我仍然径自埋首于抓音乐的节奏，把不同的歌曲衔接在一起。

其实父亲也是“爱乐一族”，常常会在家放音乐，只是他常放的是披头士乐队、西蒙和加芬克尔组合（Simon & Garfunkel）的歌曲，迪斯科应该不是他喜欢的类型。不过，为了培养亲子间的共同兴趣，他很努力地让自己学着欣赏迪斯科。

虽然我认为，在父亲心中，他始终没有真正地爱上迪斯科，不过，他倒是开始慢慢地喜欢跟我们去跳舞。记得有一次回台北，我们几个年轻人跑去中泰宾馆的“KISS”跳舞，父亲也跟我们去跳，而且还很自得其乐呢！

从当年的霹雳舞到后来的迪斯科，我可以感受到，父亲或许不是真的很能了解我们到底在跳什么舞，但是他从来不会嚷嚷：“跳什么舞！赶快去学习！”他一直很支持我们的兴趣，也让我们在人生的舞台上找到最适合自己的“舞步”。

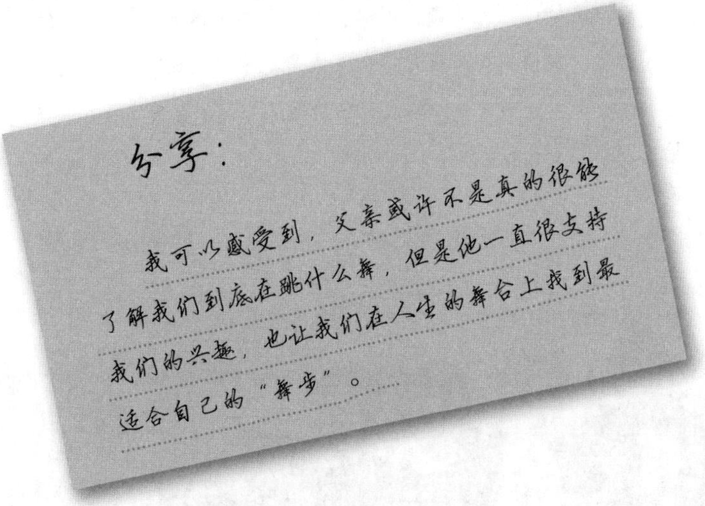

人生尝鲜，打工为先

父亲在台湾主持过电视节目，因此不少华人都认识他。所以，如果补货的地点有比较多华人经过，父亲就会请我代劳，大概是不希望被别人认出来。在美国，青少年流行打工，训练自己自力更生。而我们家里经济条件不是太富裕，包括我、二弟立国、妹妹立琍都有过打工的经验。

刚到美国那几年，家中的经济状况虽然不佳，但全家人能在一起，就是我们最大的满足。（美国加州奶奶家。）

刚到美国那几年，家里的经济状况一度陷入低潮。

在罗耀拉大学攻读学位的父亲，为了维持家中生计，批了一些投币式饮料贩卖机，放在工厂、车站等人多的地方，靠着卖饮料赚取微薄的收入。

我们在课余时，常常陪着父亲或母亲到各个贩卖机的驻点补货，每次看到父亲或母亲将饮料一格一格地补进贩卖机里，便让我深深地感受到，为了养这个家，父母真的很辛苦。

父亲在台湾主持过电视节目，因此不少华人都认识他。所以，如果补货的地点有比较多华人经过，父亲就会请我代劳，大概是不希望被别人认出来。

那时候，家里除了有四个孩子，另外还有两个台湾来的住宿学生。

他们的父母通过好几手的介绍，把孩子“空投”到我们家，母亲照料他们的食宿，当然有一笔收入可以补贴家用。

不过，母亲一个人得照顾六个孩子，而且青春期的孩子食量特别大，她每次一做晚餐，就得烧一大锅食物，真是难为她了。

这两个住宿学生家境都不错，偶尔有零用钱可以出去打打牙祭。有一次，他们要到“吃到饱”式的寿司店吃大餐，我们当然舍不得花这个钱，不过因为大家交情不错，他们除了自己吃到饱，还“偷渡”了一些寿司让我们享用。

在美国，青少年流行打工，训练自己自力更生。而我们家里经济条件不是太富裕，包括我、二弟立国、妹妹立琍都有过打工的经验。

我曾经打过三次工。第一次是在一家“Liquor Store”打工，类似台湾以前的杂货店，我的工作主要负责补货和店面的清洁打扫。工作负担并不重，但是我的工作时段比较晚，常常要做到半夜打烊，而这家店的位置距离我家还挺远的，上下班都要父母开车接送，我觉得实在太麻烦了，后来就辞掉了这份工作。

第二次打工，是在我家附近的美式炸鸡店，负责炸鸡块。我得先烧一大锅热油，然后剥掉鸡皮下厚厚的油脂，涂上面粉，放进一个大网子，丢进油锅里去。每次只要鸡块一下油锅，滚烫的热油四溢，一不小心，手臂就会遭“油吻”。

这个打工的地点虽然距离我家很近，但是工作环境又热又闷，而且老是跟油腻腻的鸡块为伍，我只做了大概三个月。因为做了这份工作，有很长一段时间，我都对炸鸡敬而远之。

第三次打工，我选择了游乐园里的墨西哥餐厅。一开始是负责收银，记得第一天开工，有点儿手忙脚乱，收进来的数目也不太对。过了一阵子，我又去帮忙制作餐点，幸好墨西哥食物做起来还算清爽，不像炸鸡块那么倒人胃口。有时候碰到熟识的人，我还会偷偷地多加一点儿好料。

我的三段打工经验，时间虽然都不是很长，但是对我来说，却是弥足珍贵的人生体验。

打工之前，只要扮演好学生的角色就可以了，想法也比较单纯。经过打工的洗礼，看到不一样的社会百态，知道赚钱不是一件轻松的事，也特别珍惜父母支撑这个家的努力。

现在有很多父母很宠孩子，什么事情都帮他们做好，他们除了学习，其他的事都不必烦心。其实，只有让孩子亲身去完成某件事，并在过程中学习，他们才会真正有所收获。

分享：

打工之前，只要扮演好学生的角色就可以了，想法也比较单纯。经过打工的洗礼，看到不一样的社会百态，知道赚钱不是一件轻松的事，也特别珍惜父母支撑这个家的努力。

其实，只有让孩子亲身去完成某件事，并在过程中学习，他们才会真正有所收获。

秀出自己的特色

我本来不擅表达，也不爱表达，卡内基的训练让我的自我表达能力获得了很大的提升。

没想到，通过卡内基的训练，我的表达能力可以有这么大的突破。（我和奶奶在卡内基年会。）

第一次到美国读书时，我对当地的学习环境印象不错，课业轻松，老师也很照顾学生。但是全家后来第二次搬到美国，情况就大不如前，班上的学生数量增多，老师也变得漫不经心。

有一次，我发现书包不见了，心里很着急，再想到这次来美国，很多事都不像以前那么顺利，于是就在座位上哭了起来。当时老师正在上课，学生哭了，她居然视若无睹，继续教数学。

虽然在学校遇到挫折，但是我回家后并没有告诉父母。我想是因为我的个性比较内向，也不懂得如何表达自己。

1987年，正是我大一升大二的暑假，父亲因为准备引进卡内基训练，便要求我们四个孩子去上卡内基。我住的地方距离上课地点很远，每次上课得花一个小时的车程。

我上的课程是“人际关系班”，一共十四堂课。这门课的一大重点，就是要求学员不断地自我表达。我本来不擅表达，也不爱表达，卡内基的训练让我的自我表达能力获得很大的提升。

其实，要培养自我表达的能力，除了口才外，认识自己也很重要。你必须了解自己的优点和缺点，才能完美呈现自己的特色。

结束卡内基训练，正好学校开学，我的人生也出现了一些转变。

首先，我想通了，决心要转系。

在美国读大学，可以等上了大二再选科系。为了毕业后方便找工作，我本来打算选工程专业。但是就大一时，光是准备物理这一科，就花掉我百分之八十的读书时间，成绩却平平，可见理工科不是我的强项，即使勉强上了，一定会读得很辛苦。于是我决定选择经济系，同时辅修会计。

另外，我还受邀和学长搭档，竞选“中国同学会”的会长和副会长。

当时有两组人马竞选，对手是ABC（华裔美国人），英语很流利，但是不会说中文。而这位学长是在台湾读完大学后，才来美国读研究生，英语就差了一点儿，所以在“政见发表会”上，他只上台说了几句话，就把场子交给我。

发表演说时，我特别强调我们在语言上的优势。因为中国同学会涵盖的对象很多元，有在美国长大的华裔学生，也有从中国来的学生，如果会长和副会长能够说双语，比较符合这个社团的特质。这样的诉求打动了不少人，后来我们果然顺利当选。

那一年，会长和我举行了不少活动，甚至还包下一个表演厅来办晚会，由我担任主持人，场面很浩大，连校外的华人都买票来观赏。

值得一提的是，这个晚会要花不少钱，为了争取经费，我们向校方做简报，强调学校虽有百分之三十到四十的亚裔学生，但学校却很少拨款支持亚裔学生的活动，最后成功说服校方资助我们一大笔费用。

正是通过这些经验的累积，我变得越来越有自信，也懂得如何秀出个人特色，替自己创造机会。

有一次，我想申请到某家银行实习，那家银行很有名，口碑很好，所以即使是实习生的职务，申请的人也很多。

既然竞争激烈，我该如何脱颖而出呢？于是，我想到要突显自己的特色。

面谈时，我提到自己的移民身份，一路走来，学习英语有多么困难，可是我还能考上加州大学，因为我懂得和成功的人做朋友。最后，我又强调自己是个有很强学习能力的人。这名主管后来录用了我，因为他认为我有学习能力，并且进步很快，而他们正需要这样的实习生。

回想当年，父亲要我们上卡内基，或许只是无心插柳，却为我的人生埋下了契机的种子。

分享：

其实，要培养表达自我的能力，除了口才外，认识自己也很重要。你必须了解自己的优点和缺点，才能完美呈现自己的特色。

父亲的“销售力”

父亲会这么积极争取我加入他的工作团队，一定是真心相信，这么做，对我会很好，而且我本来就很喜欢帮助别人，为什么不给父亲，也给自己一个机会呢？

父亲将卡内基与我们一家紧紧联系在一起。

在1992年，我正攻读耶鲁大学的企管研究生，也在思索人生的下一步。父亲特地从台湾来探望我，问我对于未来有什么计划。

父亲先是耐心地听完我的想法，然后告诉我，他在台湾把卡内基经营得不错，帮助了很多个人和企业，让他们积极乐观地迎接下一阶段的挑战。

父亲说，推广卡内基的工作很适合我，他希望我能够和他一起工作。

在求学的过程中，父亲对于我们的选择其实不太干涉，他会这么积极争取我加入他的工作团队，一定是真心相信，这么做，对我会很好，而且我本来就很喜欢帮助别人，为什么不给父亲，也给自己一个机会呢？

于是，1993年我从耶鲁毕业后就回到台湾，在卡内基训练负责推广业务。

就像父亲所说的，卡内基课程在台湾很受欢迎，要找到客户并不困难。

不过，工作了一阵子，我便觉得好像遇上了一些瓶颈，每次跟客户推销，常常会事倍功半，不得要领。

由于当时卡内基训练课程中，只缺销售班还没有引进台湾，父亲就安排我再到美国，去上刚改版的"卡内基优势销售班"，然后负责引进。我觉得这个构想很棒，就很兴奋地回美国上课。

我从学员、助教到讲师，用了一年的时间，而且还一面学，一面跟着去拜访客户，然后把这些宝贵的经验带回来，创办了"台湾卡内基优势销售班"。

每当我看到许多企业界的业务员因为上了优势销售班，使销售力得到提升，我就觉得很有成就感。

记得有一位卡内基学员，原本在花旗银行担任副总，因为要负责在台湾筹组新的外商银行，就来上了我们第一期的优势销售班，他上完课后觉得不错，又找我帮他的新银行度身定做一套训练课程。

虽然那家新银行一开始运营时，还有很多规划未尽完善，但是业绩却增长得很快，很多客户对他们说："你们这家银行跟别的银行很不一样，来到你们这里，我的心情就会变得特别好。"

还有一个例子，是通用汽车在广州的经销商。他来上过课后，不仅很用心地把卡内基的销售原则落实在工作上，同时也要求他的业务员推广"尊重卡"，结果不但提升了业绩，甚至有客户要带自己的员工向他学习如何打造销售力。

另外，我还有一个意外的收获，就是培养出了很多优秀的讲师。

我们有一位讲师，非常善于带动团队气氛，他之前教人际关系班教得还不错，后来又安排他去教优势销售班。

因为优势销售班的学员多半是销售员，本来就比较没耐心，讲师常常要设计很多"招数"来吸引他们的注意力，像是说笑话、变魔术、安排比赛等，而这位讲师本来就属于"舞台型"的风格，"戏码"对了，就果然引爆了他的教学潜力，去年他还获得卡内基亚洲区教学评鉴第二名。

在成长的过程中，我们常常会觉得自己比父母聪明，比他们更跟得上时代，事实上，长辈们经过岁月的洗礼，有他们独到的智慧，“老人言”仍然值得听一听。

当然，当父母对孩子提出建议时，表达的技巧很重要。像父亲并不是一开始就要“指点”我，而是在对话的过程中让我愿意认同他，成功地把他的想法“销售”给我，其实他才是真正的销售高手呢！

爱要说出来，才算数

也许，你真的很爱父母，但是没时间告诉他们，也不知道该怎么说，时间久了，连你自己都忘了——自己其实很爱他们。

爱我的人请举手！（立国、爸爸和我。）

又到了暑假。每年到了这个时候，我们就会举办“青少年卡内基班”。每次站在台上，看着这些年轻朋友的脸庞，每一张脸都焕发着青春的光彩。

不过，一年年教下来，我发现，现代的年轻孩子都很闷，不太喜欢表达自己，也不太懂得表达自己。

“青少年卡内基班”的第一堂课是自我介绍，我们会请学员谈一谈他们对自己未来的期望。

曾经有个酷酷的男孩子上台：“我希望——学校，课业进步；家里，不要吵架；朋友，越多越好。”只说了十五秒钟，就鞠躬下台了。

其实，这位学员的成绩不错，也很守规矩，只是不善于跟别人打交道，喜欢待在自己的世界中，参加家庭聚会时，常常自己一个人躲在角落里看书。遇到这种不多话的孩子，我们会一直对他提出问题，训练他表达自己。

在青少年卡内基班，我们还会设计一些戏剧表演活动，让学员表达他们在人际关系上遇到的困扰。这位酷酷的男生，一开始只能做十五秒钟的自我介绍，后来不但能上台表演，而且还能一人分饰两角，展现他的搞笑功力，可见自我表达能力是可以激发出来的。

另一个年轻人常见的特征，就是压力很大，常常觉得自己不够好。记得班上曾经有一位学员，自我要求很高，考试非要考一百分不可，如果只考九十八分，他就一整天都心情不好。经过卡内基的训练，他学会了放松，也不再对成绩患得患失。

其实，天天都是一百分的日子，过久了也很乏味，因为你已经享受不到进步的喜悦了。而且，为了两分的差距赔掉一天的好心情，这是多么可惜的事。

在青少年卡内基班担任讲师，我还有一个心得，就是现在的亲子关系似乎变得很疏远，可能是大家都太忙了，父母忙着工作，孩子忙着课业和社团活动，却抽不出时间经营亲子感情，渐渐地，彼此都把心门关上了。

也许，你真的很爱父母，但是没时间告诉他们，也不知道该怎么说，时间久了，连你自己都忘了——自己其实很爱他们。

在青少年卡内基班，曾经有一个高二的女孩，她是为了陪同学壮胆，才来报名上课的。

这位女孩来自单亲家庭，母亲并没有跟孩子住在一起，而父亲又忙于工作，平时家中只有她和年幼的弟弟。

上到第十一堂课时，女孩提起了她的家庭状况，她说，还好有弟弟跟她相依为命，因此，她很感谢弟弟。

第十二堂课是最后一堂课，我们通常都会邀请学员的父母来参加。不知道是谁通知了这个女孩的母亲，当她站在台上，看到许久未见面的母亲出现在台下，又惊又喜，眼泪差点儿就掉下来了，她百感交集地说："非常感激母亲今天出席我在卡内基的最后一堂课。"现场的气氛十分感人。

另一个例子则是一位大专班的学员，她的父亲平时在中国大陆工作，父女相隔两地，彼此的生活很少有交集。

我们有一堂课的作业，就是要向亲爱的人表达感激的心意，然后在下一次的课堂上分享你的心得。轮到这位女孩子，她说："我忘了做作业。"

坐在她身后的学长就说："没关系，那就现场补做吧！"手机一拨，帮她打电话给她父亲。

在电话中，这位女孩就告诉父亲："我真的很感谢您对我的照顾，我非常非常地爱您。"说着说着，女孩当场就哭了起来。

这位父亲接到女儿这通电话，因为情绪太激动，赶紧冲回办公室，把门关上，免得别人看见他泛红的眼眶。后来，这位父亲告诉我们的同事："女儿从来没有对我说过这些话！"

看过这么多"催泪"的场面，我深深地相信，不论父母或是孩子，表达情感是多么重要的事，只有当你把爱说出来时，对方才能真正感受到那份爱。

只有说出来，这份爱，才算数。

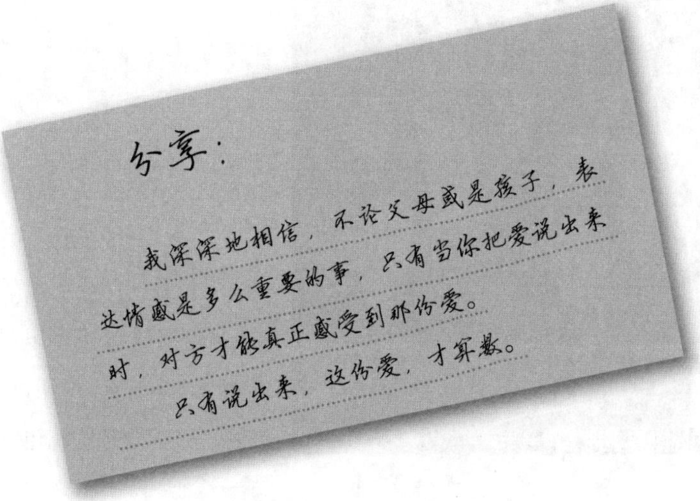

当"老爸"变成"老板"

"你为什么不事先问过我呢？"父亲的语气很严厉，让我觉得有点儿难堪。那是我和父亲共事以来最低潮也是最难挨的一段时光。经过这一段历程的洗礼，父子间的关系，又有了一些调整。

我真实地认识到：有效的沟通是那么重要，即使是父子至亲，更不该觉得对方应该了解我，就省去了沟通这个关键步骤。(西雅图卡内基年会上，黑家人大合照。)

在2000年，正是网络热开始发烧的时候，各大企业都流行设置网站。为了赶上时代的潮流，当时出任台湾卡内基总经理的我，也花钱请人做了一个企业网站。

钱一砸，就是六十万。

父亲很不高兴。当时的他对网络的世界还很陌生，他不明白，为什么要花一大笔钱去做一个他认为完全无用的东西。

"你为什么不事先问过我呢？"父亲的语气很严厉，让我觉得有点儿难堪。那是我和父亲共事以来最低潮也是最难挨的一段时光。

其实，网站这件事，只是导火线之一。

从美国返回台湾，进入卡内基工作，将近八年的时间，因为还是父亲当家，我专心当他的员工，即使老爸变成了老板，彼此还相处得很愉快。

不过，随着我开始晋升为公司的管理者，我却时时感觉到，“决策权”其实并没有真正交到我手上。不论我想做什么，都会受到父亲的质疑，甚至连员工的薪水，我也会跟父亲争执不休，再加上那一阵子我健康状况不太好，做起事来，就更觉得没劲了。

于是，我向父亲提议，请他放手让我去经营“网络学习”这一块新事业。

我知道，父亲并不赞成我的提议。不过，就像我小弟立行因为想当演员，决心往好莱坞闯荡，父亲虽不赞同，但是愿意让他去试一试一样，他也给了我开创新事业的机会。

经过两年的努力，新事业并没有成功。但是，这并不代表白忙一场。我培养了一群IT人才，然后把他们带进了卡内基。

过去，我们公司的领导做得很好，员工的向心力很强，但是在管理这方面，就做得不是这么好。而这群IT人才，则把我们整个计算机管理机制都建立了起来，对公司的经营发挥了很大的作用。

另外，我把网站做得更好，吸引更多网友进来留数据，并成立“网络业务部队”，要他们通过网站推广，效果非常好。

我拿业绩给父亲看：“你看，网络真的是有搞头的。”语气有点儿小小的得意。而父亲一改先前否定的态度，连声说：“对、对、对，你是对的。”

从事后的结果来看，我进军“网络学习”虽然失败了，但是当初坚持要切进网络，绝对是正确的。

经过这一段历程的洗礼，父子间的关系，又有了一些调整。

记得在那段时期，父亲事事质疑我，其实他是站在老板的立场来考虑，出发点并没有错，我是在自己当了老板之后，才能体会这一点。

就像卡内基训练常常提到的，要站在他人的立场想事情。我自己的经验是，这句话说起来很容易，有时候，若不是亲身走过一遭，还真的没有办法深刻体悟出这句话的含义。

我也从这次经验中再次学到有效的沟通是多么重要。记得在那段低潮期，每当父亲说话时，我会很不耐烦地打断他的发言，因为我的态度不好，父亲一听见我说什么，也会毫不客气地顶回来。

其实，沟通需要耐性，也需要时间。比方说，像父亲这一代人，平常很少会使用网络，如果你要说服他网络值得投资，与其努力解释，不如拿出事实。就像当父亲看到，只有三个人组成的“网络业务部队”创下了佳绩，他才真正地体会到，网络真的很具潜力。

人生就是不断地再学习。即使父亲和我都在教人如何沟通，都还会出现沟通不良的状况。这次父子共事的经验，让我们都上了宝贵的一课。

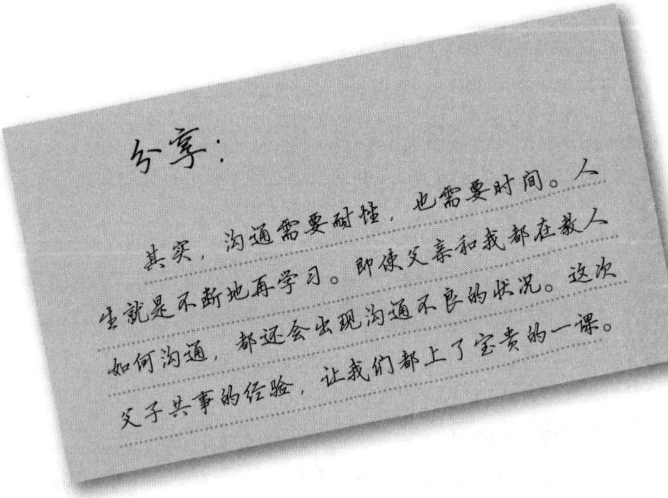

让家变成“+”

身为父母，在教育下一代时，并不是将他们“塑造”成同一个模式，而是让他们最后都能成为“最好的自己”，家才能为孩子的人生加分。

希望我的孩子在成长的过程中，知道“家”代表了尊重、信任和支持，就像父母对我们的教养一样。（2004年，摄于台北的家。）

一场大雨，促成我和妻子阿什利（Ashley）的姻缘！

记得当年回到台湾后，认识了一群也是从国外留学回来的新朋友。有一天，其中一位较熟的朋友杰克临时来电约吃饭。因为当晚我正好有空，就答应了。

在饭局上，我和在花旗银行工作的女生阿什利聊得特别愉快。吃完饭，突然下起大雨，由于我开车，阿什利便大方地要求我送她回家。

如今阿什利和我共组幸福的家庭，想起来，真是感谢杰克的邀约，和老天爷那一场来得正是时候的大雨。

结婚后，正好碰上父母的结婚三十周年庆。卡内基的同事们在世贸俱乐部为他们办了一场别开生面的精彩晚会，大家都精心安排戏码，一组接着一组，上台卖力演出。阿什利看了很感动，毅然辞去花旗银行的工作，加入卡内基。

记得父亲还要她多考虑，因为花旗银行是家喻户晓的国际大企业，堪称福利与机会兼具的“金饭碗”，但阿什利仍然不为所动，她认为，企业文化还是她最认同的价值观。

从夫妻变成同事，我们经历了一段磨合期，需要不断调适家庭与工作的角色。不过，她却成了我最好的诤友，总是会针对我在工作上做得不尽完美的地方，直接提出建议，还逼我这个凡事喜欢想一想、拖一拖的人要马上行动。所以，我很感谢她给我高度的期许，让我每天都要进步！

现在阿什利是卡内基训练的业务主管，很受同事的爱戴。她很关心学员，也是深受学员欢迎的卡内基名师。如果你上卡内基训练的网站浏览讨论区，不难发现她的留言板人气最旺，有超过五千条学员的留言。

阿什利除了是一位成功的主管与讲师，也是一位了不起的妈妈。要不是亲身陪伴她生产，还真不能体会生孩子是多么辛苦的一件事！

那是2001年1月12日，晚上八点左右，怀孕的妻子开始阵痛，因为胎儿的“个头”比较壮硕，生了好久都生不下来，一直催生到第二天早上六点，孩子总算要出生了，却发现妻子“无痛分娩针”注射器突然故障。

看着阿什利在产台上痛得大汗淋漓，学过“拉梅兹呼吸法”的我，赶紧替妻子打气：“用力推！用力推！”只听见她连声抱怨：“你这个没人性的家伙！你自己来生啊！你自己来用力推！”

经过一阵折腾，终于把女儿生下来，母女均安。

护士把孩子包起来，交到我的手上：“黑先生，你看，这是你的小孩，有两个眼睛、两只耳朵，两只手有十只手指头，两只脚有十只脚趾头……”

当我把女儿抱在怀里的那一刻，我深深觉得，生命真是上帝创造的奇迹。

也许是生第一胎特别辛苦，三年前儿子出生时，状况就顺利多了，这一次，妻子再也没有抱怨我没人性了！

前一阵子，我带着女儿去看电影《企鹅宝贝》，看完电影，她突然就哭了起来，我问她：“你为什么哭呢？”女儿泪汪汪地说：“为什么企鹅爸爸和企鹅妈妈最后要丢下小孩呢？”

女儿的个性一向比较黏人，她大概是看了这部电影，就联想到自己，担心爸爸妈妈最后会不会也丢下她不管。

她的脾气很好，属于“好好小孩”，别的小朋友恶作剧推她一把，她也不会出手推回去。天性害羞的她，本来也很怕生，后来却变成“舞台型”，非常积极争取上台表演的机会，我猜大概是因为她常常跟卡内基的叔叔阿姨相处，只要她一表演，大家就会一直赞美、鼓励她，渐渐激发出她的表演潜力。

至于我的儿子，虽然才两岁半，生活作息已经能够“自动化”，吃饭时间到了，他就乖乖去吃饭，吃完饭，就去玩小车子；睡觉时间到了，就自己爬到床上，完全不需要大人催促。玩车时，他喜欢把车子排成笔直的两排；去麦当劳的游乐场时，还会把其他小朋友的鞋子排列得整整齐齐，真是典型的“处女座”。

儿子跟我一样，总是笑口常开，但其实很有个性。有一次，我带全家人到美国开会，因为有时差，儿子睡不着，也坚持不睡。半夜三点，他还在我的肚子上一直跳，害我第二天早上差点儿就带着黑眼圈去开会。

虽然两个孩子年纪都还小，但是我已经发现，每个孩子都有着独一无二的个性，身为父母的我们，在教育下一代时，并不是将他们“塑造”成同一个模式，而是让他们最后都能成为“最好的自己”。

那就像是，将一颗种子埋进花园里，提供丰沃的土壤、温暖的阳光和充足的水分，是要让这颗种子慢慢长成它真正的样子，而不是要求每一颗种子最后都开出玫瑰花。

这个过程，需要时间，也需要耐性，就像是我父母养育黑家四个孩子，他们并不急着看到成果，一切慢慢来。

套用最近一个流行的字眼“慢活”，他们的教育哲学可以称为“慢养”。

现代的父母实在太急了，迫不及待地帮孩子打点一切，要孩子照着他们安排的路走，结果孩子不快乐，父母也很受挫。

所谓“慢养”，并不代表放任孩子，而是能够给孩子学习的机会，让他们在学习中成长。在成长的过程中，“家”对他们来说，代表尊重、信任和支持。

只有这样，“家”，才能真正成为我们人生中的一个“+”号。

分享：

所谓“慢养”，并不代表放任孩子，而是能够给孩子学习的机会，让他们在学习中成长。

只有这样，“家”，才能真正成为我们人生中的一个“+”号。

孩子让我们体会爱的真谛

心理学有一种学说叫“自我应验预言”（self-fulfilling prophecy），是指一个人对他人的期望，往往会成为被期望的人自我实现的“预言”。也就是说，父母相信孩子会成功，所以经常告诉他，慢慢地他就会朝着成功的方向前进；反之，天天指责孩子的错误与失败，并经常冷嘲热讽，他也会日渐被这样的氛围影响，对自己丧失信心。

黑立言全家福。

心理学有一种学说叫“自我应验预言”，是指一个人对他人的期望，往往会成为被期望的人自我实现的“预言”。也就是说，父母相信孩子会成功，所以经常告诉他，慢慢地他就会朝着成功的方向前进；反之，天天指责孩子的错误与失败，并经常冷嘲热讽，他也会日渐被这样的氛围影响，对自己丧失信心。

我觉得自己很幸运，在父母的期许与鼓励下能找到最喜欢、最擅长、最有价值的事业去发展。但对很多人来说，要做到这点真的很不容易。由于我两个小孩都很喜欢看儿童才艺表演的电视节目，我有时会被迫跟他们一起看。其中有一期节目是由一个小学生组成的摇滚乐团上台表演，吉他手、鼓手、电子琴手、贝斯手样样齐全。他们的表演非常专业，但只有一个小问题：就是主唱唱歌很难听，而且还走音！我的孩子都觉得很奇怪，为什么会选他当主唱。后来我猜是因为这个乐团的乐器是由主唱的父母买的，所以要求自己的女儿当主唱。我六岁的儿子就评论道："父母不是应该让孩子多做自己擅长的事情吗？"

这句话让我觉得儿子真是人小鬼大，讲得一针见血！太多父母都要求孩子去学他们认为该学的东西，从不让孩子自己选择最擅长的事情去发展。害得他们缺乏自信、事倍功半，对学习任何东西都变得不感兴趣、应付了事。

对养育孩子来说，学习动机最重要，但也是最难搞定的项目。昨天我听一位牧师提到自己最近很勇敢，答应要讲一门"如何创造孩子的学习动机"的课。因为他知道父母可以强迫孩子念书，写作业，但是除非孩子自己愿意学，否则所有的努力都会徒劳无功。譬如帮孩子报名补习班，他上课就闭眼养神，被老师骂了就睁着眼神游四海，不学习就是不学习，老师父母们能奈我何？所以他只好去问一些学生，父母要做什么改变，你们才会发自内心地想要学习。最后得到的答案是"四个如果"：

1. 如果无论我的成绩是好是坏，爸妈都还是一样喜欢我、接纳我，我就愿意好好学习。

2. 如果爸妈关心我比关心我的成绩更多，我就愿意好好学习。

3. 如果爸妈不会因为我比不过别人家的孩子，觉得自己很没面子而骂我，我就愿意好好学习。

4. 如果爸妈更重视我的努力与进步，而不只是以我的成绩来评量我，我就愿意好好学习。

由此可见，父母在想什么子女都知道！我们要子女变好，最需要改变的是自己对待他们的态度。我很高兴我的父母基本上都是如此对待我，我也就有样学样，也用这个办法来对待我的孩子。所以对我跟我太太来说，孩子能对学习感兴趣，以及认真学习的态度，比学业成绩更重要。

因此我女儿筠珍很忙，除了小学的课业之外，她什么都想要尝试，要学钢琴，做糕饼甜点，跳芭蕾舞，参加学校的合唱团、街舞团，以及学英文！妈妈也有求必应，一一帮她报名，唯一的要求就是要认真学，不可以半途而废。

她外务这么多，会不会顾此失彼呢？当然会！就像我女儿现在念小学，有一次贪玩没背单词，所以在英文补习班考了零分，心情有点儿沮丧。后来我们就跟她说："你知道你爸写过一本书叫《最好的零分》吗？得零分有时候也有好处的！"听完我的话，她马上变得很开心，对英文的信心与兴趣丝毫不受影响，后来跟夏令营的外国老师用英语沟通，同学还以为她是国际学校的学生呢。

卡内基训练的创办人戴尔·卡内基认为，要赢得友谊及影响他人的第一条原则就是"不批评，不责备，不抱怨"，这句话真是金玉良言，但却知易行难！对父母来说，当小孩遇到挫折时，用适当的鼓励取代批评指责，可以给子女成长的力量，把学习上的挫折变为动机。

另一个父母应该经常用的卡内基的原则是："给予他人真诚的赞美与感谢。"恰当的赞美就像一份礼物，像蜂蜜一样甜蜜，可以让子女去慢慢品尝回味。

有次我女儿回家很开心地告诉我，老师今天有特别表扬她，因为老师问大家："如果可以自己给自己取名字，你会决定取什么？"我女儿回答她想取"黑立媛"，因为这包含了妈妈和爸爸的名字，老师立刻称赞她很孝顺，因为全班只有她会想到父母。

听到女儿这么说，我觉得很开心，因为没人教她这么做，我相信这是家庭中潜移默化的气氛。所以，当我面对八岁女儿与六岁儿子的教育问题，我觉得最重要的是找出孩子的优点，然后善加鼓励，给予真诚的赞美，让孩子对学习有兴趣，这样他们各方面的表现都会很好。

最后我想跟大家分享我最爱的儿子。我的儿子筠瀚从小就聪明又有智慧，情商高又善解人意。我总觉得他好像太好了，好像不太能完全相信像这么完美的小孩会是我们的儿子。这不是自吹自擂，他在前年得了急性白血病，需长期住院化疗时，台大医院的主治医生周医师就赞美说，筠瀚是他当医生二十多年来所见过最聪明的小孩，几乎所有认识他的叔叔、阿姨与老师们，都对他赞不绝口。

举例来说，我儿子在生病住院治疗时，并没有办理休学，而是由家教老师每周到医院三次，跟着学校的进度教他。在出院回家休息时，筠瀚的小学老师就来家里给他考试。那些其他同学要花两天才写完的考卷，筠瀚两个小时就写完了，而且期末考语文得了99分，数学得了100分。他的小学老师改完考卷很惊讶，就说很后悔没拿奖状来颁发，因为筠瀚的成绩不是班级第一名就是第二名！

化疗刚开始是出乎意料地顺利，癌细胞一打药就不见了，但好景不长，在他七岁生日，住院治疗快结束时，左眼开始疼痛，后来医生发觉他的白血病已经在他的视神经复发，只好把他“关”在医院进行猛烈的放射治疗。缓解后，癌细胞却跑回骨髓，并再次侵犯视神经。所以到后来我儿子眼睛什么都看不见，也不能看自己最爱的卡通。但他每天仍然会祈祷，除了为自己祈求主的医治之外，还会请小耶稣赶快医治姐姐的中耳炎、爸爸的喉咙，保佑妈妈不要为他的病太紧张，并且祈求外公、外婆、爷爷、奶奶与太婆能足享长寿，请主耶稣赶快医好所有生病的小朋友，免得他们跟自己一样要忍受许多痛苦。

生命中喜乐的泉源来自凡事感恩，因为没有任何事情是理所当然该得到的。卡内基也教导我们要每天盘算自己的恩惠，并想办法做到凡事皆以真诚的赞赏与感谢为前提。这道理我们都知道，但都经常无法做到。但我的儿子却在重病之下、身心都饱受摧残时，每天通过跟主耶稣谈心达成这项不可能完成的任务，我们也被他深深地感动。最后筠瀚终究离开我们到天堂了，而我们在哀痛之余，仍以他的名义成立了文教基金会，以此来延续他关怀与爱的精神，希望能帮助更多有需要的人。

如果多年前上帝跟我说：“我要给你一个儿子，他会完美得不可思议，只会带来快乐与骄傲，但是他只能与你生活七年多；七年多以后，我就要把他接回天堂，你要不要？”我会毫不犹豫地说：“我要！”因为有了我的宝贝儿子在世界上陪伴我们七年，我们才真的能体会爱的真谛，也更了解生命的意义不是长短，而是给世人留下了什么典范。弟弟，我爱你，也很期待我们在天堂重逢的那一天。

分享：

我们要子女变好，最需要改变的是自己对待他们的态度。我很高兴我的父母基本上都是如此对待我，我也就有样学样，也用这个办法来对待我的孩子。所以对我跟我太太来说，对学习感兴趣，以及认真学习的态度，比学业成绩更重要。

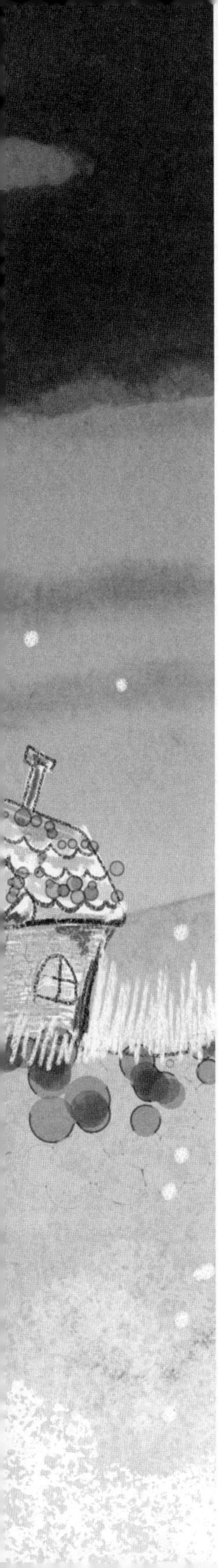

七、黑立国篇

黑家的“黑羊”，一路坚持本色，尽情做自己。

当年考零分、调皮捣蛋的火暴小子，因为父母的耐心、包容，与摔跤教练的赏识、鼓励，人生有了转变，开始积极主动地承担责任，甚至二十九岁就当上了社区医院的院长。

神奇的生命大逆转

从当年抱着零分回家，到现在担任社区医院的院长，有些亲戚还是会跟我开玩笑说："黑立国，以前看你四肢发达，没想到，头脑也不简单！"

青春期的孩子通常是很难搞的，看来我的"青春期"似乎比一般人长一点儿。（十五岁的立国，在奶奶家。）

如果，黑家有一只"黑羊"的话，我应该就是那只黑羊。

我在家排行老二，和大哥立言相差十四个月。因为年纪相近，母亲常让我们穿一模一样的衣服，好像我和大哥是一对双胞胎。

不过，我和大哥真的很不一样。

大哥成绩很好，常常考班上的第一名，而我呢？如果班上有五十名学生，第四十八名通常就是黑立国。

记得小时候，父亲到美国罗耀拉大学攻读硕士，全家跟着在美国住了两年，然后又搬回台湾，学校老师担心我们会跟不上，主动提议要帮我们课后补习，大哥很听话，就参加补习，而母亲虽然提醒我："如果不补习，会考鸭蛋哦！"我还是死不从命。

考试成绩下来了，大哥的成绩果然很好，而我真的考了零分，而且还很高兴地跟母亲说："妈，真的给你说中了，我今天语文考鸭蛋。"

哭笑不得的母亲，居然也没骂我，只是对我说："下次你就会进步，考十分，一个鸭蛋加一根油条。"

除了成绩不好，我还调皮捣蛋，从小就对鞭炮情有独钟，常放鞭炮"攻击"别人，甚至跟邻居的孩子"开战"，用冲天炮你来我往，搞得"烽火四起"。有时候玩鞭炮玩过头，甚至连农夫田里的稻草堆都遭殃。

我的脾气也不太好，很容易生气。有一次，父亲开车载全家由洛杉矶沿太平洋一号公路到旧金山，我大概是晕车身体不太舒服，情绪处于"低气压"状态。经过漫长的车程，我们到一家中国餐馆用餐。餐桌上有个圆形转盘，上面摆了一小瓶酱油，不知道是谁把酱油转到我面前，我突然一股火气蹿上来，手一挥，"哗啦"一声，把酱油瓶打翻，很不高兴地说："是谁要我吃酱油？"（至今，老爸仍不时跟我开玩笑："黑立国，你还记不记得'哗啦'？"）

进入青春期的我，脾气就更硬了。那时候，我们又搬到了美国，家里养了只圣伯纳犬，我们四个孩子要负责清理狗大便。有时脾气一来，我就用铲子铲起狗大便，倒在邻居家的院子里，惹得对方很不高兴，跑来向父母告状。

到了高中，我成绩还是没起色，只对运动感兴趣，母亲开始有点儿急了，忍不住问我："你不想上大学了吗？"

我反问她："为什么要上大学？念社区大学有何不好？垃圾车司机赚的钱还比老师多两倍，你知道吗？"

母亲也够绝，回了我一句："以你的体格，考垃圾车司机绝对没问题。"

我没把她的话放在心上，继续跑去运动、打球。当时，我的父母应该也对我不抱太多期待了。

然而，突然之间，命运出现了转机。

高二那一年，因为摔跤教练的鼓励，我开始对读书感兴趣，成绩就像加足油门的飞机，一直往上攀升，我甚至还申请到加州大学欧文分校，跌破不少人的眼镜。大学毕业后，我顺利申请进入加州大学洛杉矶分校的医学院，成为一名医生，后来进入西雅图一所社区医院工作，并在二十九岁时担任院长。

从当年抱着零分回家，到现在担任社区医院的院长，有些亲戚还是会跟我开玩笑说："黑立国，以前看你四肢发达，没想到，头脑也不简单！"

包括我的父母，许多人都认为，是因为高二时遇上了那位摔跤教练，才让我完全变了一个人。至今，我还是很感谢那位教练的鼓励。但是，我也没有忘记，在成长过程中，父母用最大的耐心和包容让我尽情做自己，我从不因为课业表现不佳，就觉得自己矮人一截。

而正是因为有了这份自信心，才会让这看似神奇的逆转，发生在我身上。

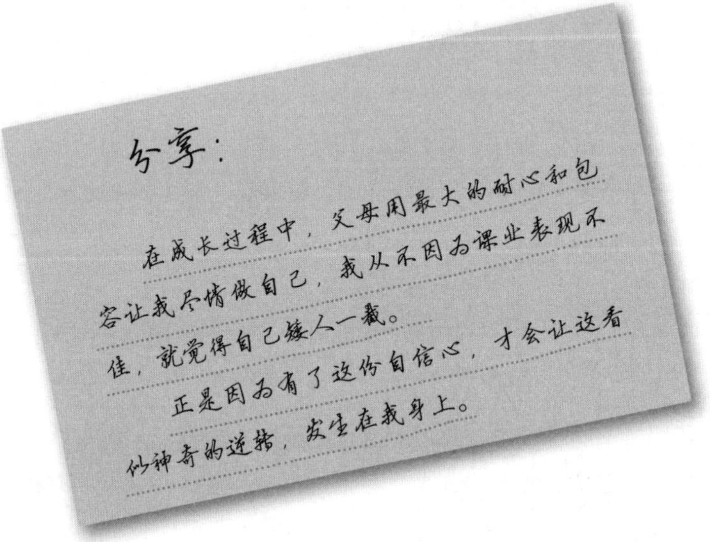

“黑羊”顺手牵羊

我身上好像天生就有调皮捣蛋的基因。我还真是属于说到就做到的“行动派”，即使到了美国，我还是不改“大胆实验”的习惯。

严格说起来，我不爱闯祸，只是好奇心加上勇于尝试，就引爆了不少惊天动地的事件。（小时候的我，摄于新店家中。）

那时候，我和大哥黑立言应该才三四岁。有一天在洗澡时，我们开始玩“谁比较高”的游戏。

不论怎么比，大哥就是比我高一点儿，我不服气，就跳到浴缸边上，“你看，我比较高！”

老哥不甘示弱，他也跳上来，“我就是比你高！”

还是不服气的我，左顾右盼，看到位置更高的洗脸盆。为了“与哥比高”，我又站到洗脸盆的边缘上，得意地说：“怎么样，我还是比你高吧！”

“谁说的！”老哥也跳了上来，那可怜的洗脸盆，突然就承受了两个小男孩的重量，“砰”一声，整个垮下来，喷了满地的水。

值得庆幸的是，在洗脸盆垮下来的前一刻，我和老哥就跳开了，因此没有受伤。只是老爸回来后，闯祸的两兄弟不免屁股挨棍，他一边打，一边还问我们："你们怎么没受伤？"

如今想起来，心中还有点儿纳闷老爸的反应，居然是——"你们怎么没受伤？"

我身上好像天生就有调皮捣蛋的基因。

小时候，住在中央新村，前面就是一片绿油油的农田，对于喜欢大自然的我来说，那里真是一个小乐园。

有一次，看到农家在田边堆起了高高的稻草堆，我心中突然浮现了一个好玩的念头：不知道把鞭炮丢进稻草堆里，会发生什么事。

我还真是属于说到做到的"行动派"，只听见轰然一声，整个稻草堆全着起火来，农家气急败坏地跑来救火，看到惊慌失措的我正要落跑。事后，农家不免上门告状，让老爸老妈频频道歉。

即使到了美国，我还是不改"大胆实验"的习惯。

有一次，当我知道是汽油让车子产生动力后想到了一个点子："如果把火柴丢到汽油里，会不会让汽车跑得更快？"

我果真就动手验证自己的假设，而且还很聪明地不挑自己家的车子来实验，而是找邻家的车子当"苦主"。结果才打开汽缸盖，把没点燃的火柴丢进去，就被对方发现了。不用说，我又挨了一顿骂。

除了"玩火"，我的"前科"还真是不胜枚举。

那时候，我迷上了"怪盗亚森罗苹"，光是看书还不够，索性想自己来实境演练，于是找爷爷下手。爷爷发现钱不见了，经过一阵子追查，找到我这名"怪盗"，那天晚上，爸妈就在我的床边，狠狠地训斥了我一顿。

最严重的一次"罪行"，发生在我高中毕业那一年。

当时，我和大哥很爱打回力球，就是缺一副回力球手套。

有一回，我和妈妈去大卖场购物，我顺手牵羊，偷拿了一副回力球手套藏在外套中。事实上，卖场里的警卫已经盯上我了，我们一走出卖场，警卫立刻前来"抓贼"。虽然对方后来不追究我的行为，但是我心中已经深感后悔，觉得自己所做的事很可耻。

后来，爸爸从台湾飞来美国。我相信，他一定已经知道我犯的错。当他一进门，一如往常地，跟孩子们又搂又抱，我躲在角落中，不敢面对他。

这时候，只听见爸爸拉大嗓门喊着："黑立国在哪里？来给爸爸抱一下！"

我走到他面前，爸爸伸开手臂，给我一个大大的拥抱。

那一刻，我告诉自己，这一辈子，再也不做让父母丢脸的事了。

回想过去，每当我做了这些调皮捣蛋的事，父母虽然都会惩罚我，但是他们总是很清楚地让我知道，错的是我的行为，并不是我这个人，他们不会为我贴上"坏孩子"的标签，从此完全放弃我。

也正是因为这样，我从来没有放弃过自己。

分享：

每当犯错时，父母总是清楚地让我知道，错的是我的行为，并不是我这个人。父母的耐心和包容，还有从未放弃的态度，让我也从未放弃过自己。

“卡内基奶奶”力挺的“叛逆少年”

奶奶的个性就是这么勇于追求自我，而且行动力强，想做什么就去做。我总是可以从她身上感受到旺盛的生命火光。我觉得，奶奶就像是一个传递火种的人。

卡内基训练世界年会，与资深副总迪克 · 摩高（Dick Morgal）夫妇合影。奶奶虽然个子小，但是她的心可一点儿都不小呢！

刚搬到美国不久，有一次因为我捣蛋，母亲对我发脾气，我嘟着嘴，心情非常差。

奶奶就走过来，安慰我：“黑立国，跟奶奶一起去散步吧！”

我跟着奶奶在路上慢慢地走着，心情也就不像刚开始那么差。散步了一阵子，奶奶带我走进一家餐厅，为我点了一个苹果派。当我吃着又热又甜的苹果派时，奶奶又对我说：“黑立国啊！你是奶奶最宠爱的孙子哦！”

不知怎的，这段平淡的小事，我一直深深地记着。我不知道奶奶是不是对每个孙子都说：“你是我最宠爱的孙子哦！”至少，她让我觉得，在她心中，我真的是很重要的人。

多年后，当我在卡内基课堂上学到人际关系金科玉律中的“衷心让他人觉得自己很重要”时，我不禁心想：奶奶虽然没有上过卡内基训练，但是她却把卡内基精神实践得这么好！

说起来，我的奶奶还真是个传奇人物。

听说，当年在北京，奶奶的父亲是个大官，家里非常有钱，奶奶虽然贵为千金小姐，却没有乖乖地坐在家里，等着别人来安排她的命运。

她进了燕京大学念书，因为运动细胞强，还进了校队。后来，她遇到了爷爷，那时他只是个军人，也没什么钱，但是奶奶就是决心要嫁给这个穷小子。奶奶的家里当然很反对这门婚事，而我爷爷又跟着部队离开，眼看着是没希望了。

但是，她才不甘心被命运打败，便逃去找爷爷。奶奶从天津坐船，以参加劳军团的方式，一个一个部队去找，总算追上爷爷的部队，两个人便结婚了。

奶奶的个性就是这么勇于追求自我，而且行动力强，想做什么就去做。

很多年后，她又一个人跑到美国。我们每次去看她，她总是煮各种好吃的西式料理给我们吃，有时候心血来潮，还会跟儿孙们一起打乒乓球，我总是可以从她身上感受到旺盛的生命火光。

老爸强调过不止一次，奶奶是影响他最大的人。他的个性开朗、乐观，爱说笑话，喜欢跟人交朋友，而且包容力很强，堪称得自奶奶的真传。

在老爸的书中，曾记录过这么一段往事：

“我十六七岁时，仓皇转进军校就读，真觉得人生已经走到绝境，但是母亲写了一封信给我，她说我的前程还是很光明的。我本来如死水般的心情，仿佛随着这个鼓励，慢慢活动起来了。我知道，至少在母亲心中，她没有把我看扁，她永远不会放弃我。”

我觉得，奶奶就像是一个传递火种的人。她曾经让我的父亲在人生的绝境中，重新看到希望的光，对于我这个成绩不好又会闯祸的孙子，她又是一派“侠女心肠”，非常支持我，觉得我“叛逆有理”。

或许那是因为，年轻的她也曾经是家族里的“黑羊”吧。

大哥立言分享过一段关于奶奶的回忆。

他大学时交了一个女朋友，其父亲是外交官，家世和条件都很出色，奶奶就对大哥说：“黑立言，你好厉害，第一次交女朋友，就和这么漂亮的女孩交往。”

后来对方把大哥甩了，奶奶又说：“黑立言，没关系，你会找到更适合自己的对象。”

在奶奶眼中，即使发生了再糟糕的事情，她都能解读出正面的信息，既然天还没有塌下来，与其让自己愁眉苦脸，不如开开心心地过日子。

感谢我的“卡内基奶奶”，是她教会了我们看待人生的方式。

分享：

在奶奶的眼中，即使发生了再糟糕的事情，她都能解读出正面的信息，既然天还没有塌下来，与其让自己愁眉苦脸，不如开开心心地过日子。

摔跤场上的转折点

不论是麦克森教练，还是我的父母，他们从来没有逼我读书，或是要求我当听话的“乖乖牌”。很神奇的是，正因为这样，我的人生发生了改变。

记得有群来我家找碴儿的混混吗？被他们打破的就是这扇窗。（立国摄于美国加州家门前。）

一向不爱学习的我，却在高中时，成绩开始突飞猛进，说起来，跟我参加摔跤校队很有关系。

摔跤？一听到这个字眼，很多人大概会讶异，这么多运动项目中，为什么我会对摔跤特别感兴趣？

其实，那是因为当时我觉得自己的英文并不好，如果参加球队，需要很多团队合作，英文不好，可能会影响我的表现，在心理上，我就是有点儿怕怕的。至于摔跤是一对一的竞技，摔得好或摔得不好，责任都由自己一肩扛起，这也比较符合我的个性。而且，摔跤校队中，普遍来说，大伙儿的课业成绩并不是特别好，这也让我比较没有压力。

我的摔跤教练是麦克森（Mikelson）先生，三十多岁，个子不高，但是全身肌肉练得很结实。运动场上有种“魔鬼教练”，要求很严格，对球员总是又吼又骂，还好，麦克森教练并不属于这一类型，他是一个很喜欢鼓励队员的教练，只要你做对、做好了，他绝对不吝于赞美你。

记得有一次，我们全队到另一所学校比赛，结果成绩惨不忍睹，几乎每战皆输。每一位队员都不敢抬头看教练，大家心想，大概是免不了一顿臭骂了。

我一向有自己的想法，但父母都愿意给我尝试的空间。（十七岁的我参加美国加州洛杉矶马拉松赛。）

然而，教练只是淡淡地说：“我们出去跑一跑！”（Let’s go out for a run！）

等我们跑了一阵子，心中的乌烟瘴气似乎也“跑”掉了，然后教练对我们说：“每个人都觉得好多了吧？”（Everybody feels better？）

那次经验，在我心中留下很深刻的印象。当我们做错事情时，其实自己心里不是不知道，但若是遇到有人用训斥的方式来责备我们，那只会激发我们的防卫心理，我们反而死不认错。

麦克森教练对于我们的比赛失利，并没有使用任何谴责的字眼，而我们也学习到一件事：当你用正面的态度去面对失败，失败就不再是那么难堪的事。

进入摔跤队第二年，麦克森教练就选了我当队长。

坦白说，我摔跤的功夫并不特别出色，即使到现在，我都还不完全明白教练这个选择背后的深意。我猜想，可能是因为麦克森教练也很重视队员的课业表现，而我的课业成绩还算过得去。后来，他常常以我为例，勉励大家用功，向我看齐。

教练既然这么看重我，我当然也不好意思让他没面子，于是不知不觉在课业上花了更多时间，成绩立刻就有了起色。

那时候，教我们生物的内维尔（Neville）老师每个月会考试一次，然后会依照考试的名次，安排我们的座位顺序。我从座位的变动，就可以感觉到，自己的成绩像是搭了电梯一样地往上升，然后越学越感兴趣。进了大学后，我就主修生物学，因为生物学跟医学之间有很大的相关性，也让我日后走上了医生这条路。

高中快毕业时，其实发生过一段插曲。

当时，我有很多摔跤队的伙伴选择自愿入伍服役。据说，只要你自愿去当兵，退伍后，政府就会提供一笔奖学金，送你进大学深造。我心想，反正家里经济状况也不好，当兵应该是个不错的选择。

父母并不同意我的决定，但是年轻气盛的我当然不可能听得进他们的意见。于是，母亲就带我去见新兵招募的负责人，让我自己去了解情况。

一开始，我真是兴奋极了，而对方看我是亚洲人，成绩也不错，更大力鼓动我入伍，说我可以在军中担任跟计算机有关的职务，退伍之后，找工作不是问题，让我越听越心动。

对方看我的眼睛在发光，就越说越起劲，强调当兵还可以周游全世界。我听到这里，突然想到，我才来美国没几年，暂时还不想被分配到别的国家。于是我问对方："我可不可以选择去哪里？"

对方听了我的问题，微微一笑："孩子，人在军中，部队叫你做什么，你就做什么。"他的意思当然就是，我没得选。

在那个年纪，我最在乎的事情就是，可以为自己的未来做决定。如果当兵之后，我只能乖乖地让部队为我做决定，那跟我当初的想象可就有一段落差了。

于是，我打消了去服役的念头。

现在回想起来，母亲那一招实在高明。如果他们只是一味反对，我的反应一定就是："你们懂什么？"为了证明自己是对的，我会执意去当兵。但是他们的做法是：让我自己去了解情况，再把决定权交给我。

不论是麦克森教练，还是我的父母，他们从来没有逼我读书，或是要求我当听话的"乖乖牌"。很神奇的是，正因为这样，我的人生发生了改变。

分享：

麦克森教练对于我们的比赛失利，并没有使用任何谴责的字眼，而我们也学习到一件事：当你用正面的态度去面对失败，失败就不再是那么难堪的事。

好人缘才有好机会

我很感谢父母，因为他们从来不曾主张“学习至上，其余免谈”，而是放手让孩子们去发展兴趣，去累积各式各样的人生经验。

在这样的家庭长大，我成为一个乐观、有自信的人，这项特质也让我轻松拥有好人缘。（大一的立国和十四岁的立行合照。）

大四时，我开始申请医学院，连母亲也有点儿忧虑：“会不会申请不到啊？”

我可以体会她的忧虑。一般人都认为，只有精英中的精英，才能进医学院就读。在美国，医学院的入学竞争很激烈，录取率大概只有百分之十到十五，我大学时代的成绩还不错，但是并非顶尖，如果从成绩的标准来看，脱颖而出的机会实在不大。

不过，从小在卡内基式的家庭长大，让我成为一个非常乐观的人，而乐观的人有一项优点，就是对自己很有信心，我才不会去担心自己能不能申请得上，反正先申请再说。

甚至到了加州大学洛杉矶分校的面试现场，我还能跟教授开玩笑。有一位表情严肃得不得了的教授问我：“你对‘安乐死’有什么看法？”因为“安乐死”

（Euthanasia）这个字眼的英文，听起来像是“亚洲的年轻人”（Youth in Asia），所以我就回答他：“亚洲的年轻人都是好人。”只见这位教授面无表情地看着我，气氛几乎冷到冰点，于是我赶紧收起搞笑的心情，认真回答他的问题。

虽然发生了这样的插曲，最后我还是被录取，而且是在第一阶段的筛选中就过关了。

事实上，我所申请的医学院都录取了我。

在大学毕业典礼上，学校印制了一份专刊，成绩最优异的学生会有特别的标记，但是我的名字旁边并没有特别的标记。有位来参加毕业典礼的亲戚仔细看过那本专刊，还疑惑地说：“为什么黑立国有办法申请到医学院呢？”

后来，我常常在想，我之所以能够顺利进入医学院就读，除了成绩符合标准外，教授为我写的推荐信，以及我所参与的研究活动，应该为我加分不少。

记得是大三那一年暑假，我到旧金山当一位教授的研究助理，因缘际会下，认识了另一位教授。这位教授大概对我留下不错的印象，来年夏天，他要到外地度假，就请我帮他看守房子，同时照顾他养的马，一天要喂食两次。那匹马娇生惯养，有一次我睡过头，晚了两个小时去喂它，它居然还不高兴，看到我来了，转头就走。

那个夏天结束后，因为我顺利完成任务，教授对我很满意，我虽不是他的学生，他还是特地为我写推荐信。

至于大四那一年，有一位教授针对儿童看电视和胆固醇的关系，做了一个研究，我担任他的研究助理，很努力地搜集资料、做访谈，最后写出了一个研究报告，要在一个大型的学术研讨会上发表。

因为我和教授互动良好，他不但让我在报告书上署名，后来他因为有事不能参加研讨会，还指派我去参加。当时我还只是个大学四年级的学生，就要在大型学术会议上担纲演讲，一般人可能会怯场。但是一方面，我自己实际参与了这个研究计划，非常熟悉内容；另一方面，因为受过卡内基训练，我可以上台侃侃而谈，结果不但“代打”成功，甚至吸引了媒体记者询问这项研究的内容。

我很感谢父母，因为他们从来不曾主张“学习至上，其余免谈”，而是放手让孩子们去发展兴趣，去累积各式各样的人生经验。我能够在申请医学院的竞争中胜出，或许正是因为我除了功课之外，其他各方面的经验也很丰富。

后来，每当有晚辈来请教我，该怎么准备才能申请进医学院，我总会建议他们，成绩当然还是要好，但是同时也要“发展”你自己：要有自己的兴趣，要去参与活动，并乐于认识朋友、帮助别人。

我看过不少人，成绩一流，整个人的感觉却怪怪的，他们也不知道该怎么跟别人打交道，他们很难成为真正的好医生——医生是一个助人的行业，只有当你的内心是丰富而温暖的时候，你才能扮演好这个角色。

分享：

成绩当然还是要好，但是同时也要“发展”你自己：要有自己的兴趣，要去参与活动，并乐于认识朋友、帮助别人。

拦截飞机，逃命去！

我天性爱冒险，而且行动力强，开明如我父母，也得练就强壮的心脏，因为我这个“冒险王”不时就会给他们“惊喜”。

这就是高空特技跳伞！也是老爸之前就“训诫”我千万别去做的事，总之，我还是做了。

念医学院最后一年，有一天，我兴奋地打了通电话给老爸：“我这个周末要跟朋友去玩高空特技跳伞！”

老爸在电话那一端沉默了几秒，然后把我臭骂了一顿。

他的意思大概是，你好不容易读完了医学院，现在要去做这么危险的事情，是想找死吗?

面对父亲激烈的反应，我深深地吸了一口气，心想：如果我也跟着他激动起来，一定会愈吵愈烈。

于是，我用镇静平和的语气向他解释，玩高空特技跳伞时，有专业人员会帮我做好安全措施，他其实不必担心我的安危。

沟通了老半天，我总算说服了父亲，他最后甚至还说：“听你这么说，好像还蛮有趣的！”

后来，我真的到洛杉矶的沙漠去跳伞——从高空一跃而下，整个人伸展双臂，像是在空中飞翔的大鸟，强风刮着脸颊，整片大地都在脚下，那感觉真是棒极了！我甚至觉得，每个人一生中，都该去玩一次高空特技跳伞。

只不过，我不免心想，父亲会有高血压，大概跟我脱不了关系。

我天性爱冒险，而且行动力强，开明如我父母，也得练就强壮的心脏，因为我这个“冒险王”不时就会给他们“惊喜”。

事后想想，我的某些冒险经历，还真是非常惊险。

记得1994年，我还是个医学院的学生，当时卢旺达发生内战，死伤无数。我在电视新闻中看到相关报道，很希望有机会到卢旺达当医疗志愿者。

正好学校有位教授要到卢旺达附近的扎伊尔[①]设立一家救难医院，我便向他表明心意。教授同意了，但前提是我必须自己出机票钱。

于是，我打电话回台湾，向父母提这件事。

不敢相信，他们不但同意我去非洲当志愿者，甚至还帮我出机票的费用。

我在扎伊尔待了一个月，那里真是一片混乱。因为当地军人接管治安，反而更加猖狂跋扈，行径如同土匪。有时候经过哨站，这些军人就会假借检查之名，向我们勒索金钱和物品。我偷偷将一些美元藏在袜子里，当作最后关头才动用的“保命钱”。

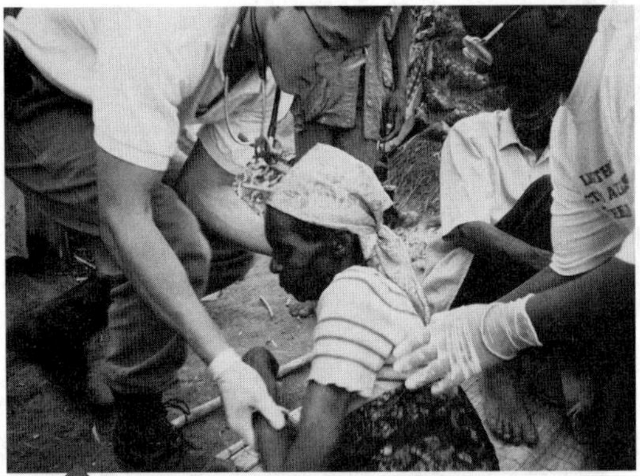

这些难民从卢旺达逃到扎伊尔一个名为巴卡坞(Bukavu)的小镇上，我正在帮助这些病得很重的难民从营地撤到“医院”——一个只搭了两顶帐篷、可以让我们注射静脉疫苗和抗生素的地方。

由于医药资源有限，我们只能去救那些“救得活”的病患，对于太小、太老、病得太重的病人，我们只得坐视他们死去，这实在很让人心痛，却也无可奈何。

眼见状况越来越差，为了保命，我决定赶紧离开扎伊尔。

没想到，去机场的路上，路况极差，车子爆胎两次，连备胎

① 扎伊尔，现为刚果民主共和国。——编者注

都用完了。

还好有德国人伸手相助，几经波折，终于赶到机场，但是没赶上飞机。因为当时一周只有两班飞机，错过了这一班，等于还要再等两天。我心想，这下可惨了，难道要在这个鸟不生蛋的机场再待两天吗？

一颗心正七上八下，突然看到机场跑道上有一架载运物资的德国军机，刚把货品卸下，正要起飞，我想“机”不可失，就跑到跑道上“拦机”。

那位军机驾驶从窗口看看我，还真的同意让我搭“顺风机”。

正要登机时，突然有人揪住我的后背，要我交护照给他。在那种紧急的状况下，等他验完护照，飞机早就飞远了。我索性丢了四十元美元给他，转头直奔飞机，而那家伙居然也就放行了。

我从扎伊尔逃出来，在非洲各国转了五次“顺风机”，最后终于从肯尼亚飞往伦敦。伦敦当地已经是秋天，气温很低，我的行李全是在非洲的夏季服装，刚下飞机时，还打了好几个寒战。

类似的逃命经验，我后来又经历了一次。

1998年，我到内战中的尼泊尔当志愿者，在首都加德满都附近的小村落提普林落脚一个月。

按照计划，我们接下来还要去下一个村落。这时候却接到通知，那个村子已经被叛军占领，马上就要打过来了，我们必须逃回加德满都。

不过，如果要步行，得走上两天才能到，实在太慢了，而且在我们团队中有一些女护士，步行对她们的体力来说也是很大的负担。到底该不该逃？实在左右为难。

还好，我们最后招来救援直升机，短短十五分钟，就把我们送到了加德满都。

不过，即使回到了加德满都，危机并未解除。

我们听说叛军很快就要打过来，于是再度上演“机场逃难记”。很幸运的是，赶在叛军占领加德满都前，我就飞走了，听说有一位同行的牙医因为没有及时逃出来，被游击部队痛打一顿。

每当在父母面前说起这些惊险的时刻，我说得眉飞色舞，他们也听得津津有味。我猜想，当我在外地音讯全无时，他们一定也会提心吊胆，但是，他们从来没有因此禁止我去做想做的事，因为他们把我当作成人看待，相信我会好好照顾自己，而且安全归来。

而我在异国担任志愿者的日子里，看到了那么多人在生死边缘挣扎，这让我更懂得珍惜生命，其实，能够安安稳稳地生活，已经是上天很大的恩赐。

现在，我在医院工作，又有了家庭，很难像过去一样，行李一收，就往天涯海角去冒险。但是，在平日的工作中，我就是比别人多一点儿创新的精神，只要同事提出新的做法，我都觉得不妨一试。为什么不能试试看呢？说不定，一个新尝试会带来意想不到的收获。

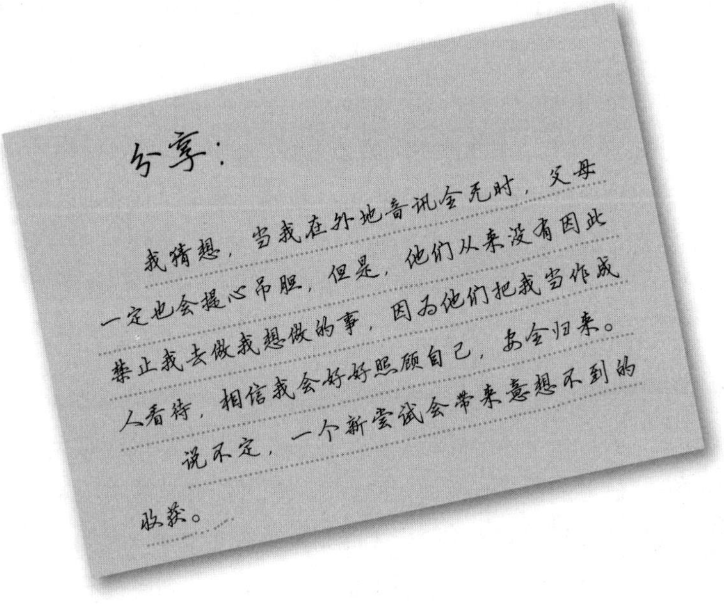

当"家"生病了……

每天在医院里，看到形形色色的病人，每个人都为了不同的理由来找医生。我发现，有时候，"生病"可能只是个表象，其实是这个家出了问题。

与家人有健康、良性的互动，是我可以帮助病人面对家庭问题的最佳动力。（高中毕业，与妈妈、立行合影。）

就读医学院时，我曾经接触过各种分科，像内科、外科、小儿科、耳鼻喉科等，每次接触一种新的领域，我都会感到兴趣十足。我最后的选择，则是家庭医学科，因为学习的涵盖面最广，很能满足我的学习欲望。

毕业之后，我便进了社区医院，担任家庭医生。在美国社会，一般人平日有病痛，通常不会直接去大医院看病，而是去找自己的家庭医生诊疗。这个角色有点儿像是家庭的守护者，可能你就是由他接生的，而从小到大，只要你感冒、发烧了，或是肚子拉个不停，也都是找他。家庭医生会对家庭成员的健康史了如指掌，彼此建立比较深远的关系。

我喜欢研究医学，又重视人际关系的互动，这份工作真是再适合我不过了。

因此，我照顾的对象往往不是一个单独的个人，而是一整个家庭，甚至还有四代同堂的家族，从老爷爷到曾孙女，都是我的病人。后来，这位老爷爷因肺炎过世了，他的家人还邀请我参加丧礼。

我听说，在台湾，一名医生往往一天要看上百位病人，根本很难产生所谓的“关系”，相较之下，在美国，家庭医生和病人之间就有人情味多了。

每天在医院里看到形形色色的病人，每个人都为了不同的理由来找医生。我发现，有时候，“生病”可能只是个表象，其实是这个家出了问题。

前一阵子，有一位母亲，带着十七岁的女儿来找我，因为她很担心女儿会一直发胖。

“医生啊！请你帮帮她！我女儿每个月就增加两磅（约0.9千克），我担心她到三十岁时，会胖到三百磅（约136千克）！”

母亲的语气忧心忡忡。但是我仔细观察她女儿的体形，发现她并没有像她母亲说的那么严重。

跟这对母女深谈后，我才发现，因为这位母亲年轻时，身材曾经比较胖，大概有过一些不好的经验，她很害怕女儿会重蹈覆辙，因此她对女儿的体重“斤斤计较”，反而让女儿承受了很大的压力。

这时候，我要处理的，并不是一个单纯的减肥问题，而是母亲的心结，以及她对女儿的态度。

经过三四次会谈后，那位母亲终于想通了：“我如果再这样下去，恐怕会让女儿放弃自己，到那时候，真会让自己的噩梦成真。”

我提醒她：“别把自己的恐惧强加在女儿身上。”她也听进去了，愿意去找专业的心理医生治疗。

遇到这种情况，医生和病人之间的信任就变得很重要。如果当时我只是说一句“你想太多了”就把这位妈妈打发走，她一定会觉得医生根本不懂，而问题也无法解决。从这个例子中，我再次认识到，懂得聆听，病人才会相信你的建议，你才能真正地扮演好医生的角色。

最近的某个星期二，一对父母“硬架”着十八岁的女儿来医院，他们才发现，女儿怀孕了。听到消息时，这对父母好震惊，也好生气。

接下来，这个女儿星期三开始阵痛，星期四就生下了孩子。还好这对父母蛮乐意迎接这个意外的孙子，算是喜剧收场。

然而，我不禁想到，直到女儿临盆前两天，家长才发现女儿怀孕了，这个家庭在互动和沟通上，一定出了一些问题。西方教育中常有一个“迷思”，认为儿女到了一个年纪，就要放他独立，不管他了，结果，父母不知道孩子发生什么事，孩子出了事也不跟父母说，这未必是一件好事。

身为一名家庭医生，我是那么深深地体会到，有一个完整而健全的家，才会有一个美好而健康的人生。

分享：

想要有一个美好健康的人生吗？那你需要多下点儿工夫在家里。

美好人生，从家开始。

二十九岁当院长

有一位医生向上级推荐我，认为我之前参与了不少医院的决策，而且我人际关系不错，适任这个职位。于是，二十九岁那一年，我就晋升为这家诊所的院长。

包括我自己，很多人都没想过，这么年轻也能当院长。（我和两只爱犬：黄金猎犬KC和罗威纳犬杰克。）

在1998年，我从医学院毕业，第一份工作就是在华盛顿大学附属联合诊所（UW Medicine Auburn Clinic）任职。

当时，这家诊所也才刚成立，请来了一位加州的老医生安迪（Andy）当院长。我和安迪合作愉快，安迪对其他的医生们也还算礼遇，但是对护理团队却有点儿苛刻，好像觉得自己是诊所里的“大王”，每当他在看病时，就规定护士一定要在门口待命。

安迪的管理风格，造成诊所人事流动频繁，员工做不到六个月，就纷纷离去。更上一级的主管发现这个状况，他们认为不能再这样经营下去，决心要把安迪换下来。至于新的院长人选，他们原本要从外面招进来，不过有一位医生向上级推荐我，认为我之前参与了不少医院的决策，而且我人际关系不错，适任这个职位。

于是，二十九岁那一年，我就晋升为这家诊所的院长。

上任后的任务之一，就是改变原来的工作气氛。因为前任院长比较权威，员工即使有意见，也不敢说出来，而我则鼓励员工主动提建议。我常常告诉他们的一句话就是：“你比我更了解你的工作。”（You know your job better than I do.）

很多人上医院的经验是，医生和护士都紧绷着一张脸，我们医院的气氛却很轻松。我常常会问候员工的家人，会跟他们讲笑话，或是拍拍他们的肩膀，让他们知道我很在乎他们。

至于前任院长安迪，他还留在医院中继续工作。因为他是降职，而我是晋升，一开始，彼此之间难免有点儿怪怪的。不过，我对他并没有摆出“我是老板，一切都要听我的”这种姿态，仍然把他当作伙伴看待，互动就变得很自然。

不过，有那么一两次，我还是需要找安迪好好沟通一下。

其实，也不算是什么大问题，只是安迪看病时比较没有效率，有时候病人是下午五点半挂的号，而安迪却看诊到快九点才看完，而且安迪又要求护士不能先走，等于拉长了护士的工作时间，护士当然抱怨连连。

第二天，我和安迪见面时，就问他：“昨晚怎样啊？”安迪告诉我，他的病人毛病一大堆，看诊看了好久。于是我问他：“这种事常常发生吗？我该怎么帮你？”安迪听我这么一问，他心里也有数，知道自己看诊时，的确耗费太多时间。

卡内基人际沟通的出发点，就是相信对方其实知道自己的问题，而且也不是不愿意改善。但是，如果你一开始就指责、批评，对方立刻就会把自己武装起来。因此，有效的人际沟通，关键之一，就是当对方的朋友，而不是他的敌人。

虽然安迪看诊时效率低，换个角度来看，也代表他的心地很好，想要一次帮病人解决所有的毛病，比方说，病人可能只是来看个小感冒，安迪就想连对方的糖尿病一并处理，所以时间才会拖得那么长。

向安迪表达出沟通的善意后，我请他设身处地想想，人们平常已经这么忙碌了，如果他自己是病人，应该也不会想在看诊间中坐上一个小时吧。

经过几次沟通后，安迪渐渐提高了他看诊的效率。

八年来，在这家医院中，我很努力做的一件事，就是让工作团队的每个成员，都觉得在这里工作，是一件让人很高兴的事。如果他们觉得在这里工作，是件不开心的事，那么他们为什么来这里工作呢？

我想，我会这么重视这一点，和我的成长环境很有关系。记得有一段时间，家里的经济状况并不好，爸妈很辛苦地经营着自动售货机的生意，那时候，家里找不出零钱，因为他们所赚得的，就是零钱。但是，家里的气氛从来不会让人觉得不开心。

让我的团队成员觉得自己很重要，让他们相信自己的工作充满意义，结果就是员工的流动率很稳定。最长的，有八年之久，最短的，也有两年半。而且，由于我们医院的穷苦病人比较多，上级原本评估会亏损二十七万美元，而我们这个士气高昂的团队，最后却还赚了十万美元。

坦白说，要落实这个理念，并不是一件容易的事。有时候，刚结束一场接生手术，真是累得不得了，但是当我走进医院，我会深深地吸一口气，让自己变得生龙活虎，就像卡内基训练常说的一句话：

表现出活力，你就真的充满活力！（Act enthusiastic. Be enthusiastic！）

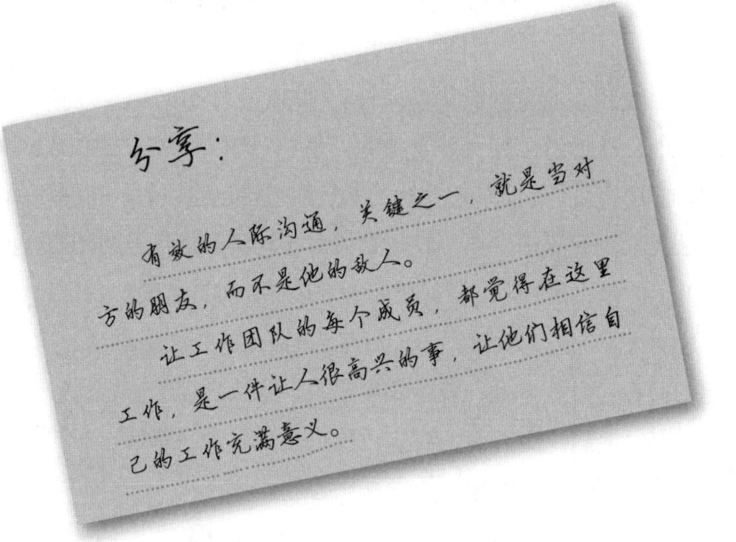

我选择的婚姻

对于我的选择，母亲并没有说什么，父亲则有点儿意见。父子经过一阵沟通后，我还是决心和安杰拉（Angela）步入礼堂。而父亲在表达过想法后，看到我如此坚持，也就尊重了我的想法。

当你在对的时机遇到对的人时，你就会确信不移。我就是在这样的时刻，遇到了安杰拉。（摄于婚礼之前。）

缘分是无可解释的。

从医学院毕业之后，我到西雅图工作，和原本交往的女友分手了，情感正值“空窗期”。

有一天，一位朋友办了场聚会，邀请大家去吃早餐。在那次聚会中，我认识了安杰拉，一见如故。我们经过一年的交往，就决定订婚，又过了大约八九个月，便走向红毯那一端。

当有人问起，为什么选择安杰拉当终身伴侣时，我可以举出的理由包括：她很开朗、很体贴、很细心，跟我一样，运动细胞很强，而且都喜欢动物（全盛时期家中有两只狗、两只猫、八只老鼠和一条鱼）。不过，在所有理由的后面，还有一个最重要的原因。

那就是，你遇到了对的时机、对的心情，还有对的人。

记得在求婚前，我是那么迫不及待地写了卡片给家人，让他们知道，我是如此幸福，认识了一个这么美好的人。

对于我的选择，母亲并没有说什么，父亲则有点儿意见。

因为安杰拉的年纪大我四岁半，是黑人与日本人的混血儿，还有过一次婚姻。

父子经过一阵沟通后，我还是决心和安杰拉步入礼堂。而父亲在表达过想法后，看到我如此坚持，也就尊重了我的想法。

婚后，父亲每次来西雅图看我，对安杰拉都非常友善、温暖，他是真的做到了尊重我的婚姻选择。但是，我始终无法忘记，父亲曾经有过的意见。

站在父亲的立场，他大概是觉得，儿子要娶老婆了，做老爸的当然应该表示意见。但是，他的意见却让我觉得不舒服，他好像是把我当成小孩，不相信我会做出正确的决定。

虽然父亲后来表现得无懈可击，但是对他曾经说过的话，我依然耿耿于怀，我心中就是有个疙瘩——既然父亲最后会尊重我的选择，那他又何必告诉我他一开始并不同意我的决定，这样不是很伤感情吗？

耿耿于怀这么多年，我终于决定，要找机会和父亲开诚布公地谈一谈。

那一次，父亲来西雅图看我，然后搭深夜的班机离开。父亲说，我不必陪着他，只要把他送到一个可以玩玩吃角子老虎机的赌场，自己留在那里打发时间，再叫出租车去机场就可以了。

我将父亲送到赌场，然后对他说："爸，在您走之前，我能不能跟您谈一谈？"于是，我们找了间咖啡厅坐下来，我开始向他吐露心声，而父亲很真诚地倾听。最后父亲说，如果当年他曾经让我感到不愉快，他向我道歉。

这桩郁积的心事，总算获得了抒发。

有趣的是，对于这件事，我和安杰拉的反应不太一样。

安杰拉可以理解当年父亲的"意见"。她说，如果今天是我们的孩子要结婚了，天下父母心，她很难不向孩子表达自己的想法。

至于我，则会选择问问题，只要确知他们是在认真考虑后做出决定，我就不会表示意见。因为，他们并不需要知道我的意见。

不过，从这件事情，我可以感觉到父亲是多么爱这个家，因为他的爱太强烈了，对于加入这个家的新成员，他会有比较多的考虑，而且选择说出来，却没有预料到会造成我这么强烈的反应。

在亲子之间，有些话，说或是不说，这是个爱的难题。

分享：

耿耿于怀多年，我终于决定，要和父亲开诚布公地谈一谈。

最后父亲说，如果当年他曾经让我感到不愉快，他向我道歉。这桩郁积的心事，总算获得了抒发。

在亲子之间，有些话，说或是不说，这是个爱的难题。

生命的火种

如果没有家人无条件地支持我，这一生，我一定会过得很困难。如今，我可以从事自己喜欢的工作，享受生命中的每一天。看着孩子渐渐地长大，也有了自己的个性，真是一件奇妙的事。

幸福的家庭是无法用任何珍宝换取的，而是需要双方努力悉心经营的。因为，家，本身就是一个无价之宝。（2006年3月，家中客厅。）

星期天的中午，我带着妻子和三个孩子到西雅图市区的海鲜餐厅用餐。

坐下来没多久，服务员就送上蜡笔组和着色图，许多美式餐厅都流行这种做法，让小朋友在等待上菜前，不会觉得太无聊。

老大斯蒂芬已经六岁了，认字速度奇快，很快就迷上了看书，根本不必担心他会感到无聊，他随身带着《纳尼亚传奇》丛书，一坐下来，就津津有味地沉浸在书中世界。

至于女儿阿米莉亚和小儿子乔纳森则抓起了蜡笔，在纸上一阵涂涂抹抹。妻子微笑看着孩子们，我挨着窗口，窗外就是西雅图港湾，温暖的阳光洒在海面上，也穿过窗子，照着我们一家人。

这是非常美好的一天。

用一个很通俗的比喻来说，家就像是我的港口。

我常常在想，如果没有家人无条件地支持我，这一生，我一定会过得很困难。如今，当我可以从事自己喜欢的工作，享受生命中的每一天时，我希望能对这个社会有所回馈。

父亲在我身上所付出的等候、支持与滋润，让我得以成为现在的自己。如今，我会珍惜这美好的机会，将这宝藏交给我的孩子。

因此，我和安杰拉有一个共识，不管我们会生几个孩子，一定还要领养一个孩子。我希望让那些孤儿院的孩子，也能获得家庭的温暖。

在老大出生两年多以后，我和妻子便决定，要领养一个女孩。

我们选择了来自柬埔寨的阿米莉亚。领养的过程非常烦琐，而且等待的时间拉得很长，好像是签证出了问题，迟迟没办法接她来美国。

对我来说，从决定要认养阿米莉亚的那一刻，她就是我的女儿了，我怎么能让她孤零零地待在柬埔寨的孤儿院里？于是我请了两个星期的假，带着妻子和儿子一起到柬埔寨去接阿米莉亚，母亲甚至也飞过去帮忙。

我们一到孤儿院，就把孩子接到旅馆。当时，我们的打算是，如果因为签证问题没办法带女儿回美国，就先由母亲带回台湾照顾。

值得庆幸的是，经过一番波折，我们最后还是带着阿米莉亚回家了。

一年多以后，小儿子出生，这个家真是越来越热闹了。

看着孩子渐渐地长大，也有了自己的个性，真是一件奇妙的事。

大儿子的长相比较像妈妈，但是个性像我，典型的男孩脾气，活泼好动、活力充沛，而且很小就展现出语言方面的天赋。小儿子的模样就像一般台湾的孩子，也是精力旺盛，一见到人就笑眯眯，很容易跟别人打成一片。

女儿就很女孩子家，个性娇滴滴的，喜欢的东西都是粉红色、带蕾丝花边的，没办法带她爬山，因为没走两步路，她就开始喊脚痛。

不过，可别小看了小女孩的爆发力。有一次，阿米莉亚犯了错，我们罚她待在房间里，她又是大哭又是跺脚，整整四十分钟没有停下来，然后，她从房间走出来，神情非常平静，好像什么事都没有发生过一样。

离开餐厅前，我拿了一张纸钞给斯蒂芬，要他跟服务员换零钱。服务员正忙着检视点餐的单子，一只抓着纸钞的小手在他面前摇了好几下，他才注意到。

斯蒂芬完成任务后，笑嘻嘻地把零钱交给我，我就给他几个铜板作为奖励。正是通过这样的机会教育，我希望训练孩子独立，培养他们的自信心。

我认为，让孩子在成长的过程中获得成就感和自信心，是非常重要的一件事，因为我就是这样长大的。

另一方面，父母也必须教孩子懂得是非对错，当他们犯了错，你就一定要让他们知道，这样的行为是错的，不应该再犯。就像每当孩子发生口角时，说了不礼貌的话，我和妻子一定要他们说“对不起”，而且一定要说出来才算数。

我的父母曾经这样教育我，给了我点燃生命的火种，如今，轮到我将这珍贵的火种，传递给下一代。

分享：

让孩子在成长的过程中获得成就感和自信心，是非常重要的一件事。我的父母曾经这样教育我，给了我点燃生命的火种，如今，轮到我将这珍贵的火种，传递给下一代。

孩子长大以后不需要羡慕任何人

一个人对自我价值的认知和肯定是他生活幸福的主要原因。就像我的人生在看似糟糕的情况下发生了巨大逆转一样，我希望孩子们也可以如此——自由选择自己的人生，为之付出努力，并且对自己所做的事情感到骄傲和满足。

黑立国全家福。

尊重比面子更重要

爸妈用他们的言传身教告诉我们，尊重孩子作为独立个体的存在是“慢养”的出发点。他们不介意我童年的花样百出和青春期的叛逆不羁，也从来不把自己对人生的期待强加在我身上。让我能有机会犯错、反省，然后找到自己的路。

当我们有了第一个孩子斯蒂芬，我经常用爸妈当年教养我的方式来自省，于是时常会担心自己做不到他们那么好。

斯蒂芬现在已经11岁了，个子蹿到了165厘米。他很喜欢和朋友们打棒球，当年我在学校的时候棒球打得不错，所以经常忍不住想教他。可是他总是脖子一拧没好气地跟我说：“我不要听你的！”每当这个时候，虽然我这个做老爸的脸上不太挂得住，不过我还是会忍耐，退到一边去，看他和朋友们继续训练。青春期的男孩子会有自己的主张，尤其是在朋友面前，他不希望自己被看扁。这个时候，打好球已经不是重要的事情，让他靠自己的努力去成功才是最重要的。

我时常觉得自己比老爸幸运得多，我的三个孩子个个比我小时候聪明，比我听话。像斯蒂芬很喜欢探索和研究关于科学的课题，他会看我买的医学方面的书，还会跟我讨论日本大地震之后的核泄漏是怎么回事。

最有趣的是一次我们去夏威夷度假，大家在海边玩水，我跟斯蒂芬讲海水也可以用来发电。结果他在海边站了很久观察潮涨潮落，看着海水的涌动。后来他兴奋地告诉我说：“我知道潮水发电的原理了！是因为海浪上下起伏，通过这个落差就可以产生能量发电。”当时我甚至觉得他将来可以当一个科学家，没有任何提示，也不用查阅资料，他完全靠自己努力思考，就能得出这样精彩的结论。

但是如果当时我将现成的知识告诉他，他能体会到的自信和快乐就会大打折扣。

我常常会将斯蒂芬和当年的自己对比，每当他脾气不好，或者对我生气的时候，我都会想到当年爸妈是如何包容和尊重我的。在对待他的时候，我就会控制情绪、注意措辞，尊重他的每一个决定。即使有时候是错的，也让他有机会能在错误中吸取教训，更加充满自信地长大。

说到就一定做到

“如果你不先吃蔬菜，就别想吃肉。”“如果你不停止这样的行为，我们就离开，让你自己留在这里。”类似于这样的“如果……就……”的句式你是不是也经常用呢？而我们的经验教训是：不要轻易威胁恐吓孩子，除非你真的做得到。

老二阿米莉亚来自柬埔寨，是我们心中最可爱的天使。9岁的她和斯蒂芬非常不同，她对科学没有兴趣，却有着丰富的想象力。她喜欢在大家看卡通或者玩游戏的时候，自己拿着素描本和画笔，在安静的地方画画。一般情况下，她的几幅画放在一起就是一个美丽的故事。类似于公主和朋友们一起勇斗恶魔，然后和王子产生了甜蜜的爱情。很有漫画家的天分，能用连续的画作来讲述故事。

不过阿米莉亚也有闹情绪的时候。在夏威夷她会因为喜爱那里的沙滩，而不断把沙子踢向天空。旁边享受日光浴的人被她的“沙雨”搅得不得安宁。我们大声跟她讲，不要这样影响别人，这是很不礼貌的。但是她好像没有听到，或者觉得爸妈的禁止让她更兴奋，反正就是没有要停下来的意思。后来我们威胁她说："如果你不停下来，我们就都离开，留下你自己在这里玩沙子。"

结果阿米莉亚在海滩哭闹了足足三十多分钟，她以为我们真的会这样抛弃她走掉。于是我们变得很尴尬，她这样伤心，我们不能离开；但是话已经讲出来了，就要做到，不然孩子以后就不会相信你说的话。或者她会认为，如果她想要得到什么，只要哭闹，爸妈就会让步。

回想我们兄妹四个在成长的过程中，父母没有说过任何威胁我们的话。他们总是耐心地跟我们谈心，用孩子能接受的方式来沟通。

其实威胁和恐吓是很懒惰又天真的做法，年轻的爸妈期望能通过这样的话，让孩子害怕而不做超越边界的事情。但事实上，乖巧听话的孩子对"恐吓"容易产生心理阴影，认为爸妈的爱是有条件的，我只有做到了他们才会爱我；调皮冲动的孩子会挑战你的"恐吓"，到那个时候，最为难的反而是父母。

所以想恐吓孩子的时候，先要自己在心里衡量一下，你真的做得到吗？如果做不到，索性换一种方式来处理问题吧，不然真的是搬起石头砸了自己的脚。

"慢养"精髓

爸妈一直希望我们四个孩子成为负责任的人，无论是选择自己的另一半还是工作、读书，都要为自己的决定负责。在锻炼孩子做决定并对自己的行为负责任的过程中，父母就像我们生命航线上的护航员，随时陪伴着我们，鼓舞着我们前行。

1. 赞美孩子，给他真诚的赞赏与感谢

教育孩子和管理有一个相通的地方——要赏罚分明。孩子犯错时，其实父母不必大惊小怪。如果将孩子的生命定义为一个完整的圆，那个错误不过是其中的百分之一。父母一方面要告诉孩子错在哪里，另一方面要很小心，不要让孩子觉得百分之一的错误变成了他的全部。这样他就会觉得父母不爱他，自尊心和自信心都会受到伤害。

如果孩子改正了错误，或者在学习和生活中有了进步，一定要及时表扬他。给孩子真诚的赞赏和感谢，能让他向着正确的方向前进，他会备受鼓舞，但如果

他犯了错误就受到严厉批评。有了进步却不能获得肯定，慢慢地他会认为自己不够聪明，或者不会做决定，对自己的评价就会越来越低。于是百分之一的错误会扩大到百分之五，甚至更多。如果一个人，他能确认自己百分之九十以上都是很好的，能够做对选择，那么他的自信心会非常强。

2. 不能操之过急

黑家有一个特点，除非孩子们自己愿意，否则家长都不会强迫自己的孩子去上任何的补习班或者兴趣班。黑立琍家的三个宝贝如此，我们家的也如此。事实上，父母为了跟上所谓的社会形势，逼着孩子去学习，这恰恰是一个“拔苗助长”的方法。孩子如果还没有准备好去学习那些知识的话，对父母反而会产生逆反心理。或者看上去很温顺，每个补习班都去上，但对老师讲的内容完全记不住；或者想尽一切办法逃脱父母的掌控，最后甚至发展到逃学，连正常的学习都会受到影响。

这样的教养方式跟“慢养”刚好是相反的。

每一个孩子都有他不同的个性，这也形成了他不同于别的孩子的成长轨迹。大人虽然急于让孩子掌握生存技能，却不能忽略了“因材施教”。如果能帮助孩子找到他真正的志趣所在，然后用一生的时间来投入，还怕他不会成为这个领域的佼佼者吗？如果不问孩子喜欢与否，跟风式地参加热点培训班，让孩子今天学乐器，明天打网球，后天学画画，最后反而容易一事无成，对孩子的自信心造成毁灭性的打击。

“慢养”就是不要操之过急，耐心等待孩子自己去寻找感兴趣的方向，然后再根据情况，给他推动的助力。

3. 让孩子做自己，不羡慕别人

经常有人问我，什么样的人生才是成功的。按照世界主流价值观，功成名就，拥有财富和社会地位，应该就是成功的人。但是回想自己的成长之路，我觉得如果一个人生活在这个世界上，能做到不羡慕任何人，那么他就是成功的。

不羡慕任何人，表示他自己很有成就感，对自己做的事情很满意。他用不着羡慕别人的钱、工作、家庭或者长相，他有自己的价值观，并且努力实现了它。他就是幸福的，就是成功的。

我想不论将来孩子们从事什么样的职业，教师、医生、运动员或者是垃圾车司机，我都希望他们能在工作中找到成就感。在生活中付出他的爱，通过帮助更多的人获得快乐，懂得感恩，懂得珍惜。不用在羡慕别人的时候，痛感自己的缺失。这就是我对孩子们最大的期望。

4. 多给孩子选择的机会，少替他做决定

弟弟黑立行曾经有一个疑问，相信每一位父母都会有这样的困惑：面对竞争越来越激烈的世界，我应该如何引导孩子走向他未来的人生，是该给他多一点儿选择，还是替他做决定？

爸妈当年在教育我们的时候，也面临这样的问题。爸爸曾经有过精辟的论述："如果希望孩子能够为自己做的决定负责，那么我们在教养小孩的过程中就必须给他们自由选择、勇于承担的机会。当然，让孩子们自己做决定、负责任的过程中，也会担心孩子们会不会吃亏，或是会不会受到诱惑。我认为就算孩子成长的时候你死命保护，他以后还是会面对这些问题。等开始工作，他可能会因为缺乏自我思考、为自己决定负责的历练，反而碰到更大的挫折。"

爸爸的这些话也是我的想法，如果父母只看重事情最后的结果，比如打赢一场比赛或者在绘画领域获得很高的成就，而替孩子做了所谓"对"的决定。那么最后即使获得了成功，孩子依然会分辨不清楚，究竟哪些是父母的功劳，哪些是靠他自己努力取得的成就。长此以往，他会渐渐放弃做决定，想着反正父母都会决定好了告诉我。这样他也不会对任何的决定负责任。

分享：

不羡慕任何人，表示他自己很有成就感，对自己做的事情很满意。他用不着羡慕别人的钱、工作、家庭或者长相，他有自己的价值观，并且努力实现了它。他就是幸福的，就是成功的。

八、黑立琍篇

女生一旦野起来，民航机变成战斗机。百分之八十的时间都很平稳，但是，另外的百分之二十就很惊险刺激。

小五就曾是“视觉系”辣妹，相较于一般人，她情窦初开得早，收山为人妻更早，放弃名校，只为尽早享受人生。

养女儿就像开飞机

养女儿就像开飞机，百分之八十的时间都很平稳，但是另外的百分之二十就很惊险刺激。如果把我的人生画成曲线图，其间的高低起伏，还真是有点儿“飞机理论”的味道。

我四岁了！在新店中央新村的家里，家人为我庆生。

哥立国曾经做了一个有趣的比喻，他说养女儿就像开飞机，百分之八十的时间都很平稳，但是另外的百分之二十就很惊险刺激。

如果把我的人生画成一幅曲线图，其间的高低起伏，还真是有点儿“飞机理论”的味道。

在刚开始的“起飞”阶段，我和父母处得很好，和兄弟们的感情也不错，他们没把我当女生，我就跟着他们一起玩耍、捣蛋，反正闯了祸，通常都是带头的大哥和二哥挨骂。

到了小学五六年级，我突然变得很叛逆，看家人处处不顺眼，开始热衷化妆，而且走浓艳的“视觉系”风格。我每天一大早起床，就是为了要花两个小时打扮，才能满意地出门上学。

进入青春期，难免情窦初开，我跟男孩子手牵手约会，而且专挑长得“有个性”的那一型。因为参加舞会，半夜才回家，父亲等我等到两点，我却一点儿也不担心受罚，还一脸梦幻地跟父亲说：“那个男生好帅哦！”

还有一次，我在家里开派对，除了我邀约的朋友外，还闯进了一些奇奇怪怪的不速之客，连我都有点儿不知所措，母亲一看状况不对，立刻要我关掉音乐，清场赶人。

那时候，我跟哥哥们也常有冲突，他们不是笑我化妆很丑，就是故意朝我房间窗口喷水，我们常用“三字经”对骂，吵得邻居跑来指责我们家的孩子没家教。

按照二哥的“飞机理论”，那几年，我应该是处于最不稳定的“乱流区”。

不知道从何时开始，我对化妆不再感兴趣，和家人相处也少了火药味，青春期的焦躁渐渐“退烧”。

看看我的打扮，像不像跳草裙舞的夏威夷女孩？（摄于美国家中。）

我回台北美国学校[①]念书时，认识了男朋友蒂姆，从此爱情长跑八年。大学一毕业，我就披上婚纱。老公大学毕业后，曾经为找工作而苦恼，我的父母很支持这位洋女婿，母亲出钱让蒂姆去上卡内基训练，后来又通过父亲的引荐，蒂姆成了卡内基的讲师。

值得一提的是，大学毕业后，我原本准备进罗耀拉大学攻读法律研究生，都已经参加了新生训练，却发现实际状况跟原先想象的有很大的落差，最后决定放弃。那一阵子，奶奶生病了，身体很虚弱，我利用没有工作的空档，留在美国照顾奶奶，在病榻旁陪她走完了人生的最后一程。

奶奶过世后，我和蒂姆先后在香港和台湾的卡内基工作。记得在某一场为企业举办的营队课程中，讲师是父亲，而我坐在教室的后方，担任助教的角色。

当天课程结束后，企业的负责人发表他的上课心得：“今天最大的收获，就

① 台北美国学校，中国台湾地区一所外侨学校。——编者注

是看到黑立琍非常用心倾听，每当有人在台上说话时，她总是很专注地看着说话的人，脸上会有表情和反应，让人感觉非常好。”听到女儿受到夸奖，父亲显得好神气。

四年前，蒂姆转战新加坡，负责当地的卡内基训练。而原本不想生小孩的我突然“母性大发”，现在是三个孩子的快乐母亲。

如果说人生真的就像“开飞机”，那我现在已经安然地度过“乱流区”，航行在自己的天空中，那是因为无论何时，这个家都引导着我，驶向正确的方向。

父心似天空

年轻的我不免觉得：这不过是课堂指派的作业罢了！真没想到，父亲居然还这么保守，思想这么古板。于是，我挑衅地提高了音量："为什么不可以？"我有点儿故意想激怒他。

老爸宽大的心胸，提供了一片我们可以自由遨翔的开阔天空。（摄于台北。）

在黑家，母亲是我们生活的靠山，她总是二十四小时"营业"，全年无休，有什么需要，找母亲就对了。至于父亲，则比较像是个"精神导师"。

比方说，我们家的四个孩子，虽然是在西方受教育，却很重视家庭的价值，那是因为父亲本身就是个非常孝顺的人。

记得小时候在台湾，每个星期日一定是"家庭日"，不论你有什么活动，这天一定要回爷爷奶奶家。后来到了美国，每个星期日一定会去探望奶奶。父亲的恪守孝道，就是最好的"身教"。

另外，父亲在教育下一代时，又有一颗非常宽大的心。

有一年，我们到东南亚的海岛度假。当父亲站在沙滩上朝远方眺望，我走到他身边，开玩笑地说："爸爸，你在偷看辣妹哦！"父女俩立刻大笑起来。

这一幕，很能代表我们之间的亲子关系。他是那种会和孩子打成一片、分享心事的父亲，我们如果跟他开开无伤大雅的玩笑，他也不会介意。

虽然如此，却是经历了某次的“《蝴蝶君》事件”，才让我对父亲的气度留下了深刻的印象。

当我还在美国读大学时，有一次，父亲到纽约的卡内基总部开会，他向同事提起，想到百老汇看一出戏：《蝴蝶君》。

《蝴蝶君》是华裔剧作家黄哲伦的作品，描述一位法国外交官爱上了中国的京剧女伶，两个人甚至还结了婚。外交官后来才发现，他心爱的女人不但是个间谍，而且还是个“他”。

这出戏曾经红极一时，但是因为剧情比较惊世骇俗，“长辈们”通常难以接受。父亲的同事建议他别看这出戏，还是看原版的《蝴蝶夫人》比较“对味”。

后来他回到我们在加州的住处。有一天，听见我说，有一门文学课的作业，就是要读《蝴蝶君》的剧本，他很不以为然地说：“你怎么在读‘那种东西’？”

年轻的我不免觉得：这不过是课堂指派的作业罢了！真没想到，父亲居然还这么保守，思想这么古板。

于是，我挑衅地提高了音量：“为什么不可以？”我有点儿故意想激怒他。

在一般传统的家庭中，如果出现这种针锋相对的场面，结果通常是：

第一种，父亲也拉高音量，开始跟女儿争执。

第二种，父亲气得直接动手修理女儿。

其实，父亲对于我的回话也很不高兴，但是他选择的应对方式是什么话都不说，安安静静地走开了。

我相信，每个家庭中，一定会出现类似的“代沟”，老一辈的人看不惯新世代的想法和做法，新世代的人觉得老一辈跟不上潮流。“代沟”常常会成为家庭冲突的引爆点，然而在这次“《蝴蝶君》事件”中，我却看到父亲以相当包容的态度来面对亲子间的“代沟”，这真的不是一件容易的事。

因此，我深深觉得，能够成为黑家的孩子，真是太幸运了！

分享：

“代沟”常常会成为家庭冲突的引爆点，然而在这次“《蝴蝶君》事件”中，我却看到父亲以相当包容的态度来面对亲子间的“代沟”，这真的不是一件容易的事。

我是女生

为了要化妆上学，我每天五点半就起床，花近两个小时，才算大功告成。我就得意地顶着美美的妆去上学。

这段女性意识高涨的青春少女时期，是我和家人关系最紧绷的时候。（小学五年级摄于美国。）

从小跟着哥哥、弟弟一起长大，有很长一段时间，我的性别意识很模糊，反正一直都是跟着男孩子一起玩、一起闹，睡觉时也是同一个房间。我以为自己跟他们是“同一国”。

小学三年级时，父母要给我一个自己的房间，我还不太高兴，为什么不能跟哥哥、弟弟们睡在同一个房间呢？而且，他们男生睡觉时，可以随便穿件背心和短裤，但是我却得整整齐齐地穿上睡衣。

原来，我是女生。而且，女生跟男生不是“同一国”。

我的“女性意识”在小学五六年级时，到达巅峰状态。

当时，我已经到美国读书了。不知怎的，那一阵子，我非常不能忍受家人，而朋友则变得非常重要，姐妹们做什么，我一定照着模仿。记得那时她们喜欢看肥皂剧，剧情就成为聊天的话题，我即使没看，也要假装我看了，这样才算是“同一国”。

有一个叫作杰西卡的女孩，堪称我们这个女孩圈的大姐大，在学校里天不怕、地不怕，是其他女孩崇拜的对象。杰西卡的母亲化浓浓的妆，所以杰西卡也化妆，身为她的姐妹，我也开始在脸上“着色”。

因为母亲不化妆，家里没什么化妆品，我就用朋友零零星星地送我一些廉价的口红、眼线笔化妆。为了要化妆上学，我每天五点半就起床，对着镜子又是画眼线，又是刷睫毛，眼皮要抹上浓浓的蓝色眼影，头发要吹得又高又卷，而且还要剃腿毛——其实我哪有什么腿毛，只是大家都剃腿毛，我也要赶流行。

花了近两个钟头，总算大功告成。我就得意地顶着美美的妆去上学。

学校的老师看到我们化妆，都是一脸不以为然，我们就故意把妆化得更浓。至于母亲看到我化妆，大概也是看不顺眼，但是她一直没说什么。

直到有一天，母亲实在是受不了，就带我去药妆店买化妆品。她的态度是，既然我爱化妆，她也不阻止我，只是她要我用好一点儿的化妆品，免得伤害皮肤。

不过，跟我不属“同一国”的哥哥们，对我就没这么客气了。大哥和二哥常笑我化妆很丑，我就气急败坏地对他们说：“你们懂什么？我才不在乎你们的想法，我知道我自己很漂亮！”

有时候，我和哥哥们吵起架来，你来我往之间，言语中就会夹杂着英文的粗话，闹到邻居家的家长跑来跟妈妈告状：“你们家的孩子真是没教养，不要把我家的孩子带坏了！”

我猜，那一阵子，应该是我和家人关系最紧绷的时候。

不知道过了多久，我突然发现，自己不再着迷于化妆了，也不再跟杰西卡亲密来往，她渐渐地从我的人际圈消失了。或许是因为我的生活中，还有更多其他有趣的事转移了我的注意力。

我加入了学校的啦啦队活动，乐在其中，放学之后要练习两三个小时，有时女孩们叽叽喳喳，教练就会罚我们跑步，体力都用完了，哪有心思搞叛逆。

而且我也对写作产生兴趣，学校老师选了几个文笔好的学生参加新闻营，我是人选之一。第一次的地点是华盛顿，因为费用不便宜，要七百块美金，家里的经济状况不允许我参加；第二次是在佛罗里达州举行，母亲一咬牙，用刷信用卡透支的方式让我参加。

有趣的是，经过了那个“浓妆时期”，我几乎不再施脂粉，仿佛这辈子需要化的妆，已经在那个时期都化完了。

我知道我是女生，而我不再需要用浓浓的妆来证明这一点。

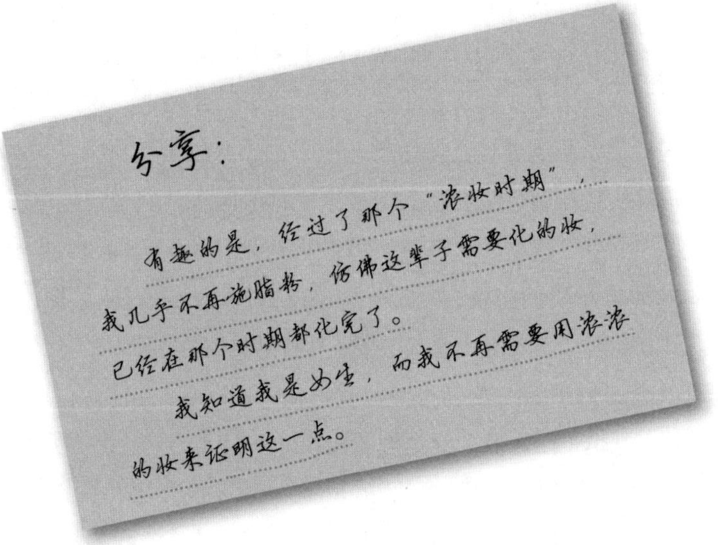

爱情，不用寻找

老妈终于坦承，她觉得我交往的那些男孩子，不是丑，就是怪，而我大概也知道家人的想法，但是正处叛逆期的我，就故意挑他们不喜欢的那一型交往。

叛逆期时我约会的那些对象，其实在我父母的眼里都不合格。但对我来说，或许和爱化妆一样，只是少女时期参与过的一个风潮而已。（我们四兄妹跟堂姐在美国加州的大贝尔城滑雪。）

记得在我的“浓妆时期”，小女生们聚在一起，除了聊化妆品，另外一项话题大概就是讨论学校的哪个男生比较帅，谁又喜欢上谁。

我陆陆续续也有一些约会对象。曾经有个墨西哥男生跑来牵我的手，还有一个梳着朋克头、开蓝色跑车的男生，找我和他的另一对朋友“四人约会”。家人对我这些小小的“恋爱”不以为然，也没说什么。有一次，老妈在家附近看见我和男生手牵手，她头一扭，假装没看到。

多年后，老妈终于坦承，她觉得我当时交往的那些男孩子，不是丑，就是怪，而我大概也知道家人的想法，但是正处叛逆期的我，就是故意挑他们不喜欢的那一型交往。

后来，我因为谈恋爱而闯祸。那时候，我和一个叫作麦克的男生闹分手，对方老是打电话纠缠，二哥凶了他一顿，麦克就找来他的哥们儿上我家找麻烦，老妈不但买了霰弹枪“保卫家园”，还请哥哥们放话，宣称她找华青帮的人帮忙，让那些小混混不敢轻举妄动，风波才平息。

念高中时，有个韩国男生对我非常温柔体贴，不过，我总是记得老妈的提醒：“男人如果太体贴，会有问题。”所以，对他并不是太认真。

有一次，我们四个孩子去滑雪。在山上，我们跟正在台湾创办卡内基训练的父母通电话，他们说，我们可以回台湾上学了，我当场就欢呼起来，完全不在乎会因此跟韩国男友分隔两地。

果然，一下山，我就跟他吹了。

在台北的美国学校，有一个叫蒂姆的美国男生想要追我。

我的女性朋友都不喜欢蒂姆，她们说他成绩不好，只是凭着跟老师打好关系，每次都勉强过关。而且，蒂姆就是那种老外的调调，课余还会跟他的朋友们去酒吧喝酒。

我的朋友们多半属于成绩很好、乖巧听话的类型，因此都对蒂姆投下反对票。

不过，蒂姆才不管这些，他说他就是想认识我。我们并不是同班同学，他跟我的朋友也不熟，可是每次午餐时间，当我和朋友们在吃饭时，他就会主动走过来，大大咧咧地“切进”我们的谈话，简直自信到了极点。

朋友都讨厌他，但是我觉得这家伙好有趣。

在高中这个年纪，通常会变得很敏感，希望自己“隐身”在团体里，最好没人注意到。但是蒂姆却是一派自信满满，反而让我对他留下不错的印象。

而且蒂姆很聪明地跑去跟我弟弟立行当好朋友，这一招对于重视家人感情的我非常有效。有一阵子，我们常常会以“三人行”的姿态同进同出。

蒂姆还有一个优点，就是长辈缘极佳。因为蒂姆的家庭很重视礼貌教育，他从小就被训练该如何跟人打招呼、握手，如何加入大人们的谈话。长辈们都会很欣赏蒂姆的彬彬有礼，像我的奶奶就很喜欢他，甚至后来成为蒂姆的“啦啦队”。

高中最后一年，我回到美国，他继续留在台湾。后来我进了加州大学欧文分校，而蒂姆则去了亚利桑那大学。在那里，蒂姆过得很不快乐，想要转学来加州。

蒂姆的母亲不同意，我也不希望他为了我而选择加州，不过他还是执意到加州就读社区大学，后来又进了加州大学欧文分校，我们二度成为校友。

不过，即使在同一所学校读书，他要不是忙着上课，就是在律师事务所打工，负责管账，我们反而没时间约会。

蒂姆算是我正式交往的第一个男友，认识他之后，我就不曾想过再交别的男朋友，除了彼此无话不谈，蒂姆和我的家人都处得很好，对我来说，这一点实在很重要。

我的“黑+”兄弟们

我们黑家四个孩子从小感情就很好，总是同进同出，即使现在分别住在中国台湾、美国、新加坡，还是常常彼此打电话、通电子邮件。

我们一家人都对课业表现抱持平常心，父母不会对我们“大小眼”，我们也不会觉得谁得到了更多的爱。

父母的一视同仁，让我们兄弟姐妹的感情至今仍非常浓厚。在这样相爱却又充满乐趣的手足之情中，我知道我们永远都是好朋友。（美国南加州家中。）

在台湾上了两年美国学校后，为了日后申请大学比较方便，我决定回到加州，再上一年高中，弟弟立行也选择跟我返美，和正在上大学的二哥立国，三个人住在父母买的一栋小房子里。

当时父母都在台湾，所谓“天高皇帝远”，加上房子是自己的，想做什么也不会有人管我们，然而我们却是一派安分守己，白天去学校念书，晚上就回家，三兄妹轮流开伙、做家事，连派对也没开过一次。

难免有人好奇，既然家里没大人，为什么这么老实，不趁机大玩特玩？但我有两个理由：

第一，这是我自己的家，平时都是我和弟弟负责清洁工作，我为什么要办派对把家里弄得一团乱，给自己找麻烦？

第二，我的两个哥哥都不曾这么做，我们自然也不会动这种念头。

由此可见，在一个家庭中，兄长的行为实在很有示范效果。

我们黑家四个孩子从小感情就很好，总是同进同出，即使现在分别住在中国台湾、美国、新加坡，还是常常彼此打电话、通电子邮件，不像在某些家庭中，兄弟姐妹之间的感情很淡薄。我相信，其中一个很重要的原因，就是父母从来不对我们“差别对待”。

记得小时候，每逢学期末发成绩单，我和大哥立言、小弟立行经常拿第一名，二哥的学习不好，但是父母总是一视同仁，不会特别偏心学习好的孩子，老妈还曾经跑到学校跟我的老师说：“不要再让黑立琍当班长了！她当太多次了！也要给别人机会嘛！”

在这样的家庭气氛下，大哥从来不会因为成绩好，就在二哥面前炫耀。而我也不觉得学习好就值得骄傲。我们一家人都对课业表现抱持平常心，父母不会对我们“大小眼”，我们也不会觉得谁得到的爱就特别多。

说起我这三位兄弟，都各有特色，而我也从他们身上学到了不少东西。

大哥是我们的“头头”，总是给人非常成熟稳重的形象，其实他也有调皮捣蛋的一面。记得他曾经带着我们烤了一堆吐司，然后模仿“鬼马小精灵”，拿面包往外乱丢。还有一次，我们肚子饿了，大哥说：“我会煮面！”于是煮了一锅特别难吃的面，因为没人吃，他就倒在别人家的阳台上，惹来邻居的抱怨。

我们在美国求学时，大哥认识了一些非常有钱的朋友，他们平时都开跑车，而我们家就是一辆破车大家轮流开。很难得的是，大哥在他们面前总是抬头挺胸，从来不会因为家境不如别人富有，就觉得自己矮人一截。

或许是受到大哥的影响，我对钱也不会看得太重。记得小时候，我会和啦啦队的女生们凑零钱，到肯德基买一份薯条，加上一大堆番茄酱，大家一起分享，吃起来特别香，谁说只有钱才能买到快乐。

二哥立国，从小闯祸不断，一天到晚挨骂，仍然活得乐观开朗，只要是他想做的事，他就会全力以赴。记得有一次，他在地下道吹萨克斯，还摆了顶帽子让人丢零钱，大家都好奇为什么，我的第一个反应就是：“黑立国做事，根本不需要理由。”

当年学习最差的二哥，现在当了医生，平常时还充当我们的“医药顾问”。我们有什么健康方面的问题，都会请教他，虽然他会嫌我们烦，还是详加解答。在我心中，二哥立国就代表了“世上没有不可能的事”。

至于小弟立行，从小个性就很好，又有点儿呆呆的，我就常常占他小便宜。比方说，明明我手上的糖比较难吃，我就故意骗他：“立行，我这个糖比较好吃！我跟你换！”还真是屡试不爽。

直到返回美国上学的某一天，我开玩笑地打了立行一拳，立行也回敬我一拳，我当下愣了一会儿，这才发现：“弟弟已经不一样了！”从此，我们的关系就变得比较平等。

因为姐弟曾经“相依为命”了一段时间，所以我和立行的感情特别浓厚。有一阵子，我很迷音乐剧《悲惨世界》，买了两片装的CD，早也听、晚也听，熟到我和立行都会背歌词了。后来，立行想当歌手，用心苦学王杰、童安格的歌，但是他读中文比较吃力，我就陪他练歌，把歌词解释给他听。

我的兄弟也是我的好朋友，我们曾经一起走过成长的路，这份手足之情，也将我们和这个家，紧紧地维系在一起。

分享：

我的兄弟也是我的好朋友，我们曾经一起走过成长的路，这份手足之情，也将我们和这个家，紧紧地维系在一起。

法学院的逃兵

父亲教我一个方法来厘清我的问题：去一个安静、不受打扰的地方，拿出一张纸，画一条直线，左边写继续读法学院的好处，右边则写下我不想念法学院的原因，然后由我自己来做判断：该不该读法学院？

该继续读法学院，还是不该？在使用了父亲建议的方法后，我便豁然开朗，不再困惑了。（全家在美国家里的后院合影。）

记得在电视剧《天才老爹》中，有一集，是老爹的二女儿要去念大学了，因为有好几所大学都发给她入学许可，该选哪一所，还真让她伤脑筋。

老爹很希望女儿选择他的母校，但是又想维持一贯的开明形象，因此不愿意明讲。女儿好像也知道老爹的心意，每天更新一份“入围名单”，老爹的母校虽然始终都在名单中，但是到了最后关头，还是可能“出局”。老爹一颗心难免上上下下。

到了某天吃早餐时，她终于要宣布最后的结果，只见老爹明明很紧张，又要故意装作毫不在乎。当他知道女儿做出了他期待的决定，兴奋喜悦之情，全写在脸上。

为人父母，对孩子所选择的前途，能够做到完全放手不干预，实在不容易，即使开明如天才老爹，也得努力控制自己。

大学时，我发现凡是跟法律有关的科目，像是“法律与心理学”“法律与经济学”，我的表现都不差，由于大哥读了MBA，二哥读了医学院，我想，我不如继续攻读法律硕士。

我进入法学院，注册了，缴了保证金，也买了一堆书，满心期待地参加学校为期一周的新生训练，由各教授介绍课程内容。

其中一位教授大概是为了给新生“震撼教育”，把法学院里的竞争形容得很“血腥”。我记得他是这么说的：“现在，看看你左边的同学，再看看你右边的同学。你最好多看几眼，因为他们很快就会遭到淘汰。在法学院，别想要交朋友，别以为自己很好心，借笔记给没来上课的同学，这反而可能让你出局，你的朋友越少，对你越有利。”

这一席话，真是让人听得心惊胆战。

然后，我又问了身边好几位同学，探知他们都是抱着当律师的雄心壮志，才来读法学院。而我跟他们不一样，我只是对法律感兴趣，并没有当律师的野心。

当下，一个念头在心中升起：既然我不想当律师，何必来法学院受苦受难？

而且，当我开始翻阅教科书，读起来真是无聊极了。我不禁怀疑，继续读法学硕士会不会是个错误的决定。

问题是，我已经入学了，大家也都知道我来读法学院，我还来得及打退堂鼓吗？

打电话问父亲的意见，他给我的建议是：去一个安静、不受打扰的地方，拿出一张纸，画一条直线，左边写继续读法学院的好处，右边则写下我不想读法学院的原因，然后由我自己来做判断：该不该读法学院？

我按照父亲的建议，找了一家附设咖啡座的书店，经过百般思考，最后在一张纸上列出了读法学院的“YES”和“NO”，结果我在“NO”所列出的项目远比“YES”多。

答案很清楚了，于是我离开了才入学一周的法学院。

多年后，母亲告诉我，她其实很高兴我放弃了读法律，因为她觉得我平时已经很得理不饶人了，如果还读法律，恐怕会变得更咄咄逼人。

不过，当时父亲和母亲都没有“指示”我该怎么做，父亲只是提供一个做决定的方法，把决定权交在我的手上。

离开法学院后，我的人生出现了一段空档，正好可以照顾生病的奶奶。奶奶过世后，父亲问我和老公，要不要到香港帮他管理当地的卡内基机构。我们在香港待了三年，我除了担任卡内基的讲师，也负责行政、业务等工作。

后来，生下三个孩子后，我便专心当起全职家庭主妇。现在，老公和孩子是我生活中最重要的核心。

如果当年没有放弃读法律，我可能已经是个女律师，在法庭上威风八面，但是不会像现在这么快乐、满足。

未来，当孩子长大了，我也许还会去做些别的事情，人生有无数的可能，而我知道该怎么为自己做决定。

奶奶留给我的礼物

当人要离开世间时，最后失去的知觉就是听觉。那一刻，当奶奶的生命正在迅速流失时，她是不是听见了孙女最后的呼唤呢？我轻声地对奶奶说：“奶奶，没事的，你一切OK。”这时候，奶奶的眼角，突然掉下了眼泪。

何其有幸，我能在奶奶生命的最后阶段，亲自陪伴她。（卡内基训练世界年会，奶奶、立国、我和立行。）

离开法学院后，我并没有立刻找工作，而是照顾生病的奶奶。

奶奶起初是出现骨头方面的问题，后来检查是患了子宫颈癌。我亲爱的奶奶，被病魔一点一滴地消磨了生命的能量。

过去，她总是神采奕奕、活力旺盛。她曾经一个人来美国工作，即使上了年纪，她还是常常独自出门逛街，或是邀了亲友，兴冲冲地跑到赌城拉斯维加斯玩。

奶奶的记性很好，儿孙提过什么事，她都会记在心中，而且还会“爱屋及乌”。比方说，当她知道蒂姆（当时还是我男朋友）喜欢吃一道叫作“烤肉条”（meatloaf）的菜，每次只要蒂姆来我家吃饭，奶奶一定会用心做一大锅“烤肉条”，而且还会昭告天下：“这是特别帮蒂姆准备的。”让蒂姆深刻感受到她的热情接待。

总是把日子过得多彩多姿的奶奶，得了癌症后，生活只剩下到医院看病、接受放射治疗、打针，每当她痛得在床上呻吟时，我也只能紧紧握住她的手，轻声安慰她，却什么忙也帮不上，心里真是难过极了。

病痛让奶奶变了一个人，以前个性开朗的她变得很容易发脾气。有时候，明明前一分钟还有说有笑，下一分钟，就突然勃然大怒，用力敲打手上的筷子，所有的人都被她吓一跳。

我照顾奶奶一年多，她的身体越来越衰弱。有一天，她昏迷入院，医生说她不行了，许多亲戚都赶来医院，要见她最后一面。这时候，奶奶突然又情况好转，不但恢复意识，还嚷着要洗个澡，然后干干净净地出院。

看到奶奶清醒了，我放下了心头大石，正好那天蒂姆的妹妹来洛杉矶，我就放心地陪她去逛街。没想到，傍晚回到家，发现录音机有好几通留言，说奶奶又昏迷了，已经送进加护病房。

我直奔加护病房，一看到病床上全身插管的奶奶，眼泪差点儿掉下来。

奶奶曾经强调，即使病危，她也不要接受插管。她甚至还问过当医生的二哥立国，该怎么避免插管，二哥建议她把这件事写在纸上，放在皮包里，让急救的医生可以获知她的意愿。

然而当她生命垂危之际，医生还是对她做了插管处理。

我走到奶奶身边，摸摸她的头发，摸摸她的脸，轻声对她说："奶奶，没事的，你一切OK。"这时候，奶奶的眼角，突然掉下了眼泪。

有一种说法是，当人要离开世间时，最后失去的知觉就是听觉。那一刻，当奶奶的生命正在迅速流失时，她是不是听见了孙女最后的呼唤呢？

就在这个时候，护士想要找医生来电击急救，却已经太迟了。

只见心电图上，奶奶的心跳，已经变成了一条水平线。

奶奶生病之前，一直都是开开心心过日子，而且非常喜欢帮助别人，即使有人以前对她不好，当对方需要帮助时，她还是会大方地伸出援手。

陪伴奶奶走完她人生的最后一段路程，让我更能够体会，为人生创造价值，是一件多么重要的事。

就像我亲爱的奶奶，她用自己的人生，向我们展示了热情、勇气、慷慨、慈悲的最佳典范。

分享：

陪伴奶奶走完她人生的最后一段路程，让我更能够体会，为人生创造价值，是一件多么重要的事。

婚姻，改造自己的好机会

当我们走到湖上的小桥，他跪下来求婚，即使我早有心理准备，在那一刻，我还是非常开心，但是不知道为什么，眼泪就是掉个不停。那应该是幸福的眼泪。

婚姻中，彼此的缺点都会赤裸裸地呈现出来，但互相的包容、支持和鼓励，却可以激发出更美好的结果，让“家”变成真正的“+”。（2005年，全家摄于新加坡。）

我的老公蒂姆是个美国人。其实，年轻的时候，我对未来的婚姻对象，从来不曾预设过国籍，只是从十五岁在美国学校认识蒂姆开始，不知怎的，两个人总有谈不完的话题。即使后来分隔两地，我们的感情还是很好，如果在写给他的书信中，提到我跟别的男性朋友一起看电影，蒂姆还会不高兴。

不过，因为彼此都还年轻，而且父母也建议我不要太早定下来，所以我和蒂姆虽然都没有再交往别的对象，却也不曾动过结婚的念头。

倒是奶奶开始对我们唠叨，要我们赶快结婚。她认为既然蒂姆对我这么好，我就该好好把握机会，不要让好姻缘溜走了。

奶奶不仅频频敲边鼓，甚至还出过馊主意，要我和蒂姆住在同一个房间。她大概是认为，只要“生米煮成熟饭”，这个孙女婿就跑不掉了，真让我哭笑不得。不过，因为奶奶的大力鼓吹，我开始认真考虑结婚这件事。

某个晚上，我在家里弹钢琴，蒂姆则和我的父母聊天。

那时，蒂姆已打算跟我求婚，趁着我去上厕所的空档，他先向父母“提亲”，据说父亲听到这个消息，立刻展现岳父大人的热情，张开双臂紧抱未来的女婿，母亲则一时心中闪过许多念头，其中包括了：“你这样就要把我们家的女儿娶走？”

父亲大概是因为太兴奋了，忘了要替蒂姆保密，结果我一上完厕所出来，父亲立刻向我宣布：“女儿，蒂姆要向你求婚哦！”

虽然蒂姆并没有当场求婚，不过事情既然曝光，他知道只要一带我去浪漫的餐厅吃烛光晚餐，我就会马上知道他要求婚。所以他绞尽脑汁，要找一个我猜不到的时机，给我惊喜。

一个星期六的上午，我们吃完饭后，蒂姆提议去附近的湖边散步，理由是“有益健康”。当我们走到湖上的小桥，蒂姆跪下来求婚，即使我早有心理准备，在那一刻，我还是非常开心，但是不知道为什么，眼泪就是掉个不停。

那应该是幸福的眼泪。

于是，大学一毕业，我就结婚了，那年我才二十三岁。

结婚十年，对蒂姆和我来说，都有很正面的影响。

蒂姆虽然来自一个家教严明的家庭，但是他和家人并不亲密，甚至存有心结。我们结婚以后，有了自己的家庭，加上他和我的家人都处得很好，他感受到了家庭的温馨，也渐渐放下了过往的那些恩怨情仇。

而蒂姆很重视礼貌的性格也让个性有棱有角的我，变得比较柔软。

有一次在美国，我和蒂姆，还有母亲，以及一大群人讨论事情。我对母亲说话时，语气有点儿没礼貌，虽然我意识到了这一点，但是话已经脱口而出。

母亲的表情有点儿不悦，但是因为现场还有别人，她忍着没发作。

后来，我们一起去吃饭、逛街，我很清楚地感受到母亲在生我的气，但是，我一向不跟人道歉，心想反正再过几天，母亲气消了，事情也就过去了。

我们走在露天的购物中心里，母亲和别人走在一起，我跟在他们身后，这时蒂姆靠了过来：“你知道，你应该跟妈妈说声对不起。”

我没好气地对他说："走开啦！别来烦我。"

结果蒂姆硬是推着我去跟母亲道歉，我只好半撒娇地说："妈妈，对不起。"

母亲一听到我道歉，气就消了，笑容又回到脸上。至于蒂姆，对于把老婆的脾气改造成功，还挺得意的呢！

当家这个圆越来越大……

家，是一个圆。当这个家庭加入更多的新成员时，该如何让它依然维系成一个满满的圆，就是一个更大的考验。

看着自己最爱的人彼此不说话，真让人难受。幸好大家都是善良且真诚的人，经过这个冲突阶段，我们更默契了。（2004年，摄于台北的家。）

家是一个圆。

从一对相爱的男女携手组成家庭开始，这个圆就出现了。随着孩子们陆续出世，这个圆逐渐扩大。然后，孩子长大，有了各自的伴侣，这个家庭加入更多的新成员，这个圆也变得越来越大了。

这时候，该如何让家依然维系成一个满满的圆，就是一个更大的考验。

我还记得老公和岳父大人初次“喜相逢”的情景。

那时候，我们才十五岁。有一次，蒂姆送我回家时突然说：“我想见见你的父母。”正好父亲在家，我就介绍他们认识。

父亲正坐在客厅看报，他放下报纸，两个人打了招呼，然后父亲说：“对不起，我回房间换条裤子。”

原来，父亲因为是在家里，只穿了一条白内裤，而我又没有事先告知会有客人来访，因此上演了充满喜剧感的这一幕。

虽然第一次见面很即兴，父亲对蒂姆印象还不错，也很看重这位外籍女婿。

蒂姆大学毕业后，一时找不到工作，正好父母来美国，跟卡内基洛杉矶地区的负责人共进晚餐，就帮蒂姆牵线，让他进卡内基机构工作。后来，我们又搬到香港，负责经营当地的卡内基。

蒂姆是典型的行动派，执行力很强，父亲当初是想借他的优点为公司开创出一番新气象，而蒂姆也有心打拼，两个人又相识这么多年，双方一拍即合，相辅相成。没想到，反而发生了摩擦。

原因之一，父亲和蒂姆的个性很不一样。父亲属于深思熟虑型，对一件事情总是考虑周全后才会做决定。相对来说，蒂姆的性子比较急，认为什么事情可行，就会动手去做。

原因之二，蒂姆在西方家庭中长大，他认为，虽然私底下是女婿和岳父，但是在工作场合，大家的关系就是同事，每个人都可以为自己的主张据理力争，有时候力道没拿捏好，难免会擦枪走火。

渐渐地，父亲和蒂姆之间就不太说话了。

我是父亲的女儿，又是蒂姆的妻子，当他们不说话时，每次有什么事需要沟通，我就成了他们的“传话筒”。后来我受不了，请他们有话就直接跟对方说，不要再通过我传话。

四年前，由于蒂姆转换战场，到新加坡的卡内基工作，相处上有了空间，加上蒂姆也已经为以往冲动的言行道歉，他和父亲又恢复到当年的良好关系。

我相信，对父亲和蒂姆来说，这段共事的经验应该是一次宝贵的学习机会。

记得有一次，父亲和母亲发生了小争执，我自作聪明，想要帮他们调解，结果父亲用非常平静而严肃的语气对我说：“这不关你的事，你没有资格插嘴。”我才突然理解，虽然父母很疼我，有些界线我就是不该跨越。

相处是需要学习的，即使亲如家人，关系再好，都可能一时错入对方的“地雷区”，引爆冲突。不过，冲突并不是世界末日，通过冲突，我们能够更了解对方，并且寻找下一个阶段的相处之道。

因此，当家这个圆变得越来越大时，只有爱是不够的，还要建立一个和谐相处的方式，这个摸索的过程虽然很辛苦，但是绝对值得。

分享：

相处是需要学习的，即使亲如家人，关系再好，都可能一时错入对方的"地雷区"，引爆冲突。不过，冲突并不是世界末日，通过冲突，我们能够更了解对方，并且寻找下一个阶段的相处之道。

对孩子说："我爱你！"

结婚三年后，本来不想生孩子的我，却开始觉得当妈妈也不错，结果七年下来，陆陆续续就生了三个孩子。

托比、安迪和伊西的个性虽然不同，但他们相亲相爱的感情，却常常勾起我和兄弟们美好的童年回忆。（2006年，摄于新加坡。）

刚结婚时，我一点儿都不想生孩子。我觉得这个世界太乱，孩子来到这世界，会过得很辛苦。

老公蒂姆却是个非常爱孩子的男人，只要一跟小朋友玩起来，即使老婆从他身边消失了，他大概也浑然不知。虽然如此，蒂姆很尊重我的意愿，决定结婚五年后再生孩子。

然而，结婚三年后，本来不想生孩子的我，却开始觉得当妈妈也不错，七年下来，陆陆续续就生了三个孩子。

自己当了妈妈以后，每次看着孩子们，就会想起我和立言、立国、立行小时候的模样。

老大托比，还在婴儿时期就笑口常开，非常惹人怜爱。他的个性乖巧懂事，

说“我爱你”真的不太困难，尤其是当我看到心爱的三个宝贝，总是用他们真挚又无条件的爱来环绕我时。（2006年，摄于新加坡。）

不会让人操心。有一次，我告诉他：“托比，不可以用手指去摸插座哦！摸插座会被电到。”托比睁着大大的眼睛看着我，从他的眼神中，你知道他听懂了，也听进去了，绝对不会再用手指去摸插座。

老二安迪就不同了。刚出生时，他的表情总是呆呆的，逗他玩也没什么反应。长大以后，变得越发善良可爱，但是也调皮捣蛋，让人哭笑不得，不知道是该去抱抱他，还是打他一顿。

比方说，我也告诉他不要用手指去摸插座，即使说了一百次，你还是会看到他露出一脸贼贼的表情，想试着用手指摸插座，看看会发生什么事。

老公蒂姆也是家中的老二，听说他小时候跟母亲买菜时，会故意躲起来，让母亲找不到。安迪几乎成了他的翻版。有一次，我带着孩子去大卖场买衣服，突然间发现安迪不见了，一颗心差点儿没跳出来，不知道他是走丢了，还是被别人带走了，正在我六神无主时，他才从藏身的角落里跳出来：“哇！吓你一跳！”好像让老妈担惊受怕是件很有趣的事。

我跟他解释：“安迪，下次不能再这么做了，你要是不小心被坏人带走怎么办……”话还没说完，他的注意力已经转到别的地方去：“妈咪，你看那颗球！”真是被他打败。

虽然安迪老是让我提心吊胆，不过我常以二哥立国的例子安慰自己：“反正我们家里最调皮捣蛋的孩子，最后还不是当了医生。”

至于小女儿伊西，她的个性又跟两个哥哥完全不同。她很害羞，害怕陌生人，我父亲很喜欢她，偏偏她却最怕他，每次一听到外公回家了，就赶紧躲进我的怀里，完全不给外公面子。

伊西也很“慢熟”。带她去参加小朋友的聚会，她会像只无尾熊一样，紧紧地攀住我，过了一两个小时，等到她“暖身”得差不多了，想要下来玩，聚会也差不多结束了。

另一方面，她的脾气又很硬。年纪比哥哥小一截，没法和他们一起玩，却硬是要插一脚。比方说，两个哥哥在玩扑克牌，如果不让她一起玩，她会又推又打，甚至还会咬哥哥们。我们要求她道歉，她就是不道歉，即使要她在门口罚站二十分钟，她还是一脸无所谓的样子。

我很庆幸，三兄妹的个性虽然不同，感情却很好。这也像我们小时候，四个人常常同进同出，一起爬树、一起抓乌龟，在成长的路上，如果有手足当你的好朋友，真的是一件很棒的事。

另外，孩子们也教会了我一件事。

虽然我父母从不吝表达他们对儿女的情感，不过，毕竟是东方人的家庭，还是不习惯直接说出“我爱你”，老公蒂姆来自西方家庭，家人之间则是习惯将“我爱你”挂在嘴上。

有了孩子之后，刚开始我还是不太习惯对孩子说“我爱你”，总觉得那样不太自然。

但是，听到孩子们用童稚的声音对我说“妈咪，晚安，我爱你”，渐渐地，我发现，大声对孩子说“我爱你”其实还挺自然的。

分享：

孩子们教会了我一件事。

听到他们用童稚的声音对我说“妈咪，晚安，我爱你”，渐渐地，我发现，大声对孩子说“我爱你”其实还挺自然的。

闭上眼睛就能知道爸妈的反应

我有勇气做一个快乐的全职太太，跟爸妈的教导分不开。我在教育孩子们的时候遇到任何困难，闭上眼睛就能知道远在台湾的爸妈会有什么反应。然后我就知道下一步该怎么做了。

黑立琍全家福。

信任的力量大过训斥和打骂

从小到大我们兄妹四个从爸妈身上感受最多的就是信任和包容，所以不管我在叛逆期如何情绪化得离谱，也不管二哥如何变着花样调皮捣蛋，爸妈都愿意相信我们是好孩子，犯错只是成长过程中必须经过的关卡。

我的三个宝贝也在我和老公蒂姆的信赖中渐渐长大，托比12岁，安迪10岁，连最小的伊西也7岁了。托比在今年经受了他人生中第一次痛哭流涕，他后来说当时他觉得这件事情“太可怕”了。

故事的起因是“撒谎”。托比和安迪到邻居家玩，过了约定的时间还没有回来。他们到家后，我问他们有没有在邻居家玩电脑，托比一口咬定说：“没有！”

我和老公都不太赞成孩子们长时间玩电脑，尤其是去邻居家一直玩电脑是很不礼貌的事情。托比的否定让我很恼火，不过我忍住了，很冷静地再问他："我看到了，你为什么说没有？你为什么要撒谎？"

托比一下子大哭起来，哭得很伤心。一般小孩子遇到这种情况，或者嘴硬到底，就是不承认自己撒谎；或者发现事情败露，向父母承认错误。托比却好像情绪彻底崩溃了。后来我们等他平静下来，把他抱在怀里，问他为什么哭得这样伤心。托比用痛苦的语调说："我知道不应该玩电脑，更不应该撒谎。我不喜欢撒谎，这是个可怕的错误。"

在整件事情中，我们既没有惩罚托比，也没有打骂他，但是他却饱受良心的谴责。在他看来，辜负爸爸妈妈的信任是一件天大的坏事。

记得二哥黑立国曾经说过："每当犯错时，父母总是清楚地让我知道，错的是我的行为，并不是我这个人。父母的耐心和包容，还有从未放弃的态度，让我也从未放弃过自己。"我爸妈最伟大的一点就是我们犯错以后，他们的第一反应都是往好处想。认为孩子是好的，或者即使犯了错，也会变好。信任的巨大力量让孩子不敢随便辜负父母的期望。

不过，我常常见到家长在孩子发生问题的时候，第一反应是我的孩子不好，他有这样那样的问题。或者认为孩子一定会撒谎，或者孩子的作业明明做好了还要再去检查，这种行为就是告诉孩子，你不信任他。他就会觉得我可以乱来，反正你已经这样看我了。到了这个时候，训斥和打骂只会加深孩子的误解，让他更加怀疑父母的爱。所以，我是坚决反对"棍棒底下出孝子"这样的传统理念的。

勇敢需要耐心才能陪练出来

很多父母都有这样的体会：调皮外向的孩子虽然不好管理，却不容易出大问题，因为你可以随时掌握他的心理动态；但是内向害羞的孩子就难办多了，尤其是女孩子，她脸一红，头一低，心里想什么，你真的要靠猜的。

老幺伊西就是这样的孩子，她和我一样，在家里排行老三，也是女孩。但是一想起她我就觉得浑身的力气没地方用。从小我在家里就很泼辣，心里有事情，会像竹筒倒豆子一样，噼里啪啦地说一通。等事情说出来，情绪也发泄完了，爸妈也能清楚我的心思。

伊西不同，小女生的情绪她身上全都有，而且她胆子很小，不敢表达自己的想法。伊西2011年一月份上了小学一年级，一直到开学一个月后，她也没问过老师任何问题。甚至多说一句话她都会害怕，完全不敢开口。

为了让伊西勇敢地跟别人交流，我告诉她："伊西，这个星期从周一到周五，你要完成一个任务，一定要问老师一件事情，你可以问他任何事情，比如问他会不会开车，有没有兄弟姐妹，任何事都可以。"看得出来伊西很担心她的任务，小脸绷得紧紧的，鼻尖都冒出了小汗珠。结果过了一个星期她没有完成任务，我每天问她，她都说还没问。一直拖了三个星期才做好这件事。

为了锻炼伊西，我和老公带孩子们出门的时候，如果有人问她几岁了，我们都会控制自己不替她回答。就算她向我们求救，我们也忍住不讲，让她自己说。

其实伊西心里很想当班长，可是大家在竞选班长的时候她都不敢举手。我会耐心鼓励她："你不举手人家怎么知道你要当班长，又怎么选你呢？下一次选举的时候，你一定要勇敢地告诉大家，你很想当班长。"

情况渐渐有了好转，伊西慢慢敢在电话里跟远在台湾的外公外婆讲话，她也很喜欢和哥哥们一起玩。上次卡内基的总裁彼得·汉达尔（Peter Handal）带了太太来新加坡，他们很喜欢小孩，在大圆桌一起吃饭的时候，我的三个孩子和他们聊得特别高兴。

看着伊西的变化，我想每一个拥有害羞内向的宝宝的妈妈都不用太过焦虑。用你的耐心和智慧做他们的陪练，他们也会敞开心扉做个勇敢的小孩。

尊重是沟通顺畅的前提

虽然现在科技越来越发达，可是孩子们却越来越不会沟通，这似乎成了全世界年轻人的通病。我想这和他们从早到晚都用电脑和手机进行即时联络，活动了手指却没有活动表情和嘴巴有关系。

我们家的孩子训练沟通的第一步是练习说话的时候看着别人的眼睛。还记得我小时候有一次跟爸爸说："我跟你说话时最有挫折感！"当时这句话把他吓了一跳。其实很简单，我每次跟他说话的时候，他的眼睛都没有看着我。让我感觉自己在他心目中根本不重要。

所以我教育孩子们，不看着对方的眼睛说“你好”或者“再见”都不算数，一定要重新来过。要尊敬长辈，不能没大没小，这里面的长辈不只是爸爸妈妈、爷爷奶奶、外公外婆，还包括在家里服务了12年的保姆，还有校园里打扫卫生的阿姨。不管环境怎么变化，人和人在一起相互尊重的重要性永远都不能变。

还有一点，应该让孩子们了解，即使是爸爸妈妈，我们对他们的照顾也不是理所应当的，他们也要学会感恩。

在新加坡，我们平时很少开车，只有偶尔下大雨的时候，我会开车去接他们。平时我看到很多小朋友在和爸妈吃饭的时候，刚一坐下就开始玩手机，或者看iPad，等菜来了就开始吃，根本不理会旁人。有时候孩子们坐我的车也会玩这些东西，我就会告诉他们，我接送你没关系，但是你要跟我聊天，我不是出租车司机。所以他们也会了解到，坐车是很好的聊天时间，可以跟爸爸妈妈沟通交流感情。就像当年爸爸送弟弟去幼儿园的那段山路，开车走那段路成了他们父子俩之间最温暖的时光。

“快”生活中的“慢养”法则

现在的时代和我们小时候相比，确实什么都“快”了很多，不但交通越来越快捷，像电脑、手机，还有一些网络交友平台，让孩子们比我们当年能提早获得很多信息。但即使在这样处处要求“快”的环境中，我们依然可以遵循“慢养”的法则，让孩子们健康快乐地成长。

1. 底线清晰

记得妈妈对我们的要求很简单，学业她完全不管，只对我们的行为定下两条底线：第一，不准吸毒；第二，不准随便和人发生性关系。这两条也成为我对孩子们的要求。在新加坡这样一个法制严厉的国家，吸毒犯罪是很可怕的事情。而关于性，孩子们早就可以通过网络、电视甚至书籍了解到一些，如果完全避讳不谈，反而会增加他们的好奇心。

我曾经跟他们分享过一个故事，我的一个朋友在和男友交往的过程中不小心怀孕了，然后闪电结婚。一般家长不会跟孩子讨论这样的问题，但是我会在吃饭的时候跟他们讲："你们记得××阿姨吗？她结婚了，结婚是因为发生性关系不小心怀孕了。所以你们要知道，这是不能犯的错哦，因为后果是永远的。"三个孩子居然也都点头，表示听得懂。

关于性的教育，我们对孩子们的要求非常明确：一定要好好谈恋爱，好好交往，等大家准备好了再结婚、生孩子。无论如何，你一定要爱护好自己的身体，你是很珍贵的，不能随便和阿猫阿狗分享。

2. 夫妻一体，不搞两套标准

在我家里，爸妈对于我们来说是一体的，如果一件事情妈妈说不行，我们肯定不会偷偷再问爸爸可不可以。他们的价值观和决定完全一样，绝对不会改变。

我和老公蒂姆很早就想好了，我们也要这样对待孩子们。他们三个中只有最调皮的安迪挑战过我们的"一体化"。他偶尔会问我可不可以玩电脑游戏，我说你最多只能玩30分钟。过一会儿他又跑去问蒂姆同样的问题，结果被罚得很惨。孩子们都很清楚，爸爸和妈妈的决定是一样的，问了一个人，就不要试图从另一个人那里获得不一样的支持。

如果家里存在两套标准，孩子会很聪明地利用其中一套去攻击另外一套，最后势必造成家庭内部的矛盾。如果处理不好，还可能会伤及夫妻感情。所以在教育孩子的问题上，父母一定要加强沟通，统一立场。

3. 让孩子拥有大把的时间

现在很多新加坡的小朋友都生活得很辛苦，他们周一到周五每天放学除了做作业，还要上钢琴课，补习中文和数学，还要学习打网球，总之要做一大堆的事情。很乖的孩子当时不会抱怨，但是叛逆的孩子就会跟爸妈闹得很不愉快。不过即使是很乖的孩子，只让他这样低头忙着做事，等他长大了以后，却也可能不知道怎么跟老板交谈，不会好好跟别人聊天。到那个时候难道要他接受专门与人对答的培训吗？

所以我觉得要"慢养"孩子，行程一定不要排得太满，要留很多时间给孩子，让他们什么都不用做，自由发展。我的三个孩子都很爱看书，我们就买了很多书回来。没事的时候，他们自己会跷着脚看书，那个样子看上去好享受。他们也会一起玩，一起讨论，亲密无间。

4. 跟孩子像大人一样交谈

把孩子当成大人聊天，听取他们对事情的看法和意见，这是爸妈在我们小时候经常做的事情。有的时候老公蒂姆回家脸色不好，儿子就会问他："嘿，老爸，你要炒谁的鱿鱼？"这时蒂姆会跟他们分享，办公室里的谁出了什么问题，并不是这个人不好，而是他做错了事情。通过这样的分享，也希望他们能了解到，在工作中什么样的错误是不该犯的。跟孩子像大人一样交谈，会让他感觉到你的信赖和重视，他会很受鼓舞，甚至会开动脑筋帮你想出不错的点子。

5. 不抱怨

在家庭生活中，没什么可抱怨的。不管在外面发生多么委屈的事情，或者天气真的糟透了，都不要在家里抱怨。那会破坏了家庭温馨平和的气氛，也会让孩子们跟着焦虑起来。我从不记得爸妈在家里抱怨过生活中的任何事情，他们总能让我们感觉到安全和温暖。

也许外面的世界会发生更多变化，生活节奏会越来越快，但是我们努力让家里的节奏慢下来，让孩子们在健康、自由和充满爱的环境里长大。相互尊重，相互关爱，重视心灵的沟通，让家成为每个人心灵的依靠。

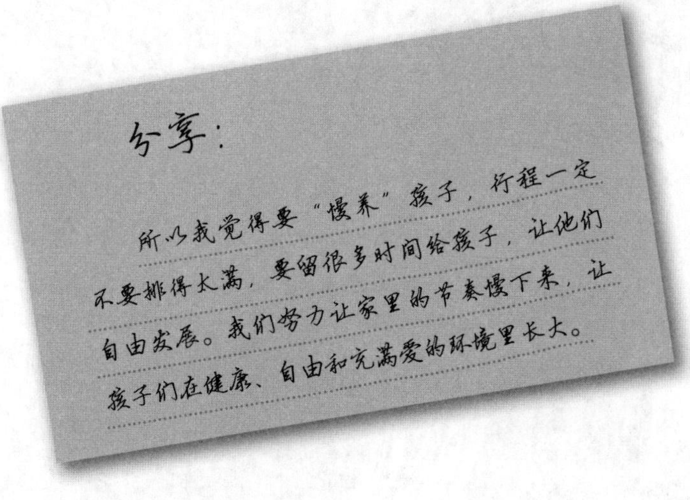

九、黑立行篇

兴趣独特，追求完美，最有追根究底的精神，只为找寻设计的原始密码。

差点儿成为书呆子的他，幸好有父母、兄姐的包容与支持，玩过潜水、研究过鱼的造型，以及最“火”的枪支，发现分数之外的天地何其宽广！

在戏剧的世界里，他曾是《国王与我》中的国王，从一个角色变换到另一个，尝到个中滋味的他想闯进好莱坞，只为一圆心中的明星梦……

不断尝试，人生就是要精彩，黑立行终于找到自己的人生舞台！

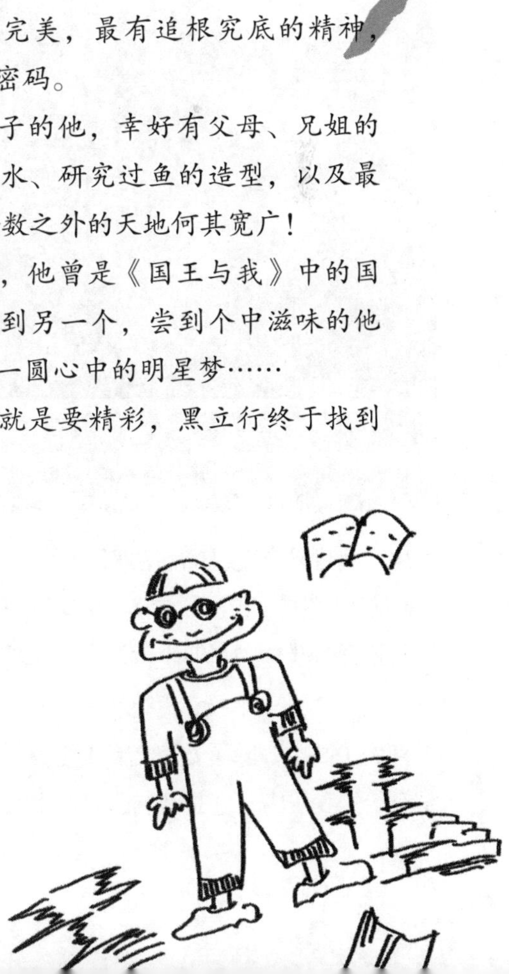

人生是开放的选择题

每次回想往事，印象最深刻的一幕就是童年时和父亲一起开家庭会议。父亲的民主作风，在我的心中种下一个重要的观念，那就是：对于人生，我可以有自己的想法和意见。

有兄弟姐妹的好处是：我们尊重、支持彼此——当然也包含一起吃生日蛋糕。（立行五岁生日，右一是立言，右三是立琍，立国在后排左。）

每次回想往事，印象最深刻的一幕就是童年时，我们还住在台北的花园新城，父亲开家庭会议，询问全家人对他到光启社工作的意见。

那时候我才六岁，当然没什么意见。但是，父亲的民主作风却在我的心中种下一个重要的观念，那就是：对于人生，我可以有自己的想法和意见。

刚到美国，我连一句英文都不会说，直到小学二年级，成绩全是C，但是父母从不会对我施加学业上的压力，因此我还是过得很快乐。

到了小学三年级，我突然像是开窍了，开始对学习产生兴趣，成绩突飞猛进，一直到了高中，除了数学曾经拿过一个B，其他的科目全是A。不过，父母始终没有给过我压力，全是我自己产生想要有所成就的动力。

值得一提的是，小学四年级时，我们要写英文作文，我的美国同学居然跑来找我帮忙，这表示我的英文表现不错。在短短几年中，我就能够融入当地的英文环境，父母的态度是关键。

在美国，很多外国学生会选择进英语为第二语言的班级（ESL班，也就是“English as Second Language”），说英文的压力可能不会那么大，但是我的父母坚持要我上一般的班级，和当地长大的小朋友一起学习。

另一方面，他们常常主动和美国的邻居打招呼、聊天，不像很多华人家庭的父母，即使到了美国，还是只说中文，只和中国人来往。有了父母的榜样，我们也勇于和外国小朋友打交道，这对于英语能力的提升当然很有帮助。

后来，父亲和母亲回台湾创办卡内基训练，两个哥哥都到外地念大学，我和姐姐则住在父母的朋友家中。他们对于放我们姐弟俩“寄人篱下”，一直觉得很抱歉，不过，这一段时间的经历，却也让我学会独立。我记得，那时候婶婶家距离住宿家庭不远，我常常一早骑着自行车，到婶婶家做早餐，吃饱了，再骑着车上学，婶婶觉得我很能干。

当时的我，成绩很好，其他方面却表现平平，常常被看成是“书呆子”。直到初二时，跟着姐姐回台湾，进了美国学校，整个人突然脱胎换骨。

我不再只是会学习，我也开始打球，同学还选我当班长，就像是一个分水岭，我觉得自己变得比较“完整”，别人看我的目光也不一样了。

我在台北过得很快乐，不过，当时姐姐为了方便申请大学，决定回美国上高中，至于我是要跟着姐姐回美国，还是继续留在台湾求学，父亲让我自己选择，而我选择了前者。

成长的过程，就是一连串的选择。就像高中毕业时，是该进斯坦福大学还是进加州大学洛杉矶分校，我必须选择；到大二、大三时，我对历史、戏剧很感兴趣，但是又很喜欢工业设计，该专攻哪一个科系，我必须选择；大学毕业后，该继续念研究生，还是完成我的“演员梦”，到好莱坞去闯天下，我必须选择……

在每一个选择的时刻，我的父母，还有哥哥、姐姐们，也许会提供意见，但是从来不会将他们的意志强加在我身上。他们让我自己做决定。

这正是黑家人一个重要的特质，我们尊重、支持彼此，却也懂得放手让对方去选择自己要过什么样的人生。

分享：

成长的过程，就是一连串的选择。

在每一个选择的时刻，我们尊重、支持彼此，却也懂得放手让对方去选择自己要过什么样的人生。

态度，决定家的气氛

在黑家，有了爱耍宝的父亲、会倾听的母亲，和事事支持你的奶奶，跟他们相处，总是那么开心。

在有孩子之前，难得和老爸老妈来一趟非洲之旅，一个爱搞笑，一个按表操课，大家都玩疯了。

在2004年，父亲、母亲、我，还有妻子维维安（Vivian）一起到非洲旅行。

旅程中的重头戏，叫作“探测旅行”（Safari），就是搭着越野吉普车穿梭大草原，近距离观赏野生动物。为了安全起见，旅客都得乖乖地待在车上，避免发生意外。

而我这位天才老爹，不知道是要搞笑，还是真的急着想上厕所，突然从车上跳下来，在附近转了一圈才回到车上。父亲突然的举动，让他像是个兴奋的大孩子，一发现新天地，就忍不住蹦蹦跳跳，让我们又是紧张，又是好笑。

因为非洲食物的口味比较淡，我怕父亲吃不惯，特地要随行的厨师“加料”。厨师就用二到三种辣椒当馅料，做了一个好大的比萨，端上来。

父亲一看到像小山般的比萨，立刻变得很兴奋，大口大口地吃起来，一开始还有说有笑，等到吃了四分之三，已经吃撑了，开始觉得有点儿不好玩，旁人却越看越觉得好笑。

父亲就是这样充满“娱乐效果”，总是喜欢逗趣、耍宝，和孩子们打成一片，跟他在一起，就觉得人生当然要过得开开心心的。

至于母亲，即使在非洲，她仍然不改一贯的“按表操课”作风，提醒我们用餐时别迟到了。我想，如果让母亲来管理非洲草原上的动物，时间到了，动物们大概都会乖乖地排队回家。

不过，我还真是佩服母亲的“执行力”，她总是可以把事情打理得一丝不苟。记得她在美国时，除了要照顾四个孩子，还要准备考美国加州的药师执照，常常得开车赶去上课，虽然说是“蜡烛两头烧”，最后还是成功考取了执照。

对于母亲来说，事情不做则已，做了绝对是跟你“玩真的”。我相信，她这种“搏命演出”的精神，深深影响了家中四个孩子的工作态度。

像二哥在读医学院时，只要一坐上图书馆的椅子，不埋头苦读好几个小时，绝对不会起身；而目前正在创业的我，也是从早忙到晚，火力全开，完全向母亲看齐。

母亲的善于倾听，也对我产生重大的影响。

记得小时候，我们全家还住在花园新城，有一次，我在阳台上看到毛毛虫变身蝴蝶前所结成的茧，很兴奋地一直对母亲谈论这件事，母亲静静地听着，完全没有打断我。

到了美国后，有一次在车子里，我也是对某件事发表长篇大论，讲了将近二十分钟，才发现，怎么都是我的声音。而母亲始终很有耐心地听我说话。

现在的我，喜欢跟别人沟通，而且勇于表达自己，那是因为在成长过程中，母亲一直是我最好的听众。

我还有个非常“美式”的奶奶，她甚至比父亲、母亲还要民主开放。

记得小时候，我们要去市中心看电影，父母百般担心，又怕我们挑的电影内容不好，奶奶就是一句话：“小孩子就是这样啦！”非常支持我们的自主权。

后来，姐姐交了外国男友，母亲有点儿担心，奶奶则很挺姐姐的选择，她觉得交外国男友也不错。

老一辈的人到了国外，通常还是习惯吃中式食物，而奶奶不仅想法开通，连烹调方式也走“国际化”路线，她常会兴冲冲地端出牛排、汉堡、千层面等西式食物，让我们大饱口福。

长辈们的态度，往往决定了一个家的气氛。只有当家让你觉得很温暖、很快乐、很安心的时候，这才是一个真正的“家”。

在黑家，有了爱耍宝的父亲、会倾听你的母亲和事事支持你的奶奶，跟他们相处，总是那么开心，我怎能不爱这个家呢？

兴趣，是鼓励出来的

男孩儿喜欢车是理所当然的，但是喜欢刀和枪，做父母的难免担心，这孩子以后会不会自己改造枪支去为非作歹？

要不是爸妈对我有极大的信任，我不可能有机会尝试这么多别人认为很疯狂的事。（大学时代开战斗机。）

记忆中，家里曾经有一本读者文摘出版社出版的动物百科，书很厚，有许多美丽的彩色图片。我本来就对动物很感兴趣，这本书更是令人着迷。也是因为这本书，我开始对研究鱼类，产生莫大的热情。

为什么会对鱼类情有独钟呢？我想，这是因为在所有动物中，鱼类的轮廓最鲜明，变化性也最大。而且，鱼类并不只是漂亮而已，你可以在每一种鱼的形状背后，发掘出某种规律。比方说，游泳速度很快的鱼和善于躲藏的鱼，形状和颜色就一定大不相同。

因为喜欢研究鱼，我在十二岁那一年考取了潜水执照。

那时候，按法律规定，必须年满十三岁才能考潜水执照。我不知道从哪里找来的好心教练，居然愿意让我“偷跑”。不过，这张潜水执照，可是得来不易，在长达两到三个月的受训期间里，除了每周要上课，学会潜水必备的知识，周末清晨，还要下海实际练习。

多早呢？差不多清晨五点。每次去海边潜水，都是父亲或母亲负责接送。

一般人想到潜水，脑海中就会浮现像夏威夷那样的度假胜地：蓝蓝的天、暖暖的海风、平缓的浪潮。我在加州学潜水，可没这么舒服，不但天气冷，而且风浪大，加上我们是潜到二十四米深的海底，常常一潜下去，水色浑浊，行动困难，不少成年学员经过第一次的“震撼教育”，就纷纷打退堂鼓。

而我潜过两次后，一开始的热情也开始“退潮”。第三个周末，父亲照例又是一大早叫我起床，准备去上潜水课，我有点儿意兴阑珊，想要赖不去了。但是父亲很严肃地对我说：“既然已经开始学了，就不要轻易放弃！”

我一咬牙，还是爬出温暖的被窝，直奔清冷的海域。

感谢父亲的坚持，让我经过各种潜水测验，最后终于拿到了执照。水底的世界真是太有趣了。记得那时候，每个人都会分配到一位伙伴，可以彼此照应，我的伙伴对我非常不耐烦，因为在海底，光是一块石头就让我看得津津有味，常常一看就看了十五分钟。

有一次我学滑雪，学来学去就是学不会，本来也是打算放弃了，但是父亲就是不准我放弃。他并不像别人的父亲，会要求自己的孩子学这项才艺、那项运动，他唯一的原则就是：既然学了，就要学会，不要半途而废。

另外，我还记得，接受潜水训练时，家长要签一份合约书，大致上是声明潜水是一项有风险的活动，如果出事请自行负责。我想，一般的家长如果看到这份合约书，大概宁可不要孩子学潜水，但是我母亲还是连眉头都不皱地就把合约给签了。

母亲的勇气，给我留下非常深刻的印象。不过，后来她做的另一个决定，更让我佩服。

除了喜欢鱼类，我后来研究的对象，还包括车子、刀枪之类的武器。小小年纪，我就会自己跑到图书馆，翻出百科全书，沉浸在研读相关资料的喜悦中。

男孩儿喜欢车是理所当然的，但是喜欢刀和枪，做父母的难免担心，这孩子以后会不会自己改造枪支去为非作歹。

但是我有一位伟大的母亲。她知道我喜欢枪，小学四五年级时，就陪我一起上射击课程。有一年圣诞节，她还送我一把小刀作为圣诞礼物。

要不是对孩子有极大的信任，她怎么有勇气让我去发展这个有点儿“火药味”的兴趣？换个立场，如果是我的孩子喜欢“玩枪”，我不确定自己能不能像母亲那样给孩子发展的空间。

不过，我对研究枪支实在太狂热了，父母终究不放心。有一天，他们找我沟通：“你这项兴趣似乎不是太好。”

“爸、妈，这只是一个‘兴趣’。”我努力说服他们，“我研究枪支，是想要探索枪支的造型和功能之间的关系，而我本身其实非常反对使用枪支。”

我虽然卖力解释，父亲和母亲的脸色还是怪怪的，他们显然不能百分之百理解我的话，但是他们选择相信我，相信我对枪支的热情是建立在研究的层面，相信我不会因为爱枪而真的去动刀动枪。

说起来，日后会走上“产品设计”这条路，跟我从小就研究鱼类、车子、枪械，有很大的关系，因为我感兴趣的主题其实就是“造型”和“功能”。

如果当年父母对我的兴趣频频泼冷水，或是毫不支持，我应该不会像现在这样幸运，找到一份自己做得很开心，也很有成就感的事业吧。

分享：

父亲并不像别人的父亲，会要求自己的孩子学这项才艺、那项运动，他唯一的原则就是：既然学了，就要学会，不要半途而废。

冰原历险记

我们去爬冰山，爬到某个高度，那里明明挂了警告的牌子，我们还是继续往上爬，最后爬到顶端，脚踩着厚厚的冰，四下空荡荡，非常惊险，现在回想起来，经过那趟“冰原历险记”，我觉得自己不再只是个孩子，而二哥也开始把我当朋友看待，兄弟之情越来越深厚。

我们黑家的孩子，从小形影不离，总是一起行动，最小的我从哥哥姐姐身上领略到不同的生命经验。（美国加州四兄妹合影。）

我们黑家的孩子，从小就很团结，四个人总是一起行动。我从小跟着哥哥姐姐到处跑，不但开阔了视野，也从他们身上获得许多启发。

我想，要不是有哥哥姐姐为我的人生加分，我可能真的会变成美国人口中的“nerd”——只会学习，其他什么都不懂的呆瓜。

记得小时候，我看到大哥立言在一张纸上涂涂写写，表情十分专注。我好奇地走过去：“大哥，你在做什么？”大哥告诉我，他正在研究两次世界大战中，各国的军事战略。

我一听，觉得非常有趣，继续追问下去。大哥并没有因为我年纪小，三言两语就打发我，反而很详尽地和我分享他的研究心得。

大哥在我心中立下很重要的典范。虽然他成绩很好，但是在他的世界中，课业不是唯一，他还是会去研究自己感兴趣的事物，并从研究过程中获得很大的喜悦。或许受到大哥的影响，我也成了“研究迷”，对于感兴趣的事物，就会一直钻研下去。

大哥年长我很多，每当我面临人生的重要抉择，他都会以过来人的身份，提供给我很多宝贵的建议，而且往往一针见血。

比方说，我在斯坦福大学时，到了大二、大三，还在为该选什么系而伤脑筋，大哥就给了我两个原则：第一，问自己到底喜欢做什么；第二，问自己做什么事情最得心应手。原本三心二意的我，立刻豁然开朗，最后选择了自己既喜欢又擅长的工业设计。

我很佩服大哥，他总是能把很复杂的事情变得清楚而简单。

至于二哥立国，他则激发了我的运动潜能。

有一次，喜爱运动的二哥看我老是在埋头苦读，都不运动，就把我拉到后院，教我打排球。原来，打排球的学问还真不少，手臂要怎么伸，脚要怎么跳，其实都有技巧。有了二哥的指点，我发现自己还打得真不错，这也让我变得更有自信。

有一阵子，二哥迷上了摔跤，还进了校队，每当他学到任何新招式，就会说：“黑立行，我们来练习！”然后以迅雷不及掩耳的速度将我撂倒在地。

因为老是得处于“备战状态”，我的运动神经越来越敏锐，后来连我自己都迷上了摔跤，高中时，我也在摔跤校队待了一年。

虽然二哥的年纪也大我一截，但是很多活动、旅行，他都会带我一起去，从不会觉得有个“跟班”，是件很麻烦的事。这也让我比同年纪的人有更丰富的生命经验。

二哥在读医学院时，受朋友的邀请，到阿拉斯加度假，二哥就带着我同行。那段日子，二哥和我享受着大自然的好山好水，每天不是爬山，就是钓鱼。

有一天，我们去爬冰山，爬到某个高度，那里明明挂了警告的牌子，我们还是继续往上爬，最后爬到顶端，脚踩着厚厚的冰，放眼四下全是空荡荡的，非常惊险，现在回想起来，我们当时未免太大胆了。

不过，经过这趟“冰原历险记”，我觉得自己不再只是个孩子，而二哥也开始把我当朋友般看待，兄弟之情越来越深厚。

至于姐姐立琍，她则是一路和我“相依为命”，培养了不少“患难真情”。有一阵子，父母在台湾，我和姐姐住在寄宿家庭。有一天吃晚餐时，我告诉“寄宿妈妈”，鸡肉好像没煮熟，对方居然翻脸了，认为是我故意找她麻烦，姐姐虽然只大我几岁，却立刻跳出来保护我。

无论何时，好像只要有姐姐在身边，我就像是吃了定心丸。比方说，当我们住在洛杉矶时，每次我们出门去看奶奶，因为我年纪太小，都是姐姐开车。洛杉矶的高速公路系统很复杂，一不小心就会迷路。一般人开车迷路了，难免心浮气躁，但是我们姐弟俩一个开车，一个帮忙看地图，总能开开心心地找到正确的那条路。

姐姐和爸爸一样，都很喜欢唱歌，只要兴致一来，自然而然就会哼唱起来。家人聚会时，常见姐姐一边弹琴、一边唱歌，正是因为从小受到这种气氛的熏陶，我后来才会对唱歌、表演这么感兴趣。

分享：

要不是有哥哥、姐姐为我的人生加分，我可能真的会变成美国人口中的“nerd”——只会学习，其他什么都不懂的呆瓜。

演戏，我是认真的！

有趣的是，正是在那忘词的瞬间，我领悟出所谓的人和角色的合而为一。正式演出时，其他演员会忘词，我得随机应变，即兴设计一些对白，把对方拉回来。大概只有真正在台上演过戏，才知道那种奇妙的感觉。

高中参演音乐剧的经历让我对表演开始认真起来。

小学时代，在英文课堂上，我们常要做读书心得报告。一般的读书心得报告比较模式化，就是介绍这本书的内容、作者生平，还有这本书想要表达的意念。

有一次，轮到我介绍俄罗斯文豪索尔仁尼琴的《伊凡 · 丹尼索维奇生命中的一天》①，我突然灵机一动——为什么不用表演的方式来做读书心得报告呢？

于是我化身书中的主人翁，以戏剧化的方式来表现我阅读这本书的想法，原本

① 《伊凡 · 丹尼索维奇生命中的一天》，又译为《伊万 · 杰尼索维奇的一天》。——编者注

平淡无奇的心得报告，变得有趣极了！

到了五年级，我参加了一个大规模的“戏说历史”竞赛。参加竞赛的学生，要选择某个历史事件作为主题，然后以充满创意的方式来“戏说”这个主题。

我研究的主题是发生在1982年英国和阿根廷之间的马尔维纳斯群岛战役。我采取的手法，是想象自己身为一名英国轰炸机的飞行员，展现他在执行任务时心中翻腾的各种念头。

我的作品进入了决赛，虽然最后没有获奖，却也让我对表演这件事，产生了浓厚的兴趣。

我觉得，能够跳出原有的世界，以另一个人的眼光去看待人生，真的是一件很有意思的事！

高三那一年，有一天，我走在校园里，突然看到一张海报，是学校年度音乐剧在征演员，而当年的戏码是《国王与我》。

《国王与我》描述的是19世纪，一位英国女教师到暹罗国[①]担任皇室教师，有着西方思维的她，和传统又威权的国王，虽然发生不少看法上的冲突，却又擦出了火花。而最经典的《国王与我》，就是尤·伯连纳剃了大光头演出的电影版本。

我虽然没有正式演戏的经验，但是对演戏很感兴趣，加上“国王”是个东方角色，我身为东方人，应该有加分。于是，我大胆地参加了试演会。我的想法是：就算没争取到这个角色，也没什么大不了！（I have nothing to lose！）

试演的结果，我和另一个男学生都有机会。我没有演戏经验，但是外形很适合，对方虽然不是东方人，却是个有经验的演员，导演考虑了一阵子，最后决定让我来演“国王”。

接下这个角色后，我非常认真地投入排演。既然我没有演戏经验，就做足了功课来弥补，除了反复排演，我回家后还一遍遍地观摩尤·伯连纳的“国王”演技，不用说，我也“为戏牺牲”，理了个大光头。

正式演出的场面十分盛大，连布景都是从百老汇租来的。在台上，我还算是得心应手，不过到了最后几场戏时，有那么几秒钟，我突然忘记台词了，其他人

① 暹罗国，即泰国。——编者注

也没反应，我很气恼，而刚好这正是角色当下的状态，感觉一接上，台词很自然地浮现，化解了忘词的危机。

有趣的是，正是在那忘词的瞬间，我领悟出所谓的人和角色的合而为一。

另外，正式演出时，其他演员也会忘词，我得随机应变，即兴设计一些对白，把对方拉回来。大概只有真正在台上演过戏，才知道那种奇妙的感觉。

演出结束后，布景要拆掉。其他的演员都没来，我却一大早就到现场，等着跟工作人员一起拆布景。舞台渐渐变得空荡荡，好像什么都没有发生过，我却难以忘怀，在那里，我曾经是一个暹罗国的国王。

这种感觉真棒！我在心中告诉自己，关于演戏这件事，我是认真的！

把“失恋”当作打预防针

高中毕业时，收到加州大学洛杉矶分校和斯坦福大学的入学许可，真是让我一则以喜，一则以忧。鱼与熊掌不能兼得，正因为两个选择都很好，所以让人难以抉择。另外，还有一个让我举棋不定的原因——我的女友。

与其自己闷着心事，不如找朋友或家人谈谈。我还年轻，人生还有很多更美的事等着我。（大学时，全家一起过圣诞节。）

高中毕业时，收到加州大学洛杉矶分校和斯坦福大学的入学许可，真是让我一则以喜，一则以忧。

喜的是，这两所大学都是一流的大学。斯坦福大学是许多人梦寐以求的名校，至于加州大学洛杉矶分校则因为我的入学成绩很好，给我很多优惠的条件，包括奖学金，以及让我可以去修一些很棒的课程。

忧的是，鱼与熊掌不能兼得，正因为两个选择都很好，所以让人难以抉择。

另外，还有一个让我举棋不定的原因——我的女友。

女友要去加州大学洛杉矶分校，而她也很希望我们能上同一所大学。我们交往了两三年，感情一向很好，如果大学可以同校，这段感情也可以比较顺利地走下去。

我反复看着那两份入学许可，真是左右为难。

在黑家，父母对我们选择哪一所学校，一向持开放的态度。他们也许会提供意见，但是对于我们最后的决定，他们绝对尊重。

父母当然比较希望我选择斯坦福大学，不过，他们还是让我自己做主。当我还举棋不定时，倒是本来忍着不说话的姐姐开口了："能够进入斯坦福大学，这么好的机会，难道你要白白放弃吗？别傻了！"

姐姐的那句话，如同当头棒喝。我心想，这个选择，其实并没有想象中那么难，不是吗？

于是，我决定进斯坦福大学就读。

至今，我还是很感谢姐姐一语惊醒梦中人，让我有机会成为斯坦福人。我在大学时修的课程、交往的朋友，对于我日后人生的发展，有着举足轻重的影响。

不过，因为和女友分隔两地，我们的感情逐渐转淡。虽然后来又维持了一年，最后还是以分手收场。

刚分手时，我的心情真是糟透了。就像所有为情所苦的"少年维特"们，我也曾经沉溺在失落、沮丧、悲伤的情绪中。家人虽然知道我失恋了，并没有特别处理这件事，他们大概明白，时间就是最好的疗伤灵药。

几个月后，当我逐渐从失恋的情绪中恢复过来，我发现，除了恋爱，人生还有很多重要的事情可做。我重新投入多姿多彩的大学生活，在学习中获得很大的满足。

有趣的是，因为失恋，我反而跟朋友更有话题可聊了。

一般人都会认为自己的爱情独一无二，一旦失恋，便仿佛觉得要世界末日了，我也不例外。但是当我和朋友们聊起这件事时，才发现："哦！原来你也失恋过！"一旦发现几乎人人都有失恋经验，就不再把自己的失恋看成是一件那么严重的事。

失恋并不悲惨，重点在于你用什么态度来处理失恋。我相信，很多人选择激烈的手段来处理失恋是因为这么做，会让他觉得自己很特别。

我的经验是，与其自己闷着满腔心事，不如去跟朋友倾诉，每说一次，就会放松一点儿，直到有一天，你会发现，事情已经过去了。

记得在高中时代，有一次，我和父亲散步，他说我还年轻，上大学后，人生还会发生很多事情，而我应该抱持开放的心态去迎接。

只要给自己机会，未来会一直来、一直来。现在想想，那一次的父子谈心，或许是他为我打的“预防针”吧！

我是我，我不是“L. A. Boys”

那位摄影师告诉我：“当你年轻的时候，很多人会来帮助你，直到有一天，再也没有人来帮助你了，你才知道自己不年轻了。”一旦你的年轻被“用完”了，你就再也没有价值了。

张艾嘉的一番话让我知道我不适合走轻松搞笑的路线，也让我领略了演艺界残酷、现实的那一面。（追星梦，沙龙照。）

我认识另一个“立行”，黄立行，他和哥哥、表弟所组成的“L. A. Boys”曾经在台湾红极一时。我和黄立行是高中同班同学。大学暑假回台湾探亲时才发现，当年的同学已经变成了大明星。

父亲认识不少名人，也会出席一些社交活动。我在台湾过暑假时，父亲怕我无聊，常会带我参加一些晚宴，或是参观电视台录像。有些唱片或是电视节目制作人，因为我的身高够高，加上“ABC”歌手正当红，就鼓励我回台湾，走演艺这一行。

自从高中演出《国王与我》，我就对表演非常感兴趣。进斯坦福大学后，我还陆陆续续修了戏剧方面的课程，也参与了一些剧场活动。当演员，曾经也是我人生中一个可能的选项。

既然我本来就对演艺工作兴趣浓厚，加上又非常喜欢接受挑战，于是，我除了着手一些准备工作，比方说拍宣传照，还去请教很多制作人的意见。

结果，也有不少制作人建议我别走演艺这条路。

他们的理由是，既然我正在斯坦福大学就读，未来前途无量，如果为了当明星就放弃学业，实在太可惜。

就像舞台剧里的哈姆雷特沉吟着："To be or not to be，that is the question."我该不该留在台湾发展演艺事业，对当时的我来说，的确也是个大问题。

有一天，通过父亲朋友的介绍，我和张艾嘉前辈见了一面，请她提供一些建议。

张艾嘉和我约在饭店的大厅见面。我因为长住美国，所以不知道她是什么模样，到了饭店后，左顾右盼，认不出张艾嘉，最后只好向服务生求教，请问："张艾嘉是哪一位？"

我和张艾嘉终于见了面。对于我的"演艺梦"，张艾嘉坦言，演艺生涯其实非常辛苦，也很复杂，并不只是表面上的光鲜亮丽而已。一旦投入演艺这一行，就要全力以赴，才可能闯出成绩来。张艾嘉认为，因为我的人生还有其他的选择，"退路"比较多，比较难孤注一掷，她说，许多人会在这个圈子生存下来，往往是因为他们已经无路可走。

另外，张艾嘉也提醒我，我真正感兴趣的是比较严谨的戏剧表演，但是台湾的娱乐圈，多半还是流行轻松搞笑，所以我并没有太多机会。

张艾嘉前辈的一番话，算是让我从梦想的云端，回到了现实的地面。

那时候，因为我需要拍宣传照，姐姐找了一位香港的摄影师帮忙。在准备拍照的空档，那位摄影师告诉我："当你年轻的时候，很多人会来帮助你，直到有一天，再也没有人来帮助你了，你才知道自己不年轻了。"他的意思是，在这一行，年轻就是本钱，然而，一旦你的年轻被"用完"了，你就再也没有价值了。

短短几句话，让我领悟了演艺圈的残酷。

显然，台湾的演艺圈并不适合我，我也不想穿上垮裤，唱着嘻哈曲风，变成另一个"L. A. Boys"。但是，我仍然很喜欢唱歌、演戏。

我并没有放弃“表演梦”，而是把挑战的目光放到另一个地方——好莱坞。

分享：

一旦投入，就要全力以赴，才可能闯出成绩来。人生还有其他的选择，我的“退路”比较多，比较难孤注一掷，而许多人会在这个圈子生存下来，往往是因为他们已经无路可走。

去过好莱坞，人生不遗憾

“哦，斯坦福大学毕业的高才生，怎么会想来当演员？”

我很诧异。学历好应该是个加分项，为什么他说起话来，语中带刺。

真正的尊重是靠自己赢来的，可是在“以貌取人”的演艺圈，却完全不是这么一回事。我决定回到斯坦福。

在美国，每一个怀抱明星梦的人，心中都有一个“圣地”，那就是好莱坞。

你可以想象，每天有无数的年轻男女来到这座“梦工厂”，相信自己条件还不错，相信自己有朝一日会飞上枝头当凤凰，成为银幕上的大明星，风光地坐拥千万片酬。只不过，人人有希望，个个没把握！

而我，也曾经是好莱坞这群“追梦人”中的一分子。

1998年，我从斯坦福大学毕业。当时的我，眼前有两条路，一条是“表演”，一条是“工业设计”，而我选择先到好莱坞闯天下。

我并没有被表演的热情冲昏头。我只是认为，要尝试演艺之路，就要趁年轻，如果真的走不通，再回头走工业设计的路也不算太迟。但是再晚个几年才去尝试演艺圈，机会恐怕就更渺茫了。

经过这番仔细考虑后，我来到了好莱坞，开始过起忙着试镜、等待演出机会的日子。

在好莱坞，每个想圆演员梦的年轻人，生活中最重要的一件事，就是面试。

想演戏，要面试；想接广告，要面试；想找经纪人，也要面试。试镜是年轻演员敲开演艺之门的机会，却往往也是最残酷的考验。

记得有一次，我要和某位经纪人面试。在进他办公室之前，就听到那位经纪人用很不客气的语气嘲弄正在面试的女孩，笑她身材太胖。我听在心里，觉得很不舒服。我认为，这位经纪人并非真心想挑选人才，而是以玩弄别人的自尊为乐趣。

轮到我面试时，他看看我的学历，语气酸溜溜地说："哦，斯坦福大学毕业的高才生，怎么会想来当演员？"

我很诧异。学历好应该是个加分项，为什么他说起话来，语中带刺。而且，我发现，他对我是否有表演能力丝毫不感兴趣，只是拿我的学历做文章。

我看着眼前的经纪人，这号人物握有生杀大权，也许凭他一句话，我就能得到演出机会，但是，我心里很清楚，自己毫不尊敬这个人。

这时候，我想起小时候发生的一件小事。

有一次，不知道发生了什么事，有位修女指责我的母亲。母亲很生气，她认为，即使是修女，也不该无缘无故地乱骂人。

她的态度是，一个人不能用身份或权威去强迫别人尊敬你。就像英文说的："You earn the respect."真正的尊重是要靠自己去赢来的。

然而，许多好莱坞的"有力人士"，却是靠着权势对别人颐指气使。演艺圈是个"以貌取人"的行业，面试时，对方挑剔你的身材和长相，这无可厚非。我的经验却是，很多人批评的动机，不是要帮你改善自己，只是要让你知道"谁才是老大"。

而我在这个圈子中认识的朋友，大部分动机也比较不单纯。

曾经有个朋友，不知怎么的，误以为我家境富裕，就开始占我便宜。我们一起吃饭时，要结账了，他就说："你不是要请客吗？"或是他没地方住了，就想赖在我的公寓里。后来，我很严肃地告诉他："对不起，我不希望你住在我这里。"

我对好莱坞的印象越来越差，加上有一次面试，对方又是不正眼瞧我，又是拿我的学历当消遣的话题，我当下只有一个念头：真是够了！

我再也不想浪费时间在这个疯狂的地方。

于是，我离开了好莱坞，回到母校斯坦福大学，攻读工业设计专业的硕士，后来又进了知名的IDEO设计公司工作。这才是我可以大展身手的舞台。

我在好莱坞一年，经历过无数次的面试、会议，对方虽然常常给我一线希望，事实上，我最后还是没有争取到任何演出的机会。

表面上，这一年像是白白浪费了，但是换个角度看，这未必不是件好事。我认识一个当地的朋友，他比我早到好莱坞发展，因为一开始他获得的一些小小的成就（比方在某个广告片中，他有一个一秒钟的镜头）让他愿意花更多时间留在好莱坞，结果耗费了六七年，还是一事无成。

而我在这一年中认清了这个环境，也确知自己不会因为想追求成功，就动摇了“赢得尊敬”的信念。好莱坞的五光十色，再也吸引不了我。

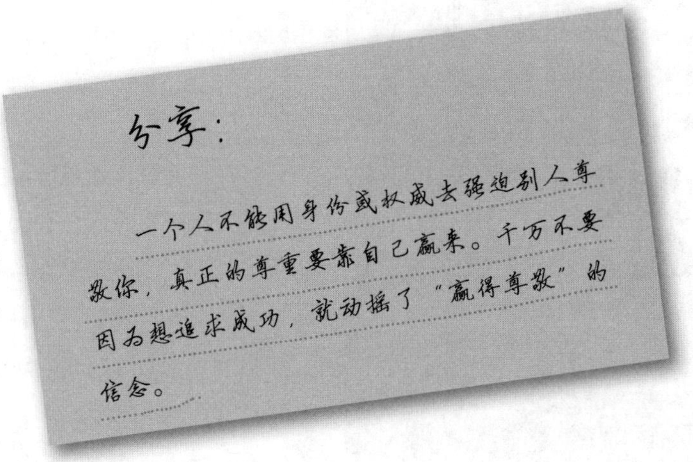

父亲送给我的“创业礼物”

说起我的创业，父亲扮演着很重要的引导角色。我看着父亲创业，他一路走来，都没有松懈过，这让我深深体会到，创业是要为自己的梦想加倍打拼。

我事业上的“新生儿”：Orbit Baby Inc.，得自立琍带婴儿座椅上下车时的不方便，感谢她带给我灵感，让我完成梦想。（立行创立的公司所研发的婴儿车。）

有一年，姐姐带着孩子来美国探望我。在美国，如果有婴幼儿在车上，都必须坐在专用的安全座椅上。

但是，我发现，每次帮姐姐把安全座椅从车子里拿进拿出，很不方便，不仅很难装进去也很难取出来。我本来以为是牌子的问题，结果到市场上一看，几乎都非常难用。

于是，我脑中冒出一个问号：有没有可能自己设计一个好收、好放的婴儿安全座椅呢？

我和老同学同时也是IDEO公司的同事布赖恩讨论这个点子的可行性，他也觉得不妨一试。于是，我们开始利用周末假日，在车库的角落，用木条敲敲打打出不同的雏形。为了让设计出来的安全座椅更符合使用者需求，我们还做了不少市场调查，调整各种细节。经过一年多，我们不仅看到了产品的雏形，也发现了市场的潜力。虽然在IDEO公司工作了五年，一直都非常愉快，但是我和布赖恩都觉得，现在还有另一件事情更值得我们去做。

于是，我们放手一搏，决定创业。

说起我的创业，父亲扮演着很重要的引导角色。

创业的第一要素，就是勇气。每当有人问："你为什么有创业的勇气？"我会说，看看我父亲就知道了。当年，父亲可是毅然放下一切，从零开始，自己买了机票到纽约，才争取到卡内基训练来台湾落地生根的机会。

另外，创业也需要努力，这一点，父亲也做了最佳榜样。常有人提醒我："创业会很辛苦哦！"其实，我看着父亲创业，他一路走来，又要上班，又要讲课，即使到今天，他都没有松懈过，这让我深深体会到，创业并不代表可以跷起二郎腿当老板，而是要为自己的梦想加倍打拼。

勇气和努力，正是父亲送给我的"创业礼物"，让我能够全心全力培育我事业上的"新生儿"——Orbit Baby Inc.。

布赖恩自然就成了我的创业伙伴，至于拥有工商管理硕士学位的妻子维维安则帮助我打理管理方面的事务。

公司才成立一年多，团队成员大概只有十来个人。虽然我们的产品才刚要正式上市，但是我们的计划已经排到好几年以后了，对我来说，有好多要做的事情，而时间和人手总是太少了。因此，该怎么选用人才，怎么凝聚团队的向心力，就是我这个新手老板的挑战了。

值得庆幸的是，创业多年的父亲给了我最好的建议。父亲说，应该选择有自信的人来当我们的工作伙伴。因为，有自信心的人才愿意开发自己无限的潜力。

在带领团队方面，卡内基的人际关系原则对我的帮助也很大。比方说，我有一个同事叫科尔特，他为了健康，每天骑车上班。有一天，在上班的途中，他撞上了另一个骑车的人，受了伤。我当时人在中国大陆出差，收到他的电子邮件说要等他伤势好了才能来上班。我当时的反应是，先不提工作的事，而是关心他的伤势，甚至请其他同事帮忙买一些补品送给他。这一点，就像是卡内基人际关系原则中强调的"真诚地关心他人"，事实上，这一点也是我从父母身上学来的，我发现他们对员工都很关心，也很大方。

还有一次，也是科尔特负责要将公司的产品寄到某个实验室进行检测，我

勇气和努力，正是父亲送给我的“创业礼物”，创业伙伴布赖恩则是公司的灵魂人物。（在斯坦福大学展示作业——机动帆船。）

发现他不但认真地备齐了相关文件，而且连检测需要的工具也毫无遗漏，便立刻走到他身边告诉他：“你做得很好！”（You did a good job！）这也是卡内基的原则，当我们赞美一个人时，应该及时，而且要有具体的事实，才会让受赞美的人感受到最强大的鼓舞。

值得一提的是，为了打开产品的知名度，我常常需要跑商展，和各式各样的人打交道，这时候，卡内基原则之一的“记得他人的名字”，就变得非常实用。每当有人和我见第二次面时，听见我毫不犹豫地喊出他的名字，都会露出一脸惊讶的表情，然而也正因为我记得对方的名字，才特别容易敲开合作的大门。

踏上创业之路后，我还有一个意外的收获。

为了节省人力成本，我们找设在大陆东莞的工厂合作。每次我到当地出差时，父亲如果也在大陆讲课，就会过来跟我碰面，甚至以股东的身份参与一些会议。这时候，我们之间，除了是父子，也是工作伙伴。

过去，我很少有和父亲一起共事的机会；现在，我们能够并肩一起实现梦想，那种感觉，真是棒极了。

生命中最开心的事

当了父母之后，人生像是进入了另一个阶段，对“责任”这件事，我有了更深刻的领悟。当然，也是在为人父母后，我才更能体会父母当年养育我们的心情。

每当我看着女儿脸上露出微笑，心中的那份喜悦，远远超越人生中其他曾让我开心的事。(2006年2月，旧金山。)

在我的母校斯坦福大学，有一座纪念教堂。

教堂建于1900年，是斯坦福夫人为了纪念和她一起创办学校的斯坦福先生而建。

金黄色的建筑外观，细致的雕花梁柱，描画着圣经故事的墙面，我一直认为，这座纪念教堂是美国最美的教堂之一。

教堂里，阳光穿过精美的彩绘玻璃洒下美丽的光影。在庄严肃穆的气氛中，想象着当年斯坦福夫人的心情。当年，她和丈夫为了纪念早夭的独子创办了这所大学，一份简单的爱，日后却造福了无数学子。而在这座教堂中，除了感受到她虔诚的信仰，还有她对丈夫的深情。

即使过了一个世纪，那份深情，历久弥新。

也难怪许多斯坦福校友都选择在纪念教堂中举行婚礼，这可是斯坦福人才有的福气。

2000年10月1日，我和妻子维维安也在斯坦福大学完成了我们的终身大事。

说来有趣，我在台北的美国学校读高中时，就已经认识维维安了。

后来，进了斯坦福大学，我们在校园巧遇，彼此的反应是："你怎么也在这里！"当时我们学业都忙，她也有男朋友，所以不过是见面时会打招呼的交情。

有一年暑假，我们正好都回台北探亲，有机会一起逛街，深谈之后，才发现彼此有许多相同的地方。我们的背景很像，都曾经在美国、台湾两地上过学。我们虽是理工科系，维维安甚至还研究电机知识，但是我们都对艺术有着浓厚的兴趣，像维维安还会画油画，而且画得很不赖。

而维维安最让我欣赏的一点是，她很爱笑、很开朗，无论何时，只要跟她在一起，心情就会变得很好。

后来，回到斯坦福后，我们还一起当过义工，为家境清寒的小朋友辅导学习，相处的机会越来越多，交往也就越来越认真。我很清楚，维维安就是最适合我的人生伴侣。

记得向维维安求婚时，学工业设计的我，不仅自己打造了戒指，还设计了一个类似万花筒的转筒，筒面上，转出来的第一个字是"永"，第二个字是"远"，再转一次，会出一个空格，里头放着那枚戒指，代表着"爱你"。

2006年，我当爸爸了，有了一个宝贝女儿。

替她取英文名字时，还花了我不少心思，我希望名字不要太普通，念起来很好听，而且带点儿"欧洲味"，最后我们叫她：乔尔（Chole）。

乔尔出生才四个多月，抱着她的时候，如果她不想坐着，就会很固执地试着站起来，小小年纪，已经非常有个性。

每当我看着女儿脸上露出微笑，心中的那份喜悦，远远超越了人生其他曾经让我开心的事。

当了父亲之后，我的生命像是进入了另一个阶段，对"责任"这件事，我有了更深刻的领悟。当然，也是在为人父母后，我才更能体会父母当年养育我们的心情。

他们很伟大的一点，就是给我的人生很多开放的选项，让我自己去做选择。我常常在想，面对一个竞争越来越激烈的世界，我该如何引导乔尔走向未来的人生？是该给她多一点选择，还是帮她多做一些决定？

这不是一件容易的事，但是绝对是我人生中非常重要的一件事。

记得在婚礼上，感性的父亲致辞时，引用了电影《屋顶上的提琴手》中那句知名歌词：“日出，日落；日出，日落。”

有一天，我会像歌词描述的那样，对我的女儿也献上祝福，就像在纪念教堂中，父亲曾为我和维维安献上祝福一样。爱是如此庄严神圣，而且永不止息。

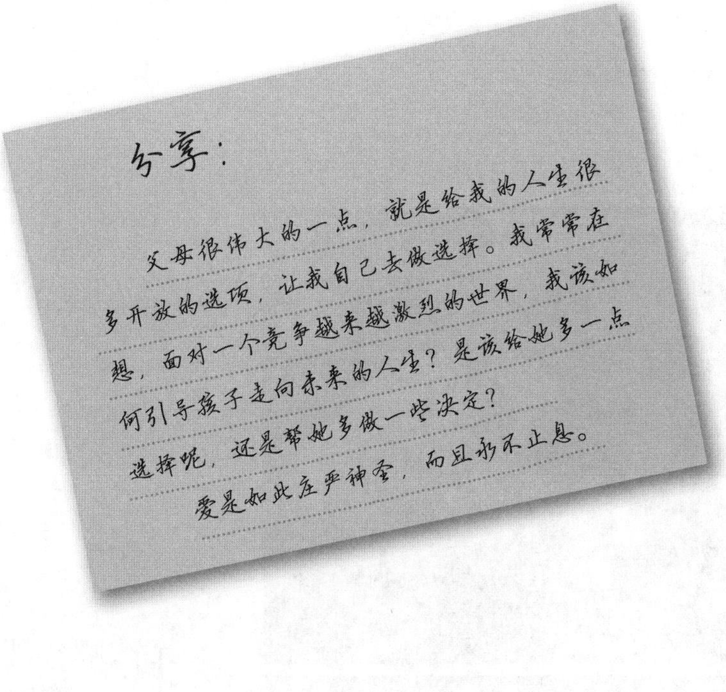

当一个好爸爸是人生最大的挑战

如果你问我，十二岁拿到潜水执照，研究和改造枪支，当演员闯荡好莱坞，拿到硕士还有自己创业，这其中哪一项是我人生最大的挑战。我会告诉你，这些都不是，对我来说，当一个好爸爸才是人生最大的挑战。因为这意味着你要有耐心、智慧、包容和每一秒钟的警醒。

黑立行全家福。

耐心=勇气

我们兄妹四个的成长经历都颇多坎坷，但是我们长大成人之后再回望时，却发现了一个共同点，那就是我们经受的“折磨”都是个性使然。完全没有哪一个是因为反抗爸妈的干涉而变得激进或者痛不欲生。所以在我有了两个宝贝女儿之后，就常常对父母教养我们的智慧怀有敬佩之心。在我看来，他们对我们的耐心，还有“无为而治”，真的需要极大的勇气和信任。

我们家的老大乔尔，有一个很好听的中文名字叫黑筠睿，她已经五岁了。她充分锻炼了我和太太作为父母的心理弹性。她很爱哭，我不知道那么小的孩子哪来的那么多眼泪。从三岁开始，她每天必做的一件事情就是哭鼻子。而且她对别人的伤痛相当敏感，她会担心我嚼口香糖的时候嘴巴会痛（我的脸部曾经在摔跤队被撞伤），并真的会担心到哭。到了上幼儿园的时候，别的孩子很轻松都会念ABC，可是乔尔不会。当时我太太真的非常担心孩子的智力有问题，担心她发育太过迟缓。

每当我们为孩子急得无所适从的时候，我都会想起当年父母是如何面对我们几个孩子的问题的。他们从来没表现出急躁或者担忧，他们很淡定，让我们觉得自己并不是个“有问题”的小孩。结果证明，度过那段时间之后，我们真的都没有问题！

姐姐黑立琍也经常会跟我交流养育孩子的心得，她最常说的一句话就是，这是一个时期，肯定会过去的。她现在讲话越来越像妈妈，我也相信只要我们能控制自己的焦虑情绪，让孩子自己找到正确的方向，大家都会更开心。

现在乔尔不但能看英文书，在晚上睡觉前还会跟妈妈讲自己这一天最开心的事情。她通常会感谢幼儿园的老师，看得出来她真的很喜欢幼儿园，也真心喜欢那个和善的老师。我和太太没有特别为她做什么，但是我们在心里却做了很多控制的工作。控制自己不去评价她的表现，控制自己不去帮她完成认识英文的作业，控制自己不要因为她爱哭而过度宠爱她。于是在那段“非常时期”过去之后，一切都很顺利，孩子总会找到他们自己的成长方式，只要你肯放手、放心。

让孩子像孩子

现在好像全世界的学校都发生了改变，变得必须要通过各种考试才能进入。在美国，甚至上幼儿园都要家长排队，填写申请表，还要接受面试。我从来不记得我们小的时候父母会为了学校的事情烦恼。小孩子上学很容易，不用择校，在家附近的公立学校读书就好了。现在的环境已经让孩子感觉到了无形的压力，所以家长要尽量不给孩子增添压力。孩子在情绪方面的感应能力很强，所以需要家长真的放松，才不会把焦虑的情绪传染给孩子。

我很怀念小时候在山上的幸福时光，孩子们放学做完作业后就可以漫山遍野地玩，发现环境中让自己着迷的地方，然后将大把的时间放在享受玩要的乐趣中。父母也从来不拿成绩单评判我们，他们不认为那些数字就是我们真实的学习能力。

虽然加利福尼亚属于高科技区，我的工作又与设计相关，在家里总会用到电脑。但是孩子们很少看电视，电脑她们基本不会用。我并不觉得现在没有电脑或者没有网络，孩子将来长大了会吃亏，或者学不会。这些都只是工具而已。我更希望她们生活得像个小孩子，快乐地游戏，快乐地用感官探索世界。

教会孩子如何做决定，而不是你替他做决定

现在回想起来，父母对我们最重要的教育是教我们如何去做决定，而不是替我们做决定。如何做决定是生活中最重要的技能。从如何选择自己未来的专业、学校、职业到选择什么样的伴侣，随着孩子年龄越来越大，他要面临的选择必然越来越多。如果他没有原则和方法，那么，众多的选择对他来说就不是一种自由，相反是一种酷刑。

我记得特别清楚，在我十二三岁的时候，正在台北上初中，二哥和姐姐要回美国。爸爸坐在客厅里跟我谈，让我自己做选择：是跟着哥哥姐姐去美国，还是留在台北上高中。他很冷静地把两套方案分析给我听，如果你选择A，那么好处是什么，坏处是什么；如果选择B，情况会有哪些变化。他很认真很耐心地跟我谈了很久。最后我决定跟着哥哥姐姐到美国读书。

对于我的人生来说，这是很大的决定，爸爸愿意给我自主选择的机会，证明他信任我，认为我是一个会做选择和判断的人。他的这种信任，给了我强力的支持和鼓舞，让我在以后的人生里，不管是面对选择大学，还是选择科系，甚至选择职业的时候，都有信心能做出最恰当的选择。

我希望自己也能用这样的方式教会女儿如何做选择，以我的经验来看，如果能给孩子自己做选择的空间，他即使长大进入青春期，跟父母的距离也不会越来越远；但如果父母事事都包办，反而会让他越长大离你越远。这种距离要想消除是非常困难的。

“慢养”的准备工作

要想“慢养”孩子，父母关于教育的出发点一定要统一。在准备怀孕之前，两个人就要坐下来好好谈一谈，确定一个一致的教养目标。

1. 父母目标一致：要让孩子高兴而不是你自己高兴

“慢养”的父母会有一个相当明确的目标，那就是教育的重点是为了让孩子健康快乐地长大，而不是让孩子“成龙成凤”。“望子成龙”是中国教育的传统，没有哪个父母不期望孩子超越自己的成就。可问题是，如果你“望子成龙”的目标——比如说考入名校，选择热门专业——刚好不是孩子所喜爱的话，能不能退到后面，让孩子自己来决定，并真心为他的决定而高兴。

我看到过很多斯坦福大学的同学，他们毕业以后进入很棒的金融公司或者银行工作，不管职位还是薪水都很高。但我问他们高不高兴，他们没有表现出丝毫高兴的样子，有的人还在办理离婚。

孩子能顺应内心的召唤，选择自己的志趣，选择能一起幸福生活的伴侣，这种能力需要从小开始培养，前提是父母不要将自己的意愿强加到孩子身上。

2. 搞清楚你是谁，你的人生目标是什么，不要让孩子来承担这个重任

英文里有句话：“Who you are？”非常适合父母在怀孕之前问自己。如果你有宏伟的目标，如果你有生命的遗憾，都请你在这个时候想清楚，这些是你的目标或者遗憾，不是孩子的。他来到这个世界上，是带着自己人生的目标而来，而那个目标刚好和你的重合的概率很低。想明白了这一点的父母才不会盲目地指责孩子没有实现自己的梦想，或者告诉孩子“都是因为你，我才会放弃了自己的人生”，这都是父母给自己的不努力找的借口，这样会增加孩子的负罪感，他对自己的认知度会越来越低，甚至觉得自己不应该活着。

我的父母从来没有说过希望我们成为一名医生、律师或者工程师之类的话，连暗示都没有过。他们只会让我们问自己，什么事情是让你最高兴、最满意、最有成就感的，那么你就勇敢去做。像黑立琍当年放弃进入法学院而回家当了一个快乐的全职妈妈，她既不会不开心，觉得自己脱离了社会，也不会觉得有压力，

认为自己应该回去上班。她很满意自己的生活状态，父母也很开心。

所以不要靠着孩子寻找自己人生的方向，每个人都要对自己的人生负责任，当然也包括你自己。

“慢养”就是你要滋养自己的家

传统意义上，大家都认为“养家”就是“糊口”，让一家人吃饱饭就是养家了。但事实上在“慢养”的概念里，“养”代表“滋养”。要用温柔的爱来培养和维系一家人的感情，并且靠着这份感情，一起面对人生的跌宕起伏，悲欢离合。

1. 培养家人之间的感情

在美国，很多爸爸是体育迷，我常常看到他们会从早到晚地看球赛，像NFL（国家美式橄榄球大联盟）、NBA（美国男子篮球职业联赛），看个不停。甚至星期天需要他照看一天孩子，都会非常不高兴，认为占用了他宝贵的休息时间。但是我们小时候，父母从来不用这样的态度对待我们，他们认为跟孩子一起玩或者谈心是非常重要的事情。

我和太太自从有了两个可爱的女儿之后，也改变了作息时间，原来我们很喜欢出去散步，尤其是走走山路，觉得很锻炼身心。但是有了宝贝之后，就不能做了，包括出去看电影或者吃吃饭喝喝酒，也很少做了。我们变得越来越爱跟孩子们在一起，观察她们成长过程中的快乐和烦恼。我们之间也会频繁交流关于养育孩子的心得，像当年我父母做的那样。我们很喜欢这样的转变，也能感觉到家庭成员彼此之间的感情越来越深厚，相处越来越融洽。

2. 孩子长大后会反过来滋养家庭

不要认为孩子长大以后会离你而去，或者能用金钱来照顾你就很不错了。事实上，如果一家人的感情纽带一直很牢靠的话，孩子们会在你需要慰藉的时候反过来滋养家庭。

家很像一个银行，家里的每个成员每天都将自己的关爱和体贴存进银行。那么等到有一天，整个家庭遭遇危机，或者是某个家庭成员需要支持和援助的时候，银行里就会有数十倍甚至数百倍的财富可以供你使用。

养育孩子不但带给我快乐和幸福，也拓宽了我的心，让我变得更加勇敢，原来认为困难的事情为了女儿我都愿意去尝试。她们对我们真心的关爱，还有忘我的奉献，总是能让我们感动不已。

所以，“慢养”孩子，付出爱，努力做自己。等他们长大有了独立的力量之后，你会感受到他们为家庭带来的幸福和欢乐。

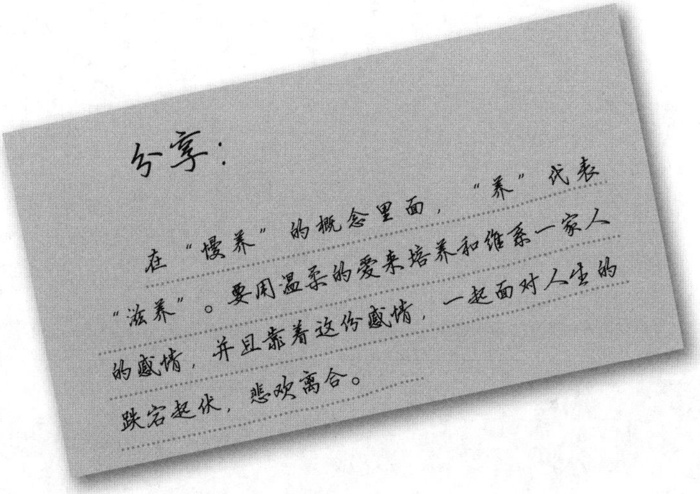

十、信笺传情

黑幼龙给孩子的一封信

台湾有一位很有名的作家说，他有时候写文章会想到哪里就写到哪里。我也希望给你们四个孩子的这封信，也是想到什么就写什么。

今天是感恩节。刚要提笔写这封信时，真的有一种庆幸的感觉。我的第一个念头就是感恩，相信你们也有同感。

我好喜欢《感恩的心》这首歌。“我来自偶然，像一颗尘土……感恩的心，感谢有你。”

我好喜欢《奇异恩典》（*Amazing Grace*）。“初信之时，我蒙恩惠，真是何等宝贵。”

我觉得我们全家人最常浮现脑海的话应该就是——感恩上苍的恩典。

姓“黑”的人这么少。你们的爷爷常常会提到，他十几岁时一个人离开河南老家，想不到后来会变成二十多个人。我听得出来他的得意感。

想想，我们现在也是整整二十个人的黑氏家庭（女儿黑立琍的三个小孩中文名也以“黑”为姓）。要紧的是，这个世界不只是增加了二十位姓黑的人，而且还是二十位好人。

记得那部电影《一路玩到挂》①（*The Bucket List*）吗？两个得了癌症的老人，都只有不到一年的生命了，他们相约去实现一些人生的梦想，其中一项是去看埃及的金字塔。

在金字塔上，那位知识渊博的汽车修理工跟出钱旅游的亿万富翁说，埃及人有一个传统，认为人死了之后，到了天堂门口，都会被问到两个问题。你对这两个问题的回答会决定你是上天堂，还是下地狱。

第一个问题是，你在世上这一生找到快乐了吗？

---

① 《一路玩到挂》，又译为《遗愿清单》，讲述了两个患了癌症晚期的病人如何欢乐度过余下人生的故事。——编者注

第二个问题是，你这一生有没有帮助别人找到快乐？

我希望你们一生常问自己这两个问题。

无论你们已经做到了多少，都还要继续问自己，我快乐吗？我怎么才能帮助别人更快乐？

时间过得真快，黑立言、黑立国都已经过了不惑之年。前几个月妈妈和我在新加坡黑立琍的家里，突然之间我提到立琍已经37岁了。妈妈听到后觉得有点儿不可思议，甚至叹了口气。想不到你们都已经这么大了，都已经成家立业，都有小孩围在你们身边了。

更重要的是，你们都很快乐，你们也帮助了不少人更快乐。

因为这封信会有很多读者看到，他们当中很多人并不认识我们，所以我就借此将我颇以你们为荣的原因与读者分享。

你们四个人的个性各有不同，各有所长，各自闯出了一片天空。妈妈和我最得意的是，我们没有要求你们都一样，或用同样的规范带大你们。前一阵子立琍还问立国，当年爸妈怎么能忍受我们？

你们四人的感情很好，好到让我觉得，但愿我和我的兄弟也像你们这么好就好了。我几乎没有听过你们说另一人的坏话，你们从不忌妒彼此，还会衷心地欣赏他人的优点。

立言，很多人都说你像我，连走路的样子都像。妈妈与我私下会说你连性格、为人处世都很像我。但老实说，你比我更有耐心，尤其对小孩。你的观察力也比我好。耶鲁大学的熏陶可能真的对一个人的思考有所帮助。最值得庆幸的是卡内基的讲师与同事觉得你是一位值得信任的总经理。多年前，南山人寿的总经理郭文德先生还说过，卡内基训练不只是一个事业而已，不同的人经营会有不同的企业文化。他现今如果知道你的领导风格，一定会很高兴。讲到这里，你应该能了解我前面所说的感恩的缘由了。

立国，你自己说过你小时候无疑是一头“黑羊”。一直到今天，采访你的记者还是难以相信你的转变。你才三十几岁就做了华盛顿大学医院的副院长。但我最高兴的是你告诉我，他们选你的原因是因为你的沟通能力好。当然，你还有很多事可能他们还不知道。像你曾冒险高空跳伞，你曾到非洲卢旺达义诊，你在尼泊尔当医生时差点儿被叛军扣留。还有你改变了一位柬埔寨女孩的一生，你从孤儿院领养了她。这些都是我做不到的事，好像就是我所说的，那是一种奇异恩典。

立琍，你是我们唯一的女儿。不知道为什么，你听过的歌，每首你都能唱出来。钢琴也无师自通。你的英文，包括写和说，让你那身为美国人的老公都自叹不如。但这些都不是我认为了不起的。你真正最能让我引以为傲的是，你对他人的关心与谅解。你真的让很多人更快乐，尤其是你的家人。

立行，你大哥曾跟你说过，你是你们四人中最聪明的一个。有一次在新加坡，我听到你姐夫跟几位广播记者说，他们家的小孩已经够聪明了，但他们三人加在一起恐怕都还没有黑立行一个人聪明。我很羡慕他们能这么由衷地赞赏你，一点儿都不会吃醋。每当我看到你下班后做家事，帮小孩洗澡，满怀耐心地对待家人，我真想说这些都来自于我的遗传，或你是青出于蓝。

现今你已经有自己的事业了。你设计的三合一婴儿车已是知名名牌，希望以后有更多的家庭受惠。

圣诞节又快到了。

今年的圣诞夜，在满是烛光的教堂中，我会想到很多事。

我会想到我已经快七十岁了。我这一生真的要感谢有你们四人。如果没有你们，或少了你们其中的一人，我的生命不只是黑白的，而且还欠缺一大块。

我会想到你们四人都很上进，不仅能好好地过一生，而且还会影响到很多人。

我会想到感恩。

我会轻轻地唱一段："奇异恩典，何等甘甜"。

黑幼龙

黑立言给父母的一封信

亲爱的爸爸、妈妈：

当你们的长子有占便宜也有吃亏的地方。先讲吃亏的：因为是第一个孩子，你们作为父母还没有太多经验，所以凡事先拿我来试验，再根据结果对弟妹的教养做调整。举个例子，我听说在我很小的时候，你们听专家建议没给我吃奶嘴，结果我就用吃手指取代。后来被发现了，睡觉时就把我的双手绑起来，避免我养成这个坏习惯。结果我却一路吃手吃到长大，因为小孩的心理就是不给做就偏要做，我还因此吃了不少细菌，导致小时候较容易生病。你们由此发现给小孩吃奶嘴是有必要的，所以弟弟妹妹都有幸能吃到奶嘴，当然也就不用像我一样吃手指了。

其实这跟卡内基先生发明卡内基训练不谋而合。他也是请学员回去试用他研发出来的沟通与人际关系的做法，学员运用后告诉他很有效，他就会记录下来并继续充实这个做法；有些人使用后适得其反，他就将这个方法删除。所以卡内基训练很实用、很有效，因为教的都是经过实际验证的方法。

当然也要谈到占便宜的地方，那就真的说不完了。我是在你们度蜜月后出生的，所以从小脾气特别温和，会令别人暴躁如雷的事情，发生在我身上好像都不会影响我的心情。后来我学到“性格决定命运”这个理念，才知道我之所以比较容易满足，都是你们的功劳。尤其要感谢妈妈怀我的时候心中充满愉悦与幸福感（后来发现，这好像不是你每天都很容易能做到的事），让我在先天的个性上就占了很大的便宜。

我也是一个很会学习父母优点的小孩。跟妈妈学到喜欢阅读，所以我看事情比较有深度，作为卡内基讲师也更有魅力。跟爸爸一起研究历史，享受写作的乐趣，还学到了你那谦和但又充满智慧的人际互动技巧，让我有样学样，把卡内基经营得有声有色。（哈哈，自吹自擂一下！）

我更幸运的地方，就是在我们家的小孩中，我有最多的时间与机会跟你们相处。除了能得到你们更多的关心与重视，也得到你们很多的爱。虽然有些是心照不宣，不是那么明显的，但我都会体会到，也很感动，也希望用这封信来表达我由衷的感谢。

爸爸保留了一份据说是我在小学一二年级时所创作的一篇“七言绝句”：

我的爸爸最可敬，
我的妈妈最和蔼，
我的弟弟最活泼，
我的妹妹最美丽，
我们全家最幸福。

这让我感觉到其实家就像一个小花园，需要用爱来灌溉，用关心来施肥，用尊重来耕耘，里面的植物才会茁壮成长。而我觉得在你们的用心照顾下，我们家是世界上最美的花园。

黑立言

黑立国给父母的一封信

爸爸、妈妈：

我猜想，现在有很多人已经知道我是一头“黑羊”了，这头黑羊终于克服了自己的童年挑战，后来也小有成就。然而我必须说，我从来没有觉得自己是一个坏人或怪人。

虽然小时候我做过那么多疯狂的事情，说起来也很难相信，我当时在点燃邻居的草堆和顺手牵羊偷店里的东西时，我都不觉得自己是个坏孩子。一直到今天，还是有这种感觉。很明显的，那些都是坏行为，但在我内心深处，我从来不觉得我是个坏人，并不是因为你们在我犯错时，没有斥责我或是处罚我。坦白说，我真的记得受罚的场景，但是即使做了这么多“坏事”，你们仍然很爱我，而且对我有信心，相信我是一个善良、有才华和充满巨大潜力的好人。

这就是你们的爱和身为父母的核心成分。我之所以有能力做到我所想要做的事情，也都是因为这个理由，因此我要从心里感谢你们，感谢你们对我有信心。

爱你们的黑立国

黑立琍给父母的一封信

亲爱的爸爸、妈妈：

我觉得我的生命中能够有你们两位，我真的好有福气。

每当我有事情要分享或有问题要问别人的时候，你们两位是最常出现在我面前的人。你们虽然不见得每次都能给我期待的响应——当我打电话告诉妈妈，我又第三次怀孕了，你的回答是："No！不可能吧！"或提供给我想要的答案——像我经常追问的"我们还小的时候，你们怎么受得了"，你最典型的回答是"我不记得了"，但是每次我分享后或问了问题以后，常常会觉得舒服多了。

我经常搞不懂你们怎么能忍受我在动荡的青少年时期的那种情绪化或无理的行为。你们还记得那一次立国和我大吵一架，互相骂脏话，附近邻居都听得一清二楚，引来好几位邻居敲门，正式提出抱怨吗？或那一次我们全家到菲律宾的宿雾度假，我把筷子往餐桌上一摔，扭头就往楼上房间走吗？如今，我也有孩子了，也更能了解你们的感受。无论你们有何般神圣的恩宠，我还是想不通，你们怎么没有掐我的脖子或把我丢到外面去，哈利路亚！感谢上苍，你们没有放弃我。

每当我告诉我的孩子"外公和外婆要来看我们了"，或"我们要去台北看外公外婆了"，我最喜欢看他们当时的表情，他们好喜欢和你们在一起。他们三个人从出生到现在，跟你们在一起的时光是生活中的重要部分，也是他们最期望的，在我多年来收集的家庭照片中，他们和你们一起照的照片，比他们和我或蒂姆在一起照的照片要多得多，至少多二十倍。这真的很有意思！但也证明了，你们在我们的生命中多么重要。

感谢你们持续做我们的模范，我们从你们身上学到太多，分享我们的想法、我们的时间，的确能让生活中的乐趣倍增。

爱与仰慕你们的黑立琍

黑立行给父母的一封信

爸爸、妈妈：

我曾经跟你们说过很多次，但我还要再说一次，你们真的是我梦寐以求的好父母。

虽然我们一家人的生活有时候不是那么顺利，但你们一直有办法保持那种正向的态度，这是我最佩服的。我觉得你们之所以能做到，部分原因是你们没有被未来可能的各种遭遇吓倒。经历那么多改变（我们搬过多少次家？），我想，你们能保持高昂的士气，是因为你们能活在当下，这样才不至于让我们的家庭幸福受到太多不可知的冲击。虽然小时候我并不知道，但我想这就是我们的家庭在面对困难时的坚强基础。例如，当我们住在美国时，你们的自动售货机生意遇到了困难，而你们却没有让这些重担影响到我们的家庭生活，我在那段时期的回忆都是美好的。你们教我保持正向思考，这是我最想感谢你们的地方。

还有，你们遵循卡内基的精神教养我的另外一点是，帮助我变得更坚强、更勇敢。我从来不记得你们不准我做什么事，不准我跟别人谈什么事，或不准我要求什么事。我相信卡内基大部分原则的核心，就是自信，你们自己就是最好的榜样。我还记得你在电视上的样子——爸爸，对一个小孩而言，那真是一件不可能的事情。当然，你打电话给卡内基机构总裁，说服他你会在台湾成功地推动卡内基训练，也是一个勇敢的行动。经由你的行动和你们教养孩子的原则，你们教会了我不要惧怕，这点也是我最感谢你们的。

最后，那种凝聚力和同情心，那种关心他人感受的情怀，一直是你们教养我的主要精髓。卡内基曾说过，我们应该关心他人，应该做一位好的聆听者，但是很多父母却没有运用到他们的孩子身上。我早期童年的最重要回忆之一，就是去美国之前你把我们全家人都集合在一起，我们坐在花园新城的水池边，我那时虽然还那么小，却有一种很特殊的感受，觉得我的父母很在意我们对这件事的想法。

我还记得有一天下午，我们坐在那辆灰色的箱型车里整整交谈了十五分钟，谈什么我已经记不得了，但妈妈一直没有打断我，也没有表现出一点儿冷漠的样子。像这种互动还有很多次，你们都表现了对孩子的关怀，就像对待其他成人一样。这也是我最想表达感谢的。

感谢有你们这样好的父母。我只要做到你们的一半，就心满意足了。

爱你们的黑立行

卡内基训练®简介

- 戴尔·卡内基先生（Dale Carnegie）于1912年在美国创办，现已推广到全世界七十多个国家地区，有超过700万毕业学员。
- 美国前500强的企业中，有超过420家企业选择卡内基训练®作为他们培养人才的培训伙伴，其中著名的有微软、波音、沃尔玛、联邦快递、通用汽车等公司。
- 卡内基训练®也是中国很多企业的培训伙伴，例如葛兰素史克、美国江森自控、上海纺织控股集团、中国平安保险、深圳发展银行、无锡红豆集团、杭州西子集团、杭州万象集团、山东海丰航运集团、青岛四方庞巴迪、飞力国际货运、常熟华新丽华特殊钢、安特中国集团、昆山华冠商标印刷、瑞中电子苏州公司等。

卡内基训练®课程总览

◎ **戴尔·卡内基班——有效沟通与人际关系**（Dale Carnegie Course）

卡内基的经典培训课程，很多企业名人像巴菲特、艾科卡、山姆华顿等都是此课程的毕业学员；能帮助学员增强自信、沟通能力，改善人际关系与影响力。

◎ **青少年/大学精英班**（Youth Program）

帮助青少年在成长的关键时刻，及时培养自信、人际沟通与自我管理的能力，让他们更早奠定成功的基础，也是父母可以送给子女一生中最有价值的礼物！

◎ **经理人领导班**（Leadership Training for Managers）

协助经理人更能赢得同事的由衷合作与支持，有效激励他们快速达成工作的绩效目标，通过培养同事的工作能力，让团队更有市场竞争力。

◎ **宏效演讲班**（High Impact Presentation）

通过一对一的个别私人指导，协助主管与专业人士在演讲时建立良好的形象，并培养深具说服力的表达技巧，成功推销想法给你的沟通对象。

◎ **优势销售班**（Sales Advantage）

学习卡内基的双赢销售原则，通过有效地问问题与展现自己的专业优势，强化与顾客的信任和建立长远关系，让业绩蒸蒸日上。

◎ **沟通激励班**（Communication & Motivation Course）

帮助学员发掘领导人的成功特质，学会有效态度控制，积极聆听建立团队默契，进而快速强化自己的领导力。

◎ **总经理领导班**（Executive Leadership Training）

由卡内基训练®华文创办人黑幼龙亲自指导，帮助董事长、总经理及高级主管成为一位更有吸引力、更懂得激励团队并赢得同事信任合作的领导人。

◎ **按公司需求设计的企业内训**（Customized Corporate Solution）

卡内基训练®按照个别公司的不同需求与发展目标而度身定做培训，培养更多优秀人才与加速问题解决企业发展的挑战，最后建造创新、有竞争力的高绩效团队。

卡内基训练®毕业青少年的回响

积极正向的抗压力、迎接新挑战

我曾经因为压力大，在全国中学生英语能力竞赛中严重失利。

参加了卡内基训练之后，我学会更有信心地面对挑战，以正向积极态度解除紧张的情绪，当我再次参加全国中学生英语能力竞赛时，我在放松的状态下，顺利进入决赛，并通过了全国口试，获得了全国一等奖！同样，在山东省数学竞赛中，我作为初二的学生战胜了初三的学生，也获得了一等奖！卡内基训练让我学习更有自信、更好地处理考试和升学的压力，我也对未来充满信心！

——青岛市第五十七中学学生　刘　奕

只要有相信自己做得到的决心，进入顶尖学校不是梦

自从父母离婚后，我几乎放弃了自己追求好成绩的企图心。参与过卡内基训练后，深刻体会到只要相信自己做得到，一切都是可能的！在考高中的大考前两个月，我还是全校倒数第五名，后来我下定决心要发挥十倍热忱专注拼命K书，最后成绩居然进步了200分，也顺利进入第一志愿的新竹中学！

——台湾交通大学毕业生　苏子铭

更有信心的说服力+好人缘，成为全面发展学生

当我与十位同学一起参加入学面试时，我勇敢地带头举手回答了教授提出的问题，并且在规定时间内回答完毕。虽然在这群同学中，我的成绩不是最好的，但居然最后以面试最高分被浙江大学录取了！这都归功于卡内基训练帮我培养了自信及坚定表达意见的能力！

升入浙大后，我能与同学们很快建立非常好的关系，顺利被选为班长，而且在学校被公认为最全面发展的学生，除了学习成绩列第一之外，我还获得了全国"挑战杯"大学生创业大赛金奖、浙江大学富通外设奖学金等等。我相信卡内基训练帮助我建立了获得成功的好基础！

——浙江大学学生 白云峰（青岛二中毕业生）